지상 **최고**의
아이디어를 찾아서

지상 최고의 아이디어를 찾아서

2024년 3월 5일 교회 인가
2024년 9월 8일 개정판 1쇄 펴냄

지은이 · 배경민
펴낸이 · 정순택
펴낸곳 · 가톨릭출판사 도서출판 으뜸사랑
편집 겸 인쇄인 · 김대영

본사 · 서울특별시 중구 중림로 27
등록 · 1998. 5. 20. 제2-2568호
전화 · 1544-1886(대표 번호)

ISBN 979-11-6015-106-0   03100

값 12,000원

Looking for the Best Idea in the World

개정판

지상 **최고**의
아이디어를 찾아서

번역서 아마존 Kindle Direct Publishing(미국) 등재

배경민 지음

차례

1. 없던 것을 찾아

봄[春]형 호랑나비가 날고 있다. 봄형은 여름형보다 작지만, 새 봄이 완연히 왔음을 알리는 전령인 점에서는 여름형보다 더 반갑고 예쁘다. 왜 호랑나비인가? 노랑나비나 흰나비의 날개 빛은 단순하나, 호랑나비에는 노란색이나 검은색, 흰색 등등 여러 다채로운 빛깔이 화사하게 깔려 있다. 나비의 날개에는 작은 비늘가루가 많이 붙어 있다. 이 비늘가루가 나비의 날개 빛깔과 무늬, 그 강도와 분포를 다양하게 결정한다.

인간 지능도 단순하지 않다. 인간의 뇌는 1,000억의 세포로 구성되어 필요한 만큼 궁리하고 탐색해 가면 기존의 것과는 다른, 전혀 새로운 것을 찾아내거나 만들어 갈 수 있다.

"패(牌)를 보니 재물 복은 풍족하게 타고 났는데, 보자… 어허, 바다 건너가서 죽을 운명이네요."

한 번도 틀린 적이 없는 아주 용하다는 점쟁이가 있다 하여 민향이 계속 청하는 바람에 대철이 마지못해 따라 가서 점을 본 결과였다. 대단히 기분 나빴지만, 민향의 말처럼 그냥 재미삼아 본 점괘에 불과한 거니까 너무 상심 말아야겠다고 대철은 몇 번이나 다짐하였다.

그날 저녁 기분이 울적하고 아주 쓴 맛이라 민향과 다른 몇몇 친구들과 함께 어울려 밤늦도록 술을 잔뜩 마시고 겨우 몸을 가누며 대철은 집에 들어왔다. 재물 복운이 타고 났다는 말에 호기심이 발동된 대철은 현관을 들어서자마자 할아버지가 물려준 금고를 열어 보고 싶었다. 그러나 몸이 제대로 말을 안 듣는 것을 느끼며 대철은 침대에 쓰러졌다. 평소 잘 안하던 술을 분명 과하게 마셨나보다. 그만큼 '바다 건너…'라는 점괘가 대철을 실망스럽게 만들었던 것이었다.

"어, 금고 열쇠가 없어졌잖아."

다음날 아침 대철은 간밤에 자신이 열어보려 했던 금고의 열쇠가 없어진 것을 발견하였다.

대철은 지난 밤 분명히 열쇠를 손에 쥔 것까지는 기억나는데, 그 열쇠를 어떻게 했는지 알 수 없었다. 호주머니를 비롯, 평소 물건을 잘 두던 냉장고 위나 어디를 뒤져 찾아도 보이지 않았다. 어디에 뒀는지 전혀 기억나지 않는 것이었다.

다만 여기 저기 뒤적이다 할아버지 유언장을 다시 보게 되었다. 그 내용 중에 '착안'이라는 학자를 찾아 가서 보물을 받아 오라는 글이 있었다.

'이거 참… 중요한 열쇠를 잃어버리다니!'

할아버지께서 살아생전에 남겨 주신 금고 열쇠로, 그 동안 잘 보관했었는데, 어제 저녁 음주 후 만취 중에 금고를 잠깐 좀 열어 보려 하다가, 그만 열쇠 행방을 놓쳐 버렸다. 도대체 어디다 두었는지…

있을 만한 곳이나 흔히 잃은 물건을 잘 찾던 곳을 구석 구석 아무리 찾아도 열쇠는 안보이고 그 기억도 나지 않았다.

- 따르릉 -

"한 교수입니다."

"아, 교수님, 안녕하세요. 유대철 학생인데요. 내일 열한 시경 찾아뵈려는데요. 괜찮으신지요?"

"잠깐만… 으음… 응… 스케줄이 비어 있네."

한 교수의 연구실은 숲으로 둘러싸인 교수회관 맨 끝에 있어 언제나 조용하였다. 격의 없이 편안하게 대해주는 한 교수와의 대화는 유익하고, 무엇보다 대철이를 각별히 생각하고 있다는 것을 느끼게 해 주었다.

일상과 학사 일정에 대해 정겨운 담화를 얼마 나눈 후 다시 대철이 질문하였다.

"요즘 개인적으로는 가끔 유학을 가야할지 기업체 연구소에 입사해야 할 지 생각 중입니다. 교수님 보시기에는 어느 편이 좋을 것 같습니까?"

"내 생각에는 각오를 단단히 하고 끈질기게 파고들면서 연구를 할 열의와 희생정신이 없으면 유학은 안 가는 것이 낫다고 봐. 괜히 귀한 외화만 축내지 말고, 차분히 국내에서 연구하고 공부하는 것이 나을 수 있지.

그러나 앞선 인류가 발굴해 낸 지식의 광산을 무섭게 식음도 걸러 가면서 캐고 파들어 가겠다고 결심했다면, 연구소에 입사하더라도 유학은 가는 것이 좋을 수 있어. 유학의 이점은 24시간 온전히 모든 시간을 연구와 탐색에 몰입할 수 있고, 현대 세계의 최첨단 고급 지식을 습득할 수 있다는 것이지. 심신이 고생스럽고 때로는 하루하루가 힘들 때도 있지만 말이야."

"그런데 교수님, 오늘 날은 인터넷 시대가 되어 외국 도서관 서적도 국내에서 열람할 수 있잖습니까?"

"있지. 그러나 아직 국내 등재되지 않은 고급 최신 정보도 많고, 함께 토론 수업이 많아서 양질의 최고 지식을 폭넓고 다양하게 그러면서 심도 있게 배우고 익힐 수가 있어. 십년 후에 전 세계적으로 상용화 될 정보나 발명품의 신기술 같은 것의 그 기초적 영감이 오늘 대학이나 연구소 세미나의 토론과 논쟁 중에 거론되면서 치열하게 검증받고 있는 거야. 그렇게 하면서 인류 역사 상승 발전에 조금씩 기여해 가고 있는 것이지. 체력이나 여건이 허락 된다면 유학 가는 것도 좋아.

체력을 왜 언급하느냐 하면, 사람 머리는 오십 보 백 보야, 문제는 공통된 과제에 대해서 누가 더 오랫동안 숙고하고 연구하고 고민하며 깊이 파악하고 그 활용도를 알아내는가 하는 것이지. 그러기 위해서는 체력이 받쳐 주어야 해. 공부하다 보면 보통 많이 읽어야 하고 많이 집필해야 하니 허리가 아프고, 외국이라 음식이 다르니 위장이 탈나고 말이 어려우니 항상 스트레스 속에 긴장하고 운동부족으로 팔이나 다리에 경련 혹은 마비 증상이 간헐적으로 오는 경우도 있고, 너무 힘들어 포기하고 싶은 유혹은 시도 때도 없이 만만찮게 끓어오르면서, 가족까지 딸려 있으면, 가정을 소홀히 하다간 문제가 더 심각해지며, 읽어야 될 필독 서적이나 실행해야 할 실험은 매주 쏟아져 나오지, 게다가 나의 논문에 대하여 심사 교수들 사이에 이견이 발생하면 정말 난감해. 심지어 지도 교수가 워낙 하는 일이 많아 중도에 다른 대륙에 교환 교수로 가거나 노쇠하여 사망하는 사태도 벌어져. 이런 형국이니 유학 잘 끝내고 유종의 미를 거두어 살아 돌아갈 수 있을까 하고 심약해 지는 때도 적지 않아. 좌우간 유학 생활도 만만치 않으니 후회 없도록 신중히 생각하여 판단하도록 해야 돼. 모든 일이 그러하듯 장단점, 호불호가 있으니 심사숙고하여 결정하게."

한 교수의 대답은 한 번의 질문에 마치 마르지 않는 강물처럼 끊임없이 흘러나왔다. 대철은 한 교수가 막힘없이 대화를 이어 갈수 있는 능력을 가지고 있는 것을 언제나 부러워하였고 대철이 매번 한 교수와의 만남을 즐기게 되는 이유이기도 하였다.

"교수님, 이제 가 보겠습니다. 참, 사적인 질문인데요. 제가 기억력이 좀 떨어지는 것 같아서요. 열쇠를 곧잘 잃어버려요. 술 담배를 많이 해서 그런지… 게을러서 두뇌 활동을 안 해서 그런지… 기억력 증진시키는 방법 뭐 좀 없을까요?"

"허허… 시중에 기억력 향상에 관한 서적이 많이 있을 걸… 마음에 드는 것 하나 골라, 정독해 보든지…."

"책을 읽기는 쉽지만 나중 다 읽은 후에도, 핵심 되는 내용이나 중요한 메시지는 얼마 안 되는 경우가 많아서, 시간이 아깝던데요."

"그럴 수도 있지. 자기 과시, 자기 업적을 내세우기 위해 글 쓰는 사람도 있어. 그러나 군계일학이라고 글쓴이의 열화 같은 애끓는 작가 정신이라는 것이 있어. 사마천이 사기를 집필하지 않을 수 없었던 열의, 마치 광산의 금맥을 찾는 것처럼, 바로 그런 것을 얻기 위해 책을 손에 드는 것이지. 그것을 발견했을 때의 기쁨은 새로운 인생을 부여 받은 것처럼 희열에 감싸이게 돼.

내 생각에는 계속 두뇌회전을 많이 해야 된다고 봐. 기억 세포에는 해마(hippocampus)라고 하는 것이 있는데, 이 해마가 기억에 관한 중추적 역할과 공간 개념, 감정적인 행동을 조절하지. 이 해마를 계속 활동하게 해야 해.

두뇌는 사용할수록 발전한다고 하잖아…. 어떤 노(老)교수처럼 각국의 수도 이름을 매일 스무 개씩 번갈아 가며 외우든지… 또는 난해한 추리 소설을 정독해 본다든지 등등… 두뇌를 자꾸 활용하려 노력해야 해. 소위 라마르크의 용불용설… 무엇이든 사용안하면 더욱 감퇴되고 말지…."

"네… 그렇군요."

"그리고 이런 경우도 있어. 어느 교수가 학창시절 석사 시험 때, 학사 때부터 시작하여 6년 동안 배운 모든 것에 대한 종합시험이 있었어. 해야 될 양이 엄청 많았지만 다시 복습하면서 열심히 공부하고 석사 종합시험을 마침내 잘 치렀어.

그런데 그렇게 힘들게 공부하고 익힌 것이 종합시험이 끝나면서부터 잊혀 지기 시작하는 거야. 3개월 동안 앞으로의 진로 준비하고 그 동안 못

만났던 친구 만나 술 마시고 해외여행 다녀오고 등등 하면서 지나니까, 종합시험 때 공부한 모든 것이 대부분 기억이 안 나더라는 거지. 그렇다고 다시 공부하기도 싫고 하여 할 수 없다 하면서 어느 기업의 연구소에 취직하면서, 연구에 종사하기 시작했어.

그렇게 몇 년 지내다 동시에 대학교 강사가 되어 학생들을 돕고 가르치며 세월이 흘러 어느 새 정교수가 되었어. 교수가 되고 보니, 그 옛날 공부한 것은 수박 겉핥기식이어서 시험 후 곧 바로 잊혀 지기 시작한 것이고, 그 지식이 자나 깨나 다루게 되고 생활이 되니까 이제 뇌리와 폐부에 깊이 새겨지더라는 거야.

삶이 되고 생활이 된 지식은 잊혀 지지 않을 뿐만 아니라 더욱 심화되고 그 지식의 발원(發源) 원리와 목적과 존재이유까지 깨닫게 된다는 거지. 그런 경지에서는 잊혀 질래 야 잊혀 질 수 없는 것이야."

"지식이 삶이 되어버린 것이군요."

"… 그런데 이왕 얘기가 나왔으니 말인데, 내가 대철 학생에게 더 권고하고 싶은 것은 따로 있어… 오늘날 새로운 삼 천 년대 시대에서는 말이지, 기억의 도구, 혹은 기억에 도움 주는 것들은 너무나 많아. 여러 메모지 포스트잇을 비롯해서, 녹음기, 복사기, 스마트 폰, 인터넷 등등 우리 기억을 도와주는 것이 참 많아. 그래서 말인데, 많은 것을 잘 기억하고 암기하는 것도 좋지만, 더 중요한 것은 그 기억한 것 가운데서 또는 다른 집합 자료들 안에서 새롭고 창의적인 아이디어를 도출해 내는 능력이야. 곧 서기 삼 천 년대는 창의성의 시대라고 할 것이야. 백과사전 전집의 방대한 자료들 가운데 꼭 필요하고 귀중한 고급 정보와 지식을 전자제품 안에서 찾아

내는 것은 오늘날 아주 쉬운 일이야.

그러나 지금까지 없던 새로운 아이디어를 찾아내고 창출해 내는 능력은 그렇게 손쉬운 일이 아니야. 사유(思惟)하는 갈대이며 이족(二足)동물인 인간이 획득한 창의적인 산물(産物)에 따라 인류 문명사는 변화 발전되어가는 것이거든. 새로운 생각과 아이디어는 여전히 미개척지이며 무궁무진하다 할 수 있어.

시간되면 내가 보냈다고 하면서 미대(美大) 신착안(新着眼)교수에게 한번 찾아가봐. 산업 응용 디자인학을 가르치면서, 매일 창의력을 키우려고 애쓰며 가르치고 있어. 내가 미리 연락해 놓을게."

착안이라는 이름을 듣자, 대철은 평소에 생각 못 했던 새로운 것이 불현듯 떠올랐다. 혹시 이 신착안 교수가 할아버지가 지적한 그 착안 교수일지 모른다는 예감이 강하게 들었다.

또 다른 편으로는 '찾아가야 하나, 말아야 하나?' 교수실을 나오며 대철의 머리 속은 갈등이 생겼다. 그에게 있어 신 착안 교수와는 악연이 있었다. 일 년 전 부전공으로 신 교수 강의를 들을 때, 같은 과 동갑내기가 급한 일로 수업에 결석한다며 대리 출석을 간곡히 부탁하는 것을 도저히 거절할 수 없어 서투르게 시도하다가, 그만 실패하여 크게 지적을 당했다. 게다가 기말 시험 때 옆 친구의 끈질긴 청탁으로 마지못해 답안지를 보여주다 역시 신 교수에게 발각되어 또 한번 홍역을 치루었기 때문이다.

혹시라도 이런 사실을 모르는 민향 앞에서 신 교수가 다시 지난 일을 폭로하지 않을지 대철의 가슴은 쿵덕거렸다. 민향이 알고 나면 다시는 만나 주지 않을지 모르는 일이었다. 그럼에도 거의 언제나 함께 교수회관을 다녔으며, 또한 동행하면 편한 분위기를 느낄 수 있어 늘 좋았기 때문에, … 민향 없이 혼자 간다는 것은 큰 아쉬움을 느끼게 할 것 같았다. 여하튼 이번에는 신 교수에게 가는 초행이기도 하니 함께 가는 것으로 결심했다.

새로운 지평

– 딩동댕 – 동딩댕 –

"열려 있습니다."

"안녕하세요, 유대철(劉大喆)이라고 합니다."

"저는 서민향(庶民香)입니다."

"한 교수 소개로 왔다고? 어서 와."

"한 교수는 대단한 분이야. 가끔 만나는데, 혈액에서 몸에 해로운 불순물을 제거하여 피의 순도를 높게 해주는 혈액 의구(醫具) 메디칩3를 개발했어. 이 의구는 땅콩만한 크기인데 누구든지 몸에 부착해 두면, 혈액을 맑게 하여 면역성을 강화시키도록 제조했지. 단점은 아직 고가 제품이라는 것과 작동 속도가 느려 부착해야 하는 시간이 너무 길다는 거야. 각설하고… 그래 창의성에 대해 알고 싶다고?"

"예."

두 사람이 한 목소리로 답했다.

"창의성이란 우선 남과 다른 생각을 하는 것이거나 시간과 공간이 다른 곳에서 다른 구상을 해내는 것으로서, 지금까지의 것보다 더 나은 것이어야 해. 더 나쁜 것을 가지고 창의성이라 하지는 않아. 초보적 실마리 발상에 현실성을 입혀, 실용적이게 하여야 해. 아이디어는 일상생활 중 늘 발생할 수 있는 것이야. 다만 관심이 없어 그냥 흘려버릴 뿐인 것이야. 잘 보고 가만 고민해 보면, 아이디어는 넘쳐 나고 우리 인간 역사가 바로 아이디어의 진화라고 할 수 있어.”

“유익하면서 편리하며 기상천외한 발상이면 좋겠네요.”

수동적으로만 있는 것을 싫어하는 대철이 말했다.

“어떤 나라라고 말하지는 않겠는데, 유럽 대륙의 나라야. 그 나라에서 고속도로를 건설했는데, 국도로 55킬로 거리를 고속도로로는 68킬로로 만들었어. 주위 국가에서 왜 멀리 둘러가며 고속도를 만들었냐고 물어보니, 답변이 걸작이야. 도로 대지 구입비용이 문제가 되어서가 아니라, 단지 고속도로가 길어야 통행료나 이용료를 더 많이 받기 때문이라는 거야.

아니 생각을 잘 못해도 유분수지⋯. 고속도로는 신속하게 가려고 길을 내는 것인데, 통행세에 욕심을 내다가 그만 기본 목적을 잃었던 거야. 그래서 사람들도 그렇게 둘러 가느니, 국도로 가겠다고 하여, 고속도를 별로 이용하지 않고, 그러니 통행료 수입도 적고⋯ 건설 비용은 예상보다 더 많이 들었고⋯ 이런 실수는 우리 누구나 할 수 있는 거야. 그러니 정책결정자의 오판이 얼마나 큰 오류와 모순을 만드는지⋯.

이 얘기는 우리 생각이 오류를 범할 수 있지만, 역으로 훨씬 훌륭하고 놀라운 것도 생각해 낼 수 있다는 것을 보여주고 있어. 특히 과학사(史)에 나타난 대부분 아이디어는 좋았던 것이며, 때로는 기발하고 기상천외한 명안(名案)도 있었던 거지. 중요한 점은 정책 입안자와 그 결정자는 항상 유의하고 중지(衆智)를 들으며 문제점을 보완할 수 있어야 해. 혼자 고민하는 '나'보다 함께 생각을 나누는 '우리'가 더 영리하니까.

인간 두뇌 활용은 그 한계가 무궁무진한 것이야. 일전에 쇼생크 탈출 영화도 있었듯, 2차 대전 중 절대 불가능할 것 같았으나 살벌한 유태인 수용소의 삼엄한 경비를 뚫고 기적적으로 탈출에 성공한 사람도 더러 있었어. 헤리라는 유태인인데 크라쿠프 수용소에서 가만히 돌아가는 시스템을 보니까 독일군 경비의 허점이 보이더라는 거야. 그는 가스로 죽은 유태인 시체 더미 버리는 트럭 속에 숨어 들어가 시체들과 함께 트럭에 실리게 돼. 죽음만큼 지독하고 끔찍한 시체들의 악취를 참아내자 마침내 수용소 밖으로 운반되어 시체 더미와 함께 구덩이에 던져지고 마침내 25마일을 벌거벗은 채로 달려 나와 자유를 되찾게 되지. 불가능 속에서 헤리는 가능성을 찾았던 거야."

"와… 대단하네요."

대화는 하면서도 대철의 마음은 여전히 긴장을 숨기고 있었다. 혹시나 과거 일을 들추어 신 교수가 지적하면 어떻게 해야 하나… 심장은 계속 뜀박질이었다.

"아무리 복잡한 구조와 분석도 거듭하여 시도하면 인식 못할 것은 없다고 봐. 사실 인간이 발견한 모든 복합 난삽한 현상과 결과라도 우리 중 누군가는 연구를 깊게 하든지 새롭게 디자인해서라도 인식할 수 있을 것이야. 하늘로부터 얻은 인간의 두뇌는 그 잠재 능력이 한없어. 사용을 안 하는 것이 문제지. 마가릿 대처 수상의 말이야, Design or resign!(디자인을 하든지 아니면 물러나든지!).

나의 사고(思考) 울타리 안에서는 절대로 발견되지 않고 숨어 있는 구상(構想), 관점이 있어. 그 숨어 있는 관점을 찾아내는 것이 창의성이야. 이것이 한 개인을 넘어 집단적 사고 개념 바깥에 감춰져 있을 수도 있다는 거지. 바로 여기에 가보지 않은 길을 밟아야 하는 당위성과 필요성이 있는 것이야. 남이 해보지 않은 것, 나도 안 해 본 것. 바로 그 안으로 개척해 들어가 봐야 하는 것이야. 새로운 지평이 기다리고 있지."

대철이 끼어들었다.

"제가 알기로 논어 위정 편에 '배우기만 하고 생각하지 않으면 망하고, 생각만 하고 배우지 않으면 위태롭다'는 말이 나와요. 인간은 꾸준하고 치열한 고민을 통해서라면 새로운 아이디어의 실마리를 찾아낼 수 있다는 이 얘기와 상통하는 것 같아요."

"맞아. 곧 성의정심(誠意正心), 뜻을 성실히 하고 마음을 바르게 가짐으로써 감추어져 있는 귀한 구상을 찾아낼 수 있다는 것이지. 불필요한 집착과 욕심을 버리고 빈 마음이 되면 창의력에 날개를 하나 더 다는 것이 돼. 두뇌도 안 쓰면 퇴보하지만 성실하게 계속 활용하면 그 능력이 향상돼. 뇌세포의 수량이 천 억 정도 되지만, 인간은 그 10%도 다 사용 못한 채 운명한다고 그래. 우리 지력도 사용하면 할수록 더욱 정교하게 되고 발전하는 거지.

그런데 여기 한 가지 중요한 것이 있어. 자유로운 분위기와 공정한 환경의 중요성을 많은 세월동안 인류 역사는 무시해 왔어. 분명히 중국이 먼저 종이, 나침반, 화약을 만드는데 성공했지만, 그 결실은 놓치고 말았던 거야. 종이를 만들었다는 것은 인간의 사상과 문화 의식을 상통(相通)하며 보존하고 계승 발전시키며 시간의 한계를 넘어가는데 중요한 발명품이지. 또 나침반은 공간의 한계를 극복하여 세계 지리적으로 타민족과의 만남을 통해 삶의 차원을 넓고 다양하게 변화시킬 수 있는 수단이 되는 것이야. 그리고 화약은 나침반과 함께 인류 미답(未踏)의 지상 지하 및 수중(水中)과 우주의 개척과 탐험을 가능하게 하는데 있어 없어서는 안 될 필요한 발명이었어.

그럼에도 불구하고 중국이 과거 세계사에서 서구 유럽의 영향을 받아야만 했던 이유, 바로 그것은 자유와 평등의 문제라고 할 수 있어. 이것은 중국을 포함한 동양 전반에 흐르던 풍조였는데, 개인 자유를 인정하고 존중하기보다 끊임없이 속박하고 단일화하는 데만 집중해 왔어.

상부에서 하명(下命)하면 일사천리로 하나같이 예외 일절 없이 그대로 실행해야만 하는 것이지, 만약 다르게 행하면 가차 없이 형벌을 받거나 심지어 목숨까지 잃게 되었어. 다양한 우리 인간의 속성과 고유한 개성을 무시하고 저버렸던 것이지. 삼라만상도 얼마나 다양하고 가지각색이며 무쌍(無雙)한지를 보면서도 배울 수 없었던 거야.

15세기 초 유럽에서 지리상의 발견이 막 시작되던 무렵, 중국 사람들도 해외 탐방을 시도하려 일곱 차례나 중국 해안선을 떠나 항해를 하였어. 허나 중국 조정에서는 쓸데없는 일 하지 말라며 중단시켰으며, 조선소마저 폐쇄하고 외양(外洋) 항해를 금단시켰어. 중국이 중심 나라인데 어딜 간다는 거냐 하는 것이지.

이 일이 있기 전에도 당시로서는 아주 잘 만들어진 수력 방적기(紡績機)를 개발하려는 것을 못하게 하여, 영국에서보다 먼저 일어 날 수 있었던 산업 혁명을 짓눌러 버렸지. 심지어 세계 최초의 기계식 시계 모델까지 발명했었으나 파기(破棄)시켜 버리네.

사실 스페인의 무적함대가 생기기 백 년 전 중국에서도 정화(鄭和)의 세계 최대 함대가 있었어요. 승선인 수가 3만 명이상, 거함 60척, 식량 자급 배양의 세계 최초 함대 조직이었어. 정화함대는 15세기 초 아프리카 동부 해안을 항해하기도 하였지. 그러나 그 후 뱃사람들의 자유의지가 허용되지 않은 시대사조에 의해 지리멸렬하고 말았어.

과학 기술 또는 기계 발명조차 뭐든지 조정(朝廷)이나 상부에서는 위험한 것으로 통상 규명해 버리고, 중국 전역 어디서도 제조 못하고 마는 형국이었지. 자유로운 분위기가 이래서 중요한 것이야.

서구는 종이와 나침반과 화약을 만들지는 못했으나, 개인의 자유를 쟁취하는 역사를 기록하게 됐어. 왕정과 귀족과 독재자와의 투쟁에서 마침내 개인의 인권과 자유, 존엄성을 찾아냄으로써 국가와 사회 전반에 다양한 변화와 발전을 가능하게 하지.

유럽의 역사가 개인 자유 쟁취의 역사라 해도 과언이 아냐. 권리장전, 마그나 카르타, 프랑스 혁명 등에서 보여주듯, 개인 자유를 억누르는 왕·귀족과, 수탈당할 뿐 아니라 비자유 상태인 농민과 천민들 무리와의 투쟁이었어. 그런 영향으로 오죽했으면 '자유가 아니면 죽음을 달라'고 했겠느냐고.

마침내 개인 자유가 쟁취되면서 개인의 다양한 구상(構想)과 착안(着眼) 들이 봇물을 이루며 세계 역사에 기여하고 꽃 피울 수 있기 시작한 것이지. 역사상 개인의 자유가 보다 많이 구현되면서 그 이전과는 비교가 안 될 정도로 특히 과학 기술 의학 분야에서는 눈부신 발전을 거듭하게 되었어."

자유로운 생각이 정말 넘쳐나는 신 교수였다. 한번은 이런 일도 있었다. 대철과 함께 신착안 교수 수업을 부전공 선택 과목으로 수강하던 한 친구는 교무과 입구 왼편 끝 창문이 잠겨 있지 않는 것을 어떻게 알아내었다. 시험 전날 교내에 잠복해 있다가 새벽 1시에 교무과를 침입해 여러 과목의 문제를 스마트폰으로 반출하는데 성공하였다. 그때 다른 과목은 원래 문제대로 출제되었으나, 신 교수의 경우는 달랐다. 정작 시험 당일 아침, 신 교수는 갑자기 좋은 문제가 떠올랐다며 다른 문제를 흑판에 제시하는 것이 아닌가! 겨우 밤새워 고생하며 답안을 준비해 낸 도출 문제와 전혀 다른 문제이니 참으로 황당한 일이었다. 새롭고 거침없는 상념이 끊이질 않는 신 교수다운 기말시험이었던 것이다.

"가정(假定)이지만 만일 과거 동양에 더 많은 자유, 곧 서구처럼 개인의 자유가, 비록 그 남용과 폐단이 있음에도 허용되었다면, 지금보다 훨씬 바람직한 역사를 새길 수 있지 않았을까 생각돼. 자유롭고 평등하고 공정한 여건 안에서 새로운 사고방식과 아이디어가 풍성하게 창출되기 때문이야.

지금도 그렇듯 자유로운 상황에서는 매일 새로운 아이디어가 쏟아져 나오고 있는 거야. 자고 나면 새로운 기술과 아이디어가 홍수를 이루고 있어. 몇몇 국가에서 인간 자유를 억압하고 있으니, 그곳에서는 좋은 아이디어가 계속 시들게 되고 짓밟히게 되는 거지."

대철은 잠시 생각했다. 사실 자유로운 여건이라면, 많은 시행착오가 오히려 큰 도움이 될 것이다. 사람의 두뇌는 솔직히 도토리 키 재기다. 아무리 좋은 명명 문문 대학 학위를 많이 보유했다 하여도, 꾸준한 연습과 실험이 없다면, 좋은 학벌이 오히려 방해 작용을 할 수 있는 것이다. 비록 지방 대학 아니, 초등학교 졸업 학력이라 하여도 끊임없이 반복 고민하고 연구를 하면, 남들이 모르거나 못하는 일을 할 수 있고 그에 따른 걸작이 창출될 수 있다.

문제는 누가 얼마나 더욱 큰 열정과 성의를 가지고 줄기차게 창의성을 구가하고 발휘하려 애쓰는가 하는 점이라 하겠다. 그래서 새롭게 시도하면서 누구도 해보지 않은 것을 창안해 가야 할 것이다.

"아울러 가만히 떠오른 생각을 종합하거나 구상을 통일시켜 일목요연하게 하거나 분류시킬 줄 알고, 전체를 간파할 줄 아는 혜안도 긴요할 것 같아요. 아는 지식과 정보가 많으면 많을수록 발휘할 수 있는 창의성은 더욱 다양하며 풍요로울 테니까요."

대철의 말에 신 교수가 응했다.

"음, 어떤 현상이나 사물 작동 원리에서든 구별되는 변별점과 차별성을 고민하고 찾다보면, 새로운 영감을 얻을 수 있어. 새로운 사업을 시작할 때도 그렇듯 다른 사람들이 이루어낸 기존의 창의적 아이디어를 될수록 많이 섭렵하는 것이 중요해. 관계되는 분야의 아이디어 생성의 과거 전력(前歷)만 가만히 들여다봐도 미래에 사용될 귀한 착상을 얻을 수 있어. 적어도 새로운 힌트를 발견할 수 있게 되어, 기존 구상을 넘어 미답(未踏)의 분야를 먼저 개척할 수 있는 거지. 어느 분야라도 마찬가지야.

전 세계적으로 한 해 50억 병 이상 팔린다는 오스트리아의 레드불(Red Bull)의 사례를 보자구. 어느 오스트리아 기업인이 태국 출장 중에 마신 전통음료 덕에 시차와 피로가 없어지는 경험을 했다고 해. 이 기업인은 음료를 즐기는 데 멈추지 않고 오스트리아의 브랜드 기획력과 마케팅 실력을 결합시켜 레드 불을 창안해냈어. 무명의 태국 전통음료가 세계 굴지의 스포츠 음료로 거듭나게 된 것이야말로 수평적 아이디어 개척의 대표적 사례가 아닐 수 없지.

일반 기업에서도 비슷한데, 회사가 성공하려면 사장실부터 없애라는 얘기도 있어. 사장과 직원 간 눈높이를 맞추기 위해서 사장실뿐 아니라 전용 엘리베이터, 전용 주차장 등 특권을 내려놓고 평사원과 함께 하는 자세를 가지면 회사 전체 구성원이 사장처럼 책임감을 갖고 일하게 된다는 거야. 사장부터가 기존의 울타리를 벗어나 수평적 태도를 가지게 되니, 말단 직원까지 자극을 받아 애사(愛社)심이 생겨나는 것 아니겠어. 사장만 염려하는 것이 아니라 누구나 사장이 되어 회사 미래를 한 마음으로 고민을 하게 되니 좋은 구상과 전략이 쏟아져 나오는 분위기가 되지. 그것도 윗어른이 겸손한 모습을 지니게 되니 덕망스럽고 존경스럽게 보이기도 하잖아.”

“솔선해서 모범을 보여야 하는 군요.”

간만에 민향도 한 마디 거들었다.

안주(安住)는 금물

"창의성 개발에 방해가 되는 점은 한 가지 방법에만 안주하려는 것과 너무 쉽게 결실을 얻으려 하는 것이야. 처음부터 기발하며 영감 주는 아이디어를 찾기는 쉽지 않고, 찾아도 미숙한 것이지.

창의성은 다양한 융합과 합종연횡에서 시작될 수 있어. 예컨대 디지털과 아날로그의 결합, 서로 다른 시간과 공간의 교체, 전혀 어울릴 것 같지 않은 두 영역이나 두 개체의 합일과 연합 등등을 통해서 새로운 개체가 형성되지. 물론 윤리와 도덕은 기본으로 하구 말이야.

새로운 창의성을 발휘하는 데 있어 중요한 한 가지는 한정된 범주를 넘어 서려고 노력해야 한다는 점이야. 콜럼부스가 계란을 세울 때, 그것을 깨어서 세울 줄은 사람들이 미처 몰랐던 거지. 이것은 마치 삼국시대에 가장 강력했던 고구려가 미처 생각 못했던 전략으로 신라는 당나라와 연합하는 것을 생각해 내었던 것과 비슷한 이치라고 하겠어, 물론 그 후유증으로 통일 이후 신라는 소정방을 내쫓아버리느라 고생은 많이 했지만 말이지.

이순신 장군 역시 당시 육군에서 사용하던 학익진 전술을 해전에 응용하여 사용함으로써, 학익진을 전혀 모르던 일본 수군을 한산도에서 대파하였어. 제3의 전술이 있다는 것을 몰랐던 거지.

애덤 스미스는 국가의 부는 얼마나 많은 생산품을 만들어내느냐에 달렸다고 보고, 당시 제3의 방법인 분업을 생각해 냈어. 그는 분업이 생산성을 극대화할 수 있다고 봤지, 분업이론은 20세기 제조업에 혁명을 가져왔어. 어마어마한 일을 나눠서 하게 되니, 각 분야 별 전문화하게 되어 전체

생산성이 높아진 것이지.

사교육 문제도 한 번 보자구. 수능 문제가 어려우면 사교육이 늘어나서 사회적 고통과 부담이 커지지. 반대로 수능 문제가 EBS 보면 풀 수 있을 정도로 평이하게 나오면, 변별력이 없다고 야단인데, 제3의 방법을 생각해 볼 수 있지 않을까? 문제를 너무 어렵지 않게 하여, 사교육도 줄이고 변별력도 확실히 얻을 수 있는 방법, 이렇게 해보면 어떨까?

우선 문제 수준은 중급 정도 이상의 응용문제로 시작하면서 점차 EBS가 방송한 가장 어려운 응용문제로 나아가게 하는 거야. 중요한 점은 출제 문항 수를 1시간 내에 풀어야 할 문제를 300문항 정도 하되 가능하면 주관식으로 하든 아니면 보기가 8개 이상 되는 객관식으로 출제하는 것이지. 실력이 되는 수험생은 300문제에 보다 근접하여 1시간 안에 마칠 수 있을 것이고, 그렇지 못한 수험생은 겨우 100문제 정도 풀고 1시간을 다 소모할 수도 있을 거야.

오늘날엔 사교육을 포함한 자녀 양육비가 무서워 출산이 기피되고 전체 인구수가 정체되거나 곧 줄기 시작하여 특히 노동력이나 생산인구가 감소되는 문제가 날로 심각해지고 있다는 군. 사교육 문제를 해결하기 위해서는 문제가 쉬워져야 하며, 변별력을 위해서는 적당히 어려운 문제가 많아야 하는 것이지. 많은 문제를 풀려니 빨리빨리 근성이 필요해.

그런데 이러한 근성이 반드시 피해야 할 나쁜 것이라고만 할 수 있을런지… 오늘날에는 마하(mach) 경영이라는 얘기도 나오는 상황이잖아. 응급실 의사 경우도 위급한 환자 생명을 살리기 위해 촌각을 다툴 때, 빨리빨리 근성은 오히려 필수 요소야. 상처에 출혈이 심해 피가 샘처럼 용솟음치고 있는데, 슬로우 스테디 문화가 중요하다고 천천히 대응하다가는 응급 환자들 다 죽어. 무엇보다도 인간은 시간의 한계 속에 머물다 떠나기 때문에, 주어진 시간 속의 생애 동안 좋은 일을 더 많이 하기 위해서는 필요시 서두를 줄도 알아야 하지 않겠어? 훗날 필요시, 스피디 근성은 슬로우 근성으로 순화할 수 있어도, 그 반대는 어려워. 여하튼 이렇게 되면 사교육의 필요성이 떨어지는 것은 확실해.

개인적으로 중·고등 교육은 기본적인 정도만 하면 좋겠어. 그 대신 인성 교육, 문화 교육, 예술 교육, 체력 단련, 자연 생태 체험, 국내 유적지 탐방 등등 인간과 자연의 다양한 어우러짐과 조화를 익히고 체험하여 다양한 창의성과 개방적 사고(思考)가 피어날 수 있는 교육이 되기를 소망해요. 먼저 참 인간이 되자는 거지.

그리고 대학교 입학은 가능한 쉽게 하고는 입학 후 제대로 공부하게 했으면 좋겠어. 매 학기별 엄격한 유급제도를 활용하며 동시에 성적이 우수한 학생은 학년을 얼마든지 월반(越班) 할 수 있도록 허용하는 거지. 수재(秀才)는 실력을 키워 상위 수준으로 마음껏 웅비할 수 있도록 기회 제공이 되면 좋겠어.

인류지식 발전을 추구해야 하는 대학에서의 학생은 아무리 난해한 문제도 중단 없이 재도전하면서, 공부벌레 정도가 아니라 공부 사이보그(cyborg)가 되어야 하지 않을까? 정약용의 말처럼 학해무변(學海無邊)이니까.

대학 입학이 쉬워져야 분명 사교육비 과다 지출을 비롯한 인구 감소 문제, 청소년기 전인적 인성 교육 결핍 등등의 문제가 더욱 극복 되리라 봐. 그리고는 대학 졸업 시 최고 고난도의 학·석사 최종 국가 종합시험이 도입되게 하여 대학생 때 원 없이 공부할 수 있게 하면 좋을 듯해.

이처럼 제3의 새로운 차원의 생각이 첨가되면 문제가 풀리거나 참신한 아이디어가 나올 수 있는 거지. 아이디어는 기존의 방식을 새롭게 재조명하고 다각도(多角度)로 궁리해 볼 때 하나씩 얻을 수 있어.

문제는 제3의 영감을 생각해 낼 수 있는가 하는 점이야. 플러스 알파를 창안해 내면 그전에 불가능 했던 것이 가능해 진다구. 물론 사회 규범이나 법망을 벗어나라는 말은 절대 아니야. 그 안에서도 얼마든지 우리는 창의적인 가능성을 실현할 수 있어.

마찬가지로 아프리카 독수리 중에는 죽은 동물의 뼈를 잘 골라 먹는 녀석이 있어. 이 녀석은 뼈가 단단하고 너무 클 때는 그 뼈를 입에 물고 하늘 높이 올라가서 암석 같은 곳을 골라 그 위로 떨어뜨려 부러뜨리지. 안되면 다시 몇 번이고 반복하여 조각나게 하고, 조각난 뼈를 섭취하게 돼. 만유인력도 모르고 사용할 도구도 없지만, 뼈를 먹는 방법으로 제3의 수단을 이용할 줄 알아냈다는 거지, 높은 공중에서 뼈를 떨어뜨리는 제3의 상황으로 문제를 해결한 것이야.

도요새도 비가 오지 않아 먹잇감인 지렁이가 보이지 않으면, 자신의 부리로 지표면을 이곳저곳 톡톡 두드려 비오는 것처럼 하지. 그러면 정말 지렁이가 비오는 줄 알고 땅 위로 기어 나와 도요새에게 양식이 돼. 도요새의 오랜 관찰로 땅위로 나오지 않는 먹잇감을 구하는 제3의 방법을 터득한 거야.

기린의 경우도 주로 나무 잎사귀 같은 것을 먹는데, 목이 길잖아, 그러니 뼈가 길다구. 그 뼈에 필요한 영양소인 인과 칼슘을 얻기 위해, 기린과 어울리지 않을 것 같지만, 죽은 동물의 뼈를 와삭와삭 먹어. 육식동물은 아니지만, 기린의 입장에서는 생존을 위한 필수 영양분을 얻는 제3의 생존 비법인 것이지."

그러고 보니 대철은 생각나는 것이 있었다. '나이가 40세에 이르면 자기 얼굴에 책임을 져야 한다는 말이 있다. 하지만 진정 책임을 져야 할 얼굴은 세상을 떠날 때의 마지막 얼굴이 아닐까 싶다.' 우연히 접한 그 말에 충격을 받은 기억이 났다. 링컨의 말이라고 하는 이 말, '40대의 자기 얼굴에 책임을 져야 한다.'는 변할 수 없는 것으로만 알았었다.

그러나 윗글을 대하고는, '그렇지! 마지막 임종 때의 얼굴이 더 중요하지. 일생을 어떻게 살았는지 보여주는 것이니까'라는 생각을 하면서, 스스로 고정 개념에 너무 사로잡혀 있었던 것을 깨달았다. 인간은 이외에도 많은 생각과 선입견, 편견에 나를 꽁꽁 묶어 두는 일이 적지 않다. 그러니 제3의 지평을 찾기가 쉽지 않은 가 보다.

"그리고 보다 참신한 아이디어를 얻기 위해서는 좀 더 멀리 보아야 해. 예컨대 세계적 정신적 지도자들인 달라이 라마든지 노벨상 수상자나 명곡 가수, 예술가 같은 저명한 분들을 대한민국에 초대하려는 것 좋은 일이지. 허지만 이왕이면 더욱 방문과 개방이 절실한 북한 주민들에게 인간의 길과 정신을 설파하고 고양(高揚)시킬 수 있도록 요청하는 것이 결국 대한민국을 위하는 것이라 생각해 볼 수 있지 않을까.

그런 고명하신 분들이 북한을 방문하게 되면 자연스레 남한을 방문한 것 이상으로 그 효과와 결실이 열매 맺을 수 있을 거라고 봐. 물론 북한이 방문을 수락할지 또 신변 안전 문제든지 하는 것은 별도의 문제이지만 말이야. 멀리 숲을 넘어 볼 수 있어야 하고 크게 넓게 관조(觀照)하는 것이 중요해. 폭넓고 다양한 가운데서 독특하고 더욱 기발한 창의성이 불꽃을 번득거릴 수 있지 않겠어요?

그러면 이제는 인류에게 가장 필요한 것이 무엇인지 창의성을 넓게 활용하여 여러분들이 한 번 찾아봐. 우리 인간에게 가장 요긴한 것이 무엇인지 고민들 해보라구."

예상 밖의 사고

어느 정도 분위기가 무르익었다고 대철은 생각하며 용기를 내어 할아버지의 존함을 신 교수가 아는지 물어 보았다.

"아, 유영성 박사가 할아버지 되는구나. 살아생전에 나와 절친이었어. 그러면 보물도 찾고 싶어 하겠구나…. 으음, 내가 분명히 그 보물은 돌려주겠지만, 그 보물을 소유하기 위해서는 먼저 그 보물을 잘 활용할 수 있도록 창의력이 있어야 해. 창의력을 보다 출중하게 키워봐.

오늘은 이 정도로 하지. 곧 선약한 벤처 사업자가 올 시간이거던. 다음에 연락하고 와. 또 봐요."

"감사합니다."

말은 그렇게 하면서 대철은 마음속으로 생각했다. '아니 창의력을 키우라고? 보물을 자신이 가지려 꼼수 부리는 것인가? 이거 어떻게 한다? 교수에게 좌초지종 따지기도 그렇고, 보물 내놓으라고 막 억지부리기도 어

려운데, 이거 어떻게 하지?'

마음 약한 대철은 신 교수의 말에 항거할 의욕을 잃고 그 말에 따르기로 하였다. 아주 싫고 짜증이 밀려왔지만… 다행스러운 것은 대철을 기억했는지 또한 의도적인지 아닌지 모르지만 신 교수는 불쾌한 과거 얘기에 대해서는 언급이 없었다. 다음에 만날 때에도 편하게 만날 수 있겠다 싶었다. 신 교수와 작별하고 나오면서 민향이 몰래 대철은 안도의 한 숨을 감추고 있었다. 정말 죄 짓고는 못산다는 말을 실감하는 대철이었다.

열흘이 훌쩍 지나가 버렸다. 학교 캠퍼스에는 각종 동아리 모임에서 신입생을 겨냥한 신입회원 모집 포스터가 여기 저기 붙어 있고, 새봄을 느끼게 해주는 개나리가 막 꽃 순을 열고 있었다. 참 아름다운 계절이다. 학기 초(初)라 중간시험도 멀리 있고 제출해야 할 리포트도 한 두 개 정도, 새 봄의 향기와 산들산들 불어오는 꽃바람이 너무나 신선했다. 아, 이 여유로움이여! 싱그러운 생동감이여!

대철은 봄의 신선한 내음에 취하면서, 신 교수 연구실 앞을 지나고 있었다. 문득 지난 번 신 교수가 제안한 숙제 아닌 숙제가 떠올랐다. 인류에게 가장 필요한 것이라! 그냥 못 하겠다고 해버릴까? 체면상 그러기는 너무 성의 없어 보이고… 무작정 다음으로 연기해 달라고 할까? 너무 책임감 없는 사람처럼 보일 것 같고…, 일단 힘들 것 같다고 문자라도 보내야겠어. 다른 일도 많은 데… 그런 것까지….

사흘 후 신 교수로부터 답신 문자가 왔다.

'유대철 군, 안녕하세요? 문자 잘 봤어요. 만일 바쁜데 너무 어렵고 힘든 과제라면 무리 하지 마세요. 다른 학생에게 제안해 볼테니까. 그러나 유군처럼 창의적 아이디어에 관심 있는 사람이 많지 않기 때문에… 혹시 차후라도 마음이 바뀌면 언제든 다시 연락 주고 찾아오시길… 학업에 건투를 빌며… 신 착안'

답신을 받고 또 다시 고민이다. 이렇게 배려해 주시는 신 교수인데, 완전히 끊어 버리면 다음에도 영영 멀어질 수 있을 텐데. 이런 좋은 교수님은 가까이 하여 모시면 훗날 멘토로서도 많은 도움이 될 수 있을 텐데…

이런 저런 생각에 사로잡혀 길을 걷는데, 바람은 약간 부는 듯하지만, 봄바람이라 싫지는 않았다. 그때였다. 별안간 귀청을 찢는 듯한 브레이크 파열음이 들렸다. 대철이 순간 고개를 들어 옆을 보니 브레이크가 고장 난 듯한 10톤 트럭 한 대가 건널목으로 달려오는 것이 아닌가. 깜박거리는 파란 등의 건널목에는 늦게 건너오던 사람들이 위험을 감지하자 얼른 달려 나왔으나, 초등학생과 몇 사람은 당황하여 발을 떼지 못하고 있었다. 자신도 모르게 대철은 몸을 날려 달려 나갔다. 그 학생을 먼저 인도 쪽으로 밀쳐 내는 데는 성공했으나, 다른 이들도 떠밀려고 하는 찰나 그만 대철 자신이 트럭의 범퍼 오른 쪽 끝에 세계 부딪치고 말았다.

대철 외에도 건널목 끝자락에 있던 다른 사람들도 여러 명 받쳐서 비명을 질렀다. 옆으로 튕겨나간 사람, 길에 나뒹구는 아이, 피를 흘리며 쓰러져 있는 아주머니, 고함소리와 여러 비명소리, 고통스런 신음소리…. 곧이어 어디선가 앰뷸런스와 경찰차의 신호음이 들렸다. 트럭 운전기사의 과로에 의한 졸음운전이었다. 현장을 지나던 젊은 택시 기사의 도움으로 신속하게 병원으로 실려 갔다. 대철은 조금 전 구해준 초등학생의 가슴 이름표에 민행복(民幸福)이라 적힌 것이 기억났지만, 그 마저 희미하게 느껴지면서 그렇게 의식을 잃어 갔다.

3개월 후, 대철은 조금씩 회복되어 가는 기운을 느끼며, 주위에서 다행이라고 운이 좋았다고 하는 얘기를 들었다. 입원해 있는 동안 친가족보다 다른 남자 친구보다 민향이 많이 위로가 되고 힘이 되어 주었다. 민향이 가져다 준 예쁜 삽화가 있는 시집과 자신이 좋아한다는 제임스 조이스의 율리시즈 원서, 호기심 많은 대철에게도 지적(知的) 욕구를 채워주는 계기가 되었다.

민향은 평소 율리시즈에 대해 얘기를 많이 해 주었다. 아침부터 18시간 동안 일어난 일을 다양하고 복잡하게 작가 의도를 표현하였다. 여러 외국어를 사용하며, 의식의 흐름에 따라 철학, 정치, 천문학, 음악, 생리학 등을 오행시, 에세이, 드라마, 르포, 설교 등 다양한 형식으로 서술한 것이 대철의 지적 성향을 강하게 자극시켜 주었다.

어려운 표현은 표시해 두었다가 민향이 오면 물어보며, 서로의 견해도 나눌 수 있었다. 사람이 이렇게도 다양하게 어휘를 구사할 수 있다는 것을 느끼게 되었다. 존재의 집인 인간의 언어라는 거창한 표현을 빌리지 않더라도, 용어 하나 하나는 어떤 개념과 형상을 나타내는 것이기에, 그만큼 세상과 인간 두뇌 안에는 개념과 형상이 넘쳐난다는 것이다.

뇌 속에 있는 그 무궁무진한 것들을 선별하고 개선하여 활용한다면 과거와 현재의 인류 공동체보다 더욱 나은 행복한 인류 공동체가 될 수 있지 않을까? 불가능 하지 만은 않을 것 같아 보였다.

병원에 머물면서 신 교수가 제안한 아이디어에 관해서 생각할 여유가
있었지만, 대철은 지나온 과거와 앞으로의 미래 구상에 대해 시간을 더 할
애하면서 틈틈이 시집과 율리시즈를 탐닉하며 지냈다.

2. 아이디어의 탄생

아이디어의 산물(産物)

"교수님, 안녕하세요."

"저도 왔어요. 이거 과일 조금 가져 왔는데, 냉장고에 넣을게요."

신 교수의 연구실은 복잡 그 자체였다. 자택에 또 다른 연구소를 두고 휴일 날 집에 있을 때나 학교 왔을 때나 그야말로 식사시간도 아껴가며 아이디어 개발에 전념하시는 분이셨다. 요즘은 산학(産學) 협력 분야까지 맡아 정말 치열하게 사는 교수였다.

"응, 어서 와요. 그래, 대철은 사고 난 이후 몸은 이제 좀 어때?"

"염려 덕분에 다 나았어요."

"그만 하기 다행이야…. 한 교수에게 들자니, 대철 학생 칭찬을 많이 하던데, 과에서 제일 성실하며 열심이라고. 그럼, 기회가 될 때는 가치 있는 고생을 사서라도 해야 하는 거야….

그리고 창의력 증진에 대해서는 계속 고민하고 있겠지?"

"네, 저희들 시간 날 때마다, 오고 가는 대중교통 안에서도 이따금 생각해 봅니다."

"응, 좋아요… 서로 시간 절약하기 위해, 거두절미하고 내가 볼 때 자네들에게 필요한 것을 먼저 말해 주겠네. 그래도 괜찮겠지?"

"아, 물론입니다. 교수님 좋을 대로 하십시오."

"인간 발전 역사 안에 인간 지능의 기여는 지대하지, 인류 역사를 넘어 자연사(自然史)까지 통틀어 바라보면, 적자생존, 약육강식의 모습이 있는 것이 사실이야. 이 살벌하고 위험한 자연 생태계 안에서 인간이 최상위 자리를 차지할 수 있었던 것은, 지성에서 나오는, 다른 피조물에게는 기상천외하다 할 수 있는 적응술과 응용술 등등을 꾸준히 개선하고 발달시킬 수 있었기 때문 아니겠어? 다른 동물들은 알지도 못했던 불[火]과 도구의 사용… 불은 지금도 사용하는 동물이 없어,

짧지만 과거의 기억과 경험의 축적, 미래 예상 능력 및 관측 예지(銳智) 등 활달하게 모색하고 궁리해 내는 지성의 힘이 오늘날 인간 위치를 자리매김하는데 큰 역할을 한 거지. 그 지능 발전의 방법을 추적하여 이제는 과학적이고 실제적인 원리를 찾아야 할 때라고 봐.

우리 뇌 속에서는 말로 표현하기 이전에 어떤 구상이나 미완(未完)의 생각이 형성되어 흐르고 있다는데, 사람이 말하는 속도는 분당 120 낱말이지만 생각할 때는 분당 500 낱말이 지나간다고 알려져 있어. 이것은 인간 의식 속에 거의 끊임없이 사색(思索)이 진행되면서 그것이 필요한 것이든

아니든 계속 생성되도록 되어 있다는 것이지. 마치 바닷물이 결코 가만있지 않듯 말이야."

"그런 사색이나 영감들이 떠오르면서 새로운 아이디어를 만드는 것이군요."

민향이 신 교수에게 마실 물을 잔에 따르며 말했다.

"아이디어란 어떤 목적을 보다 쉽게 이루도록 도움을 주는 영감, 구상, 고안 같은 것이지. 우리 주위의 인위적인 것은 모두 아이디어의 산물이야.

원래 아이디어 개념은 그리스 플라톤의 이데아(Idea) 사상에서 유래되었어. 그에 의하면 이데아란 완전한 것이며 초월적이고 핵심적인 것으로 순수 이성(理性)으로 파악되는 것이라 하였지. 아쉬운 것이 없다는 이상적(ideal)이라는 의미도 함축하고 있어요."

"그래서 아이디어란 사람에게 편리하게 하고 유익하게 하며 그것이 나온 이후에는 만족스러워 하며 행복지수를 더 높여 주는 것이라 하겠군요. 교수님."

"필요와 결핍의 상태가 아이디어의 목표를 낳는데, 모든 아이디어는 현 상황을 만족 못하고 새로운 무엇인가를 갈망하는 데에서 탄생이 시작되는 것이지. 불편함과 필요성은 새로운 발명과 구상(構想)의 원동력이 되고 모티브가 돼. 문제가 있는 곳에는 분출할 아이디어가 대기하고 있는 것이야. 태어날 아이디어가 발굴 주인을 만나려 남몰래 숨어 있어.

잉크에 새 깃털을 찍어 글 쓰던 것이 만년필을 발명하게 되었어. 그 만년필은 잉크가 한정되어 오래 못 쓰는 단점이 드러나면서, 이것을 라슬로 비로라는 사람이 끈질기게 실험한 후에 마침내 볼펜을 만들게 되지. 신용

카드 손님을 받지 못하는 큰 불편을 느낀 짐 매켈비는 단말기 없이도 카드를 결제할 수 있는 방안을 계속 고민하다 마침내 모바일 포스시스템을 개발하고 스퀘어라는 핀테크 회사를 세워 크게 성공했어.

불편함을 느낄 줄 알아야 하고, 그 해결을 위한 다양한 궁리와 시도가 순환되어야 하는 것이야. 중요한 것은 궁극적으로 변함없이 항구하게 행복지수를 유지시켜 주는 것이어야 하겠어. 당장은 좋았으나, 세월이 흐르면서 부작용이나 다른 문제를 야기하는 것은 진정한 아이디어라 할 수 없고 임시방편이라 할 수 밖에 없는 거지….

인간 아이디어는 육신(肉身)이 오감을 느끼는 범주는 물론 상상할 수 있는 모든 영역에 영향을 끼치고 개선할 수 있게 하는 것이야. 인간 삶을 보다 발전되게 하는 것이 아이디어야. 문제는 세월과 공간이 변해도 그 유익함이 달라지지 않는 아이디어여야 한다는 것이지. 그러니 이를 위해 고민과 숙의(熟議)가 필요한 것이지. 고뇌하고 거듭 고찰한 그 만큼 성과는 나타나게 되어 있어.

디자인조차 제대로 되려면 참신한 아이디어가 받쳐 줘야 해. 디자인 안에서 아이디어가 접목되면 보기에도 편하고 활용하기 좋은 실용적 디자인이 탄생하는 것이지. 그래서 기능성이 효율적이어야 채택할 만한 아이디어가 되는 것이지."

"그러니까 좋은 아이디어를 얻기 위해서는 진정 무엇을 어떻게 원하는지를 먼저 분명히 알아야 되겠군요."

민향의 예리한 지성이 번득이기 시작했다.

"그렇지. 아이디어의 목표와 그 필요성을 구체적으로 확실하게 하면

할수록 수색(搜索)하고 찾아야 할 아이디어 분야가 집약되는 거야. 바라는 것이 무언지, 뭘 찾겠다는 건지, 도대체 뭐가 아쉽거나 불편한 건지, 아이디어가 왜 필요한지를 먼저 정확히 파악해야 하는 것이지.아이디어의 목적, 목표를 찾아 분명히 하고 집중해야 해. 부수적인 것에 에너지를 방출하지 말고, 본질적인 것에 에너지를 집중해야 하는 거야. 숲을 보려고 노력해야 하지. 지엽적인 것에 안주하려 말고 가장 핵심적인 부분에 집념해야 하는 것이야. 왜 내가 이 문제에 매달리고 있는지, 무엇을 찾고 얻으려 하는지를 명확히 해야 구상이 떠올라. 제일 중요한 것에 초점을 모아야 하는 거라구.

그 후 아이디어는 조건을 먹고 자란다고 할 수 있기 때문에, 그 조건을 찾고, 아이디어의 조건이 필요한 방향으로 변화되면 아이디어는 완성에 가까워지지. 그리고 소위 그 잔머리라고 하는 것이 모여서 큰 발상의 첫 단초가 될 수도 있는 것이야. 천리 길도 한 걸음부터 이듯, 티끌이 없으면 태산도 이뤄질 수 없는 것이고, 하루아침에 로마가 일어나는 것이 결코 아니잖아. 반드시 성공한다는 확신에 가득 찬 의지, 새로운 아이디어를 발견해서 기필코 활용한다는 굳은 신념, 이런 것들을 가지고 하나 하나 숙고하기 시작하는 거야."

인류 지상 과제

"오늘날은 혁신적이며 창의적인 사고방식이 많이 요청되는 시대 같아요."

"대철 군 말이 맞아. 광고주(廣告主)도 그렇고 문학도나 극작가도 마찬가지로 누구든 새로운 소재나 아이템을 계속 찾아내야 해. 긴장의 연속이긴 하지만… 그래도 궁하면 통한다[궁즉통(窮則通)]라는 말이 있듯, 아이디어가 필요하면 언젠가 나오게 되어 있어. 그때까지 기다리지 못하니 문제지.

두뇌 회전에 자극이 되는 것은 가능한 많이 접촉하려 노력하는 것이 필요해. 두뇌 건강과 활력을 위해서 때로는 사회 윤리와 도덕이 허락하는 범위에서 자유분방하고 좌충우돌 의식(意識)을 훈련시키는 것이 요구돼.

특히 언어 표현과 사고(思考) 개념은 서로 영향을 주는데, 표출된 언어는 사고 개념을 정립시키거나 자극을 주고, 새로운 개념과 아이디어는 구체화되면서 표현에 영향을 끼치게 되지. 그러니 막연히 뇌리 속에서 오가는 상념을 정선된 언어로 나타내면 더욱 구체적으로 아이디어가 정립되고 숨어있던 그 주변 영감까지 보게 하는데 도움을 주지.

그리고 또 한 가지, 순수 이성 비판을 쓴 독일의 칸트도 그랬고, 악성(樂聖) 베토벤의 경우에도 그랬는데, 그들은 새로운 아이디어를 얻기 위해 걷는 것을 무척 좋아했어. 다리를 많이 사용하는 것, 특히 걷는 것은 두뇌에 자극을 주어, 참신한 지성 개발에 많은 영향과 도움을 주지. 될 수 있으면 많이 걸어다니라구. 그것도 색다른 길로 자주… 새로운 아이디어가 폭포수처럼 쏟아질 거야.

사실 인간은 늘 새로움을 추구하며, 또 필요로 하는 존재이지. 변화 없는 늘 상 어제와 같은 오늘이면 누구든지 지치게 마련이야. 어떤 버스 운전기사가 같은 운행코스를 7년 째 다니니까 너무 힘들다고 직업을 바꿔야 될 것 같다고 하소연하였어. 그래서 친척이 되는 정신과 의사가 걱정

말고 잠시 쉬었다가 다른 도시, 이왕이면 한 번도 가보지 않은 곳을 찾아 다시 버스 운행 해 보면 좋아질 것이라고 권했어요.

사실 어제와 완전 똑같은 날은 단 한 번도 일어나지 않았어. 우리 인간은 변화와 자유 없이는 살 수 없는 존재야. 그 변화 가운데서 필요하고 긴요한 것을 습득하고 발전시킬 줄 아는 것이 현명한 일이지."

"오, 중요한 말씀이에요. 선별하고 집중할 줄 알아야 하겠지요."

침묵을 깨고 민향이 한마디 거들었다.

"보다 완전에 가까운 아이디어를 얻는 방법 중 하나는 이미 좋은 아이디어가 만들어졌다고 생각하고 역(逆)으로 생각할 필요가 있어. 즉 필요한 것들, 니즈(needs)가 벌써 성취되었다고 가정하면서 역으로 추적해서 아이디어를 찾아 만들어 갈 수 있어.

예컨대 오래 서서 일해야 하는 방송국의 앵커 혹은 사회자들이 가끔 다리가 아파서 눈에 보이지 않는 의자 좀 만들 수 없느냐고 농담을 섞어 가며 하소연하는데, 보라구. 우선 여기 눈에 안 보이는 의자가 만들어져 눈앞에 있다고 상상하는 거야. 크기며, 재질, 빛깔, 모양, 부분별 기능, 여러 가능한 용도 등등을 역으로 추정하며 생각해. 또다시 가상의 완성된 비가시(非可視)적 의자를 상상해보고, 다시 초보 단계 아이디어로 추적하고 하면서, 가능한 구상을 찾아가는 것도 아이디어의 완성도를 높일 수 있는 한 방법이야.

이렇게 언제나 새로운 것을 찾는 인간에게 있어 과거에는 첫 주안점이 단순히 자연계 안에서의 생존 게임이었어. 그런데 지금과 미래의 중요 과제는 80억 이상의 수많은 인류 가족이 한 사람도 빠짐없이 함께 모두 진정 행복해 질 수 있는 길을 찾는 것이라 할 수 있어. 하루 앞날을 제대로 예측 못하는 정글 속 약육강식의 법칙 속에서 살아남은 인간은 이제 함께 모두가 잘 살 수 있는 세계를 만들어 갈 수는 없는 것일까? 이 난제라고 할 수 있는 과제를 푸는 열쇠가 바로 인류 지상 과제가 아닐까 생각해.

　안정, 평화, 복지 등의 소극적 의미를 모두 아우르면서 우리 인간은 더욱 적극적으로 나아가 신체적인 충족을 넘어 궁극적 단계인 인류 행복을 추구하며 노력해야 할 것이야. 동물은 본능이 요구하는 육체적 욕구만 채워지면 그것으로 더 이상 행동할 목표가 없어. 물론 동물도 약간의 정신적 지능적 유희의 만족을 미소하나마 추구하는 것이 있지만, 인간은 결코 물질적 만족으로만 완전한 행복에 이를 수 없는 더 깊은 갈망이 있어. 바로 그 갈증이 채워지도록 노력하는 것, 물질적 욕구를 초월하여 느끼는 갈증을 해갈하는 것, 이것을 찾고 추구하는 것이 결국 창의력을 증진해 가는 것이라 사려되지….

　어떻게 보면 의식주 기본 조건이 어느 정도 갖춰진 사람들만이 새로운 것을 찾을 여력과 여유가 있는 현재 인류 상황이지만, 만일 지구상 모든 인류가 생물학적 기본 조건만 충족 된다면, 지금 보다 훨씬 더 많고 좋은 또 풍요롭고 기발한 창의력의 산물이 쏟아져 나올 수 있을 터인데 말이야. 그러면 당연히 인류의 삶과 생활은 지금 보다 적어도 한 차원 고양된 인류 공동체를 형성할 수 있을 텐데. 아직 먹고 사는 것조차 해결 못하고 살아야 하는 어려운 이들이 방치되고 구조적 악순환이 계속 되고 있으니…, 아쉬워. 그들도 여건만 허락되면 얼마든지 뛰어나고 정말 필요한 아이디어들을 수없이 창출할 수 있을 사람들인데….”

대철도 공감하는 듯 미약하게 한숨을 내쉬며 말했다.

"그러고 보니 많은 사람들이 희망 없이 아주 소소한 것에 연연하고 걱정하며 살아야만 하는 삶이 안됐어요. 더 좋은 보람 있는 일을 할 수 있는 사람들인데 말이죠."

잠시 우울한 침묵이 흘렀다.

신 교수가 젊은이들을 격려하려는 듯 힘주어 말했다.

"그리고 그 한구상 교수가 사실은 오래전부터 아이디어에 대하여 관심이 많아 다양한 정보와 경험을 보유하고 있어. 마치 겉으로 숨겨져 있지만 온통 금맥이 퍼져있는 거대한 광맥과 같은 분이셔. 그 금맥을 얼마나 캐내는가 하는 것은 노력하는 이에게 달려있어. 참고로 하시라고."

"시간 내 주셔서 감사합니다."

"안녕히 계세요."

3. 점 하나라도

예시력(銳視力)

푸른 바다가 내려다보이는 나지막한 언덕 풀밭 위에 대철과 민향, 비스듬히 누워 멀리 수평선 위로 흘러가는 뭉게구름을 바라보았다.

대철은 저 바다 건너 어디 멀리 여행하고픈 생각이 잠시 들었다.

그러다 대철이 입을 열었다.

"한번은 공원에서 할머니들에게 봉사할 때였어. 난센스 유머 하나 해 드리겠다고 하면서, 우리말에 이것인지 저것인지 헷갈릴 때가 있는데, 이 것을 다른 나라 말로 뭐라는지 아시느냐고 하면서 이야기 해 드렸어. 중국 말로는 갸~우뚱, 또 그 외에 프랑스말로는 알송달송, 독일어로는 강한 흐 끝발음이 많으니 애매모호(흐), 스페인말은 모음으로 끝나야 하니 아리송 해, 일본말로는 아리까리, 아프리카 말도 있어, 억양을 넣어 앞에는 빠르게 말해야 돼. 긴가민~가."

"응, 재밌네."

"그런데 더 놀라운 것은 이 난센스 유머를 다 듣고 어느 할머니 가라사대, '아… 정말 우리말하고 아주 비슷하네요.' 하는 거야. 난센스라는 말을 몰랐던 거지. 그 할머니는 곧이 곧대로 듣고 정말인줄 알았던 거야."

"호호홋…."

"맞아. 좀 웃고 살아야지 아무리 사는 것이 바쁘고 각박하다 해도 말이야. 낙천적으로 살려고 노력을 해야 하지 않겠어. 그래야 어렵던 일도 술술 잘 풀리게 되는 거라구."

오월의 푸른 하늘에 아주 하얀 구름이 뭉게뭉게 떠있다. 어디선가 향긋하고 짙은 솔 향내음이 불어 왔다.

민향이 침묵을 깼다.

"그리구 나도 아이디어에 대해 알아보았는데, 관찰력이 중요하다고 하네. 사물마다 같은 것이라도 그때마다 실태(實態)가 다양하게 변한대. 그러한 요소로는 빛깔, 온도, 크기, 위치, 조명도, 다른 것과의 연관성, 사용 빈도, 수량, 품질, 가격, 소리, 내구성(耐久性)도, 찾는 인기(人氣)도, 맛, 미치는 영향, 존재 이유, 무게, 이용 전적(前績), 구입 또는 조달 출처, 인지도, 제작 방도, 희소성, 밀접한 사람과의 관계, 불과 열(熱)에 대한 반응, 속도, 다른 장소에서의 사용용도, 모양, 종류별 다양성 등등 여러 측면이 있어."

"그렇게 다양한 상태를 그 이유나 원인을 추리하면서 관찰하다보면 보이지 않던 것도 보게 되고, 새로운 착상(着想)도 얻을 수 있겠군."

민향이 응수했다.

"맞아. 점 하나 차이라도 보아 낼 줄 아는 예시력(銳視力)이 있으면 생과 사를 구분할 수 있는 것이지. 화룡점정 전(前)의 그림하고 그 후의 그림은 점하나 차이로 죽은 것과 살아 있는 것이 구분돼. 생사를 결정짓는 그 점 하나조차 정확히 관찰해 내는 것이 필요해."

생각났다는 듯 대철이 힘주어 말하기 시작했다.

"나도 들은 얘긴데, 1870년 경 폴란드 크라쿠프 대학 어느 교수가 젊은 아가씨를 사랑하여 결혼했어. 그런데 그녀는 신경쇠약으로 5년 만에 세상을 떠났어. 또 다시 다른 여인과 결혼했지. 이번에는 그녀가 장티푸스로 아주 쇠약하게 돼. 자신의 운명에 너무 실망하여 자결까지 결심한 그 교수는 질병이 혈액을 통해서 전염되는지 알아나 보고 죽자고 하며 자결을 미루게 돼.

그는 우연히 불가사리를 관찰하다가 불가사리 안의 아메바가 몸에 침투한 이 물질을 잡아먹는 것을 발견하게 돼. 그는 이 세포들을 식(食)세포라고 했는데, 식세포는 불가사리를 보호하기 위해 외부 침입 세균을 공격하였던 거지.

그는 생각했어. 불가사리가 이렇다면 우리 몸에서도 이(異)물질 세균이 들어오면 백혈구 같은 것이 나쁜 세균을 퇴치해 줄 것이라는 가설을 세우게 되었지. 이 가설은 인간의 면역 체계에 대한 중요한 사실로 판명되었어. 이 생물학자가 일리아 메치니코프로서, 면역학의 거장이 되고, 노벨 의학상을 수상하게 돼.

조그마한 관찰력과 주의 깊은 상상 추리력으로 인간 면역학에 큰 공로를 남기게 됐어. 그는 콜레라균을 직접 먹기도 했다는데, 그런 것은 따라 하지 마.”

“호호… 앞치마의 기원도 관찰의 힘에서 나왔더라구. 19세기 말 경 루이스라는 실업자가 일거리를 찾고 있었어. 종일 기웃거리기만 하면서 오늘도 공치나보다 여기며 집으로 향하던 길에, 우연히 길가서 뛰어노는 여자 아이들을 발견했지. 그 가운데 한 여자 아이가 장식용 자수가 있는 천을 앞에 두르고 끈을 연결하여 등 뒤로 묶은 채 뛰어 놀고 있었어. 루이스는 그때까지 그러한 앞치마 옷을 본적이 없었지. 집에 돌아온 그는 먼저 어린이와 유아용 작은 앞치마를 만들어 팔기 시작하여, 마침내 자신의 사업으로 대단위 기업을 일으키게 돼. 조그만 관찰력이 중요한 일을 해 냈던 거야.

신 교수의 글에서 읽은 내용인데, 그림의 구도를 처음 잡는 예비 습작으로서 데생(dessin)의 뜻도 세밀히 관찰하다는 뜻이래. 잘 보아야 전체 그림도 균형 있게 잘 그리는 법이니까.”

“최초의 타자기도 피아노 건반에 연결된 조그만 망치가 현을 쳐서 소리가 나는 것을 보고 착안하여, 나온 이치(理致)래. 헨리 포드 경우 돼지의 도살장에서 돼지를 부위별로 나누는 것을 보고 자동화 조립 라인을 생각해 냈다고 하는군. 나 같았으면, 어느 부위가 제일 부드럽고 맛있을까 그것만 생각했을 텐데 말야.”

대철은 말하며 침을 삼키는 것 같았다.

“똑같이 눈을 가지고 있어도 다른 사람은 못 보는 정말 중요한 것을 볼 줄 아는 사람이 있어. 사실로 입증되지는 않았으나 전혀 터무니없지는 않다고 보는데, 아이들이 갖고 노는 목재 동물인형에서 착안하여 저 유명한 트로이 목마 프로젝트가 구상되고 실행에 옮겨졌다는 얘기도 있어. 별것 아닌 것도 잘 관찰하면 중요한 구상의 첫 단초가 될 수 있는 것이야.

13세 가난한 양치기 조셉은 양들이 장미 넝쿨이 있는 철조망으로는 접근하지 않는 것을 보고 가시 돋은 철조망을 구상, 특허를 내었어. 이때 마침 1차 대전이 발발하면서 철조망 수요가 폭발적으로 늘어나고, 일찍이 발명가로서는 보기 드문 부호가 돼. 양들이 장미 가시를 싫어하여 그곳으로는 넘어가지 않는다는 사실을 관찰하였던 덕분이지."

"반대의 경우도 있었어." 대철이 목소리를 약간 높였다.

"이탈리아에 왔던 어떤 사업가는 이탈리아 화장실에 비데가 없는 것을 보고, 이탈리아 사람들에게 비데를 판매하는 사업에 뛰어 들었어. 이탈리아에서 못 보던 것이라 처음에는 몇 개가 팔렸지.

그러나 이 사업가가 놓치고 있는 중요한 것이 있었어. 그것은 다른 나라와 달리 이탈리아 물은 석회가 많이 녹아 있는 석회수라는 사실이었지. 그래서 커피 포터도 함부로 사용할 수 없어. 끓이다 보면 석회가 포터 안에 부옇게 남는다구. 그렇게 석회가 많이 녹아 있는 물이 비데를 통과할 때, 그 미세한 구멍을 점점 막아버려. 그러니 처음 몇 대 팔린 비데를 A/S 해 주다가 그만 사업을 접고 말았지.

물이 똑같은 것 같았지만…, 미리 임상 실험처럼 다양한 실험을 실제로 해 보았어야 했던 거야. 커다란 복병을 전혀 예상 못했던 판단이었어…. 몰라, 비데 구멍을 크게 하고 물 줄기를 강하게 하여 석회가 구멍을 막지 않도록 하든지, 물속의 석회를 먼저 걸러 내는 간단한 장치를 찾아내든지 해야 비데 사업을 다시 시작할 수 있겠지. 값비싼 비데를 설치했는데 어느 날 화장실에서 기다리는 세척수가 안 나올 땐…, 상상만 해도… 킥킥….”

“호호호… 다시 긍정적 경우인데, 두바이의 한 부호는 이탈리아 건축가 데이비드 피셔에게 설계를 의뢰하면서 한 가지 조건을 제시했어. 그것은 건축물의 어느 매장이든 동일한 상업적 입지 조건을 갖추도록 하는 것이야. 데이비드는 고심을 했으나, 쉽게 해결책이 떠오르지 않았어. 그러다 우연히 아들이 가지고 노는 팽이를 보고 회전하는 건물을 설계하고 건축하게 되었지. 이 건물이 360도 회전하는 두바이 다이나믹 타워야. 조그만 팽이 장난감에서 중요한 힌트를 얻게 되었지.

어떤 젊은이는 기차를 타고 가다 굽은 철길의 앞 쪽에 덩그러니 서있는 초라한 집을 발견했어. 모두들 무심코 그냥 지나쳤지만, 이 청년은 남이 못 보는 것을 착안했던 거야. 그는 돌아올 때 그 집을 방문하여 집값을 알아봤어. 주인은 기차소리가 시끄럽다하여 아무도 구매하러 오지 않는다는 거야. 청년은 마음속으로 쾌재를 부르며, 아주 헐값에 그 집을 구입하지.

그리고는 대기업에 광고 주문을 받는 거야. 기차가 굽어진 길을 도니까 천천히 가게 되고, 그 집의 광고는 모든 승객들의 눈에 천천히 길게 각인되고… 등등 이점(利點)을 홍보했던 거지.

그랬더니 정말 어느 콜라 회사가 기차 여행하면서 승객들이 심심해하거나 목말라 할 수 있을 것이며 자사(自社) 상품을 깊이 인지하게 될 거라고 판단했어. 그 후 집값보다 훨씬 높은 임대료를 주면서, 대형 광고판을 세우게 됐어. 그 청년은 돈이 나오는 샘을 발견했던 거지. 이처럼 아이디어는 생활을 편리하게도 해 줄뿐 아니라 곧 자산이 되기도 하는 거야.

그리고 생각을 혼합시켜봐. 전혀 상관이 없던 기존의 여러 상식이나 정

보에서 깊은 연관성이 발굴되면서 큰 해결책을 발전할 수 있어. 허블우주
망원경이 처음 만들어졌을 때, 여러 개의 거울 초점을 맞출 수 없었어. 이
문제로 고민하던 한 과학자가 피곤한 몸으로 저녁 샤워를 하던 중에 수전
에서 힌트를 얻어 허블 망원경의 작동 문제점을 해결한 적도 있다는 군.
망원경 거울에 수전과 비슷한 조절기를 부착하여 각도와 기울기, 방향 등
을 통제할 수 있었어. 지금은 다 알려진 방법이지만, 당시 처음에는 획기
적인 장치로 인정되었지.

레오나르도 다빈치도 주장하기를 모든 것은 상호 연관성을 찾을 수 있
다고 했어. 다만 우리 인간이 그것을 찾기가 어려워서 그렇지만… 잘 찾아
보면 정말 중요한 발견을 할 수 있는 것 같아.

루이 브라유도 별거 아닌 솔방울 껍질을 만지다가, 점자를 발명하게 됐
어. 하나의 솔방울이지만, 그 안에 다양한 촉감의 껍질이 힌트를 준거지.
브라유를 통해 솔방울 껍질에서 시각 장애인들을 위한 새로운 세상이 열
리게 된 거야."

"민향, 공부 많이 했는데…. 여러 가지 알고 있어. 너!"

대철이 민향의 손을 잡으며 말했다. 민향의 따뜻한 체온이 전해왔다.

통찰하는 눈

민향이 연이어 말했다.

"관찰의 달인으로는 피카소를 꼽을 수 있어. 자기의 작품에서 두드러
지게 강조해야 할 부분을 볼 줄 알았는데, 그 부분을 크게 두각을 내게 하

여 표현하였지. 이런 점에서 그는 눈으로 본 것만이 아닌 마음으로 관찰한 것을 화폭에 담기 시작했던 거야.

비전문가는 들판에서 평지만을 보지만, 전문가는 작은 골짜기와 봉우리까지 보는 눈이 있다고 해. 주위 상황과 사물에 대하여 그 시작과 끝에 대하여 상세하게 통찰하는 눈을 가져야 한다는 견사지미(見事之微)의 관찰력이 우리에겐 필요한 거야."

대철도 질세라 아는 지식을 펼쳐 보였다.

"비가시적인 것에서도 관찰과 통찰이 중요하지. 링컨은 자신을 긴 팔 원숭이라고 조롱하던 정적(政敵) 스탠튼을 당시 아주 중요한 요직(要職)이었던 국방장관으로 기용했어. 자신의 가장 큰 정적임에도 원칙주의자이며 정직한 면을 관찰하였기 때문인데, 남북 전쟁 승리에 스탠튼의 공로가 적지 않다고 링컨은 인정했어. 자신과의 관계보다 더 중요한 것이 무엇인지를 통찰할 수 있었던 거지.

조선의 세종 역시 자신이 세자로 책봉 되는 것에 반대하고 방해가 되었던 황희를 알아보고 그의 경륜과 통찰력을 높이 평가하여 재상에 앉혔어. 과연 그 황희는 세종을 포함 삼 대에 걸친 군왕을 모신 명재상이었으며 조선 왕조 초기 국가 기반을 굳건히 하는데 크게 기여하였어."

다시 민향이 멀리 수평선을 보면서 말했다.

"누가 이런 수수께끼를 냈더군. 병이 하나 있는데 그 안에 어린 새가 있어. 그런데 이 새가 점점 자라면서 더 이상 병 안에 있을 수 없게 됐네. 어떻게 하면 새를 살릴 수 있을까? 병을 깨트리다간 새가 다칠 수가 있지. 그런데 어떤 꼬마가 나타나 이 문제를 해결하여 새를 날려 보낼 수 있었어.

이 꼬마 아이는 어떻게 하였을까?

　답은 여러 가지 생각할 수 있겠으나, 병을 깨트리는 것은 위험하고, 사실 새를 다치지 않고 깨트리는 것 불가능해. 그런데 관찰력을 발휘하여 그 병이 만약 페트병이라면, 이 수수께끼는 간단히 해결되지. 가위나 칼로 페트병을 천천히 자르면 되니까.

　이것은 통상적인 수수께끼의 방식과는 약간 다른 것으로, 병(瓶)이라 하여 일반 유리병만을 생각하면 절대 풀리지 않아. 그러나 페트병도 병이라는 전제 조건을 문제 안에 이미 감추고 있었던 것인데, 그것을 알아내었다면 문제는 쉽게 풀리지.

　관찰하고 연구하고 궁리해 보면, 적어도 해결 실마리를 찾거나, 보다 발전된 방안을 찾아보면, 새로운 해결 가능성을 발견할 수 있어. 실제로 말이야, 모든 아이디어와 해결책은 거듭 강구(講究)되어 세월이 흐르면서 얼마든지 더 좋고 나은 것으로 발전할 수 있는 것이야. 그것도 끝없이 무궁무진하게 말이야….”

　작은 별것 아닌 요소 하나가 전체 흐름을 바꿔놓는 경우도 적지 않은 것 같다고 생각하며, 민향은 계속하였다.

　“어느 미생물학자는 포도상구균 접시를 우연히 열어놓고 휴가를 갔어. 6주후 돌아와 보니, 그 접시는 밀폐된 접시와 달리 세균이 모두 죽어 있고 푸른곰팡이만 가득한 것을 발견했어. 이 푸른곰팡이에서 페니실린이 개발되고 이 미생물학자는 알렉산더 플레밍인데, 관찰력이 획기적인 폐렴 치료제를 만들게 된 것이지. 플레밍은 대량 생산 방법을 고안한 플로리, 체인과 함께 노벨상을 받았어.”

이 말을 듣고 대철이 미소지었다.

"휴가도 잘 가면 노벨상을 받겠어. 후후후."

계속되는 민향의 설명이다.

"이런 사례는 아르키메데스, 갈릴레오, 뉴턴, 다윈, 노벨, 파스퇴르 등등 많은 경우에서 발견할 수 있지. 관찰력의 대가(大家)인 뉴턴의 경우도, 이미 초등학교 2학년 때 벌써 교문의 그림자가 하루 중에 서쪽과 북쪽으로 기운다는 것을 발견할 수 있었어. 장차 만유인력을 발견할 관찰력을 이미 어릴 때 지니고 있었어.

파스퇴르의 조수가 오래된 콜레라균을 실험용 닭에게 주사하는 실수를 저질렀어. 그러자 파스퇴르는 그 닭을 유심히 관찰하기 시작해. 그 닭은 기운이 빠지는가 싶더니, 며칠 후 활기를 되찾는 거야. 그래서 파스퇴르는 새 콜레라균을 그 닭에게 주입하게 해. 그랬더니 콜레라균 주사를 맞은 다른 닭들은 죽는데, 그 닭은 며칠이 지나도 이상이 없던 거야. 면역이 생겼다는 것을 파스퇴르가 발견하면서, 인간의 전염병 예방에도 같은 방법을 사용하게 되었어."

"민향, 디즈니랜드 가봤지. 월트 디즈니는 습지와 호수만 있는 버려진 땅을 보고 훌륭한 놀이 공원이 될 거라고 보았던 거야. 그래서 그곳에 디즈니랜드를 건설하게 되지. 유원지 조건으로는 그 만한 곳이 없다는 것을 볼 줄 알았던 디즈니의 관찰력이었어. 지금은 다른 나라에서도 디즈니랜드를 유치하려 애쓰고 있어.

많은 사람들이 관람한 라이언 일병 구하기 영화의 소재도 우연히 생겨났대. 누가 남북 전쟁 묘비를 우연히 보다가 같은 이름이 잔뜩 기록되어 있는 것을 발견하고 자세히 보니, 한 가족의 다섯 형제가 전사하여 함께 묻혀 있는 것을 알아내었어. 이 구상을 영화 제작자에게 제의하여 영화 만들기가 시작되었지. 주된 메시지는 전쟁의 잔인함과 참혹함을 고발하기 위한 것으로 첨가되고 발전되었지만…."

"대철, 있잖아. 힙합의 기원도 미국 사회에서 소외된 흑인들의 신세타령에서 착안된 새로운 노래 스타일이라더군. 그들의 긴 하소연 내용이 노래 가사가 된다면, 새로운 노래 형식이 될 수 있겠다는 것을 간파한 것이지.

스님 얘기도 있었어. 앞서 걷고 있는 스님이 등에 메고 가는 괴나리봇짐을 보고 힌트를 얻어. 그리고는 마침내 메고 다니기에 편안한 디오 가방 같은, 많은 젊은이들이 애용하고 있는 초기 일류 패션을 생각해 냈다고 해. 대단한 관찰력이라는 생각도 들면서, 이렇게 보면 우리 주위의 눈에 띄는 모든 것이 아이디어 영감의 대상이 될 수 있다고 느껴져."

대철이 말을 이었다.

"경제학 이론에도 관찰력이 발휘된 적이 있어. 당시까지 통용되던 수요와 공급 이론을 넘어서 경쟁자 편에 대한 고려까지 염두에 두고 경제 정책과 대응책을 강구해야 한다고 존 내쉬는 주장하였어. 그의 게임이론과 균형이론에 의하면 개인은 경쟁 상대와 적대적 관계를 유지하기보다 상대를 도와주고 상호 협력할 때, 국가 전체의 부(富)가 더욱 많이 창출된다고 하는 이론으로 노벨 경제학상을 수상했지.

재밌는 것은 존 내쉬가 이 아이디어를 휴식시간에 동료들과 하던 포커 게임에서 원리를 착안하게 되었다는 거야. 상대방의 카드 선택에 따라 나의 승패가 결정되고 전체 게임 판의 규모도 달라지듯, 경제 문제도 참가자의 각자 역할과 결정에 따라 경제 상황과 동향이 영향을 받는다는 거지. 즉, 상호 적대적이어서는 경제가 하향될 수 있으나 상호 협력적이면 시너지 효과로 상향된다는 이야기야."

"아니, 똑같이 포커 게임을 해도, 보통 도박꾼은 시간 잃고 돈 잃어 패가망신하는데, 누구는 오히려 노벨상을 받게 되네. 호호호…."

"그러니까 모든 지식은 관찰에서 시작한다 할 수 있어. 관찰하면서 모방으로 시작하여 독창성, 창의성으로 발전하게 돼. … 웃기는 얘기 하나 할까? 민향."

"응, 해 줘봐."

민향이 멀리 바다위로 지나는 어선을 잠시 보다가 고개를 돌렸다.

"이러한 관찰은 시각에만 적용되는 것이 아니야. 우리의 모든 감각 전체를 활용하여 귀한 정보를 취득해 내는 것이지. 공화당 출신 링컨이 민주당의 더글라스와 대통령 선거를 앞두고 선거전을 펼칠 때 일인데. 11살 어떤 소녀 그레이스 베델이 링컨에게 편지를 보냈어. '링컨 아저씨, 구렛나루 수염을 기르세요.'라고. 당시에 부인들은 투표권이 없었으므로 자신의 의견을 남편에게 많이 강조하곤 하였는데, 그 부인들은 구렛나루 있는 남성을 좋아하였어. 링컨은 이 제안을 듣고 부인들의 취향을 다방면 관찰하며 심사숙고 한 후 받아 들였지.

어린 아이의 별 것 아닌 것 같은 제안이 미합중국 대통령선거에 적지 않은 영향을 끼치게 된 거야. 사소한 아이디어였으나, 그 아이디어를 받아들일 줄 아는 링컨의 넓은 마음이 아름답게 느껴지는 것은 왜일까? 결국 구렛나루 있는 후보가 당선되었어. 링컨도 잘 알았던 거지. 세계를 지배하는 것은 남자, 그 남자를 지배하는 것은 여자! 후훗."

"호호호… 우리말 '~도'의 중요성에 대해서도 한번 생각해 볼 거리가 있어. 어느 지방 도시 안내 광고 간판에 아이 그림과 함께 '어린이가 행복한 도시'라는 표현이 있어. 나는 그 광고를 보면서 '그러면 어른들은?'이라는 생각이 들었어. 한 때 디즈니랜드를 어린이들의 천국이라고 하던 때가 있었는데, 그곳에 어린이를 데리고 온 어른들은 그들도 즐길 수 있었으나, 어떤 어른들에게는 아주 힘든 곳이 되기도 하였어. 마찬가지로 어른들은 물론 행복하고 어린이들도 행복하다고 강조하면서 도시 그 문안이 '어린이도 행복한 도시'였으면 더 좋았지 않았을까 생각돼."

대철이 맞장구를 쳤다.

"응, 맞는 말이네. 나도 비슷한 경우의 치아 약품 광고를 텔레비전에서 보았는데, 광고 끝부분에 젊은 남자가 그 약품이 치아를 꽉 잡아 주어 느낌이 좋다는 대화가 나와. 그러자 나이 지긋한 남자가 재미있으라고 하는 말로 '여자도 꽉 잡아봐' 하며 광고를 마치는데, '여자도 ~'라고 하면 그 약품을 잘 이용하여 치아 통증도 잡고 결혼도 하고 등등 일거양득을 얻을 수 있다는 진전된 광고 메시지를 시사할 수 있게 된 것이지.

그러나 만약 '여자나 꽉 잡아봐'로 했으면, 약에 관한 앞의 광고 메시지 내용이 약화되고 여자 잡는 것이 더 강조될 수도 있을 뻔하였지. 여튼 광고를 재밌게 하려는 시도가 돋보여서 좋았어."

민향이 덧붙였다.

"엇비슷한 사례인데, 가끔 길가다 볼 수 있는 '가격 인하'라는 광고도 '파격 인하'로 표현하면 더 좋았을 걸 하는 생각이 들어. 인하라는 말은 주로 가격에 사용하는 줄 대부분 잘 아니까 말야. 혹시 적게 인하 한다면 '약간 파격 인하'라고 하든지, 재미있으니까 더욱 사람들이 관심을 가질 수 있는 것 아니겠어? 물론 아주 많이 인하 때는 가격 폭풍 인하라든지 할 수 있겠지.

이 같은 예화에서처럼 언어는 낱말 하나하나가 상황을 얼마든지 일전 (一轉)시킨다는 사실을 깊이 인식하는 것이 필요해. 모든 영감은 결국 언어로 표현되고 반대로 언어에서도 영감을 받기 때문이지.

그리고 길게 멀리 볼 줄 아는 것이 중요해. 예컨대 자신의 월급이나 수당, 임금, 직급이 올라간다고 무조건 좋은 것은 아니야. 그 만큼 빨리 퇴직, 은퇴해야 하기 때문이지. 길고 오랫동안 일할 수 있는 것, 늦게 일손을 놓는 것, 이것이 더 좋은 것이야. 경험도 쌓고 한참 일할 수 있는 4-50대 실직자 되면 다시 일자리 얻기는 더 힘들지. 퇴직금만 자꾸 까먹게 돼.

지구 표면을 봐도 그래요. 지구에서 땅보다 바다가 넓은가? 당연히 바다가 넓다고 하지. 그러나 바다 밑에는 뭐가 있는가? 땅 아닌가. 그러므로 땅이 제일 넓게 지구를 감싸고 있어. 관찰력이 이런 것이야. 더욱 본질적인 것을 찾아 안 보이는 것까지 고려할 줄 알고, 더 길게 멀리 전체를 보려하는 것이지."

작고 예쁜 노랑새 두 마리가 조그만 소리로 재잘거리며, 가까이 날아와 앉는 것을 민향은 쳐다 보며 잠시 쉬었다 계속했다.

"퓰리처 상을 수상한 애니 딜라드는 다음과 같은 말을 남겼더군. 내가 여기 적어 왔어.

'본다는 것의 비밀은 매우 값비싼 보물이다. 그 보물을 발견해 영원히 간직하는 법을 내게 가르쳐 줄 수 있는 사람이 있다면 나는 그가 설령 미치광이라 할지라도 백 개의 사막을 가로질러 맨발로 비틀거리며 가는 한이 있어도 그를 따르리라.'

제대로 볼 줄 안다면, 곧 관찰을 정확히 한다면, 얻을 수 있는 아이디어는 엄청 많을 거야. 볼 수 있는 만큼만 정보와 구상을 얻게 되는 것이지. 세상은 아는 만큼 눈에 들어오는 거니까, 돼지는 진주의 가치를 몰라. 결국 많이 알수록, 다양하게 관점을 가질수록 보다 완성도도 높고 심오한 가치의 구상(構想)을 창출할 수 있는 것이지.

좋은 아이디어 얻으려면, 매일 무엇이든 일기 또는 일지에 기록하는 것도 도움 돼요. 적어도 조금씩 기록하는 습관이 필요해. 이러면 생각이 정리되고 체계화되며, 보는 관점이 발전하고 진화하게 돼. 어마어마한 큰 변혁조차 조그만 아이디어들이 하나 둘 모여 거대한 혁신을 이루게 되는 것이니까."

4. 이렇게 해봐!

누워서 봐!

여러 아이디어를 얻으려 늘 애쓰는 민향이 말하기 시작했다.

"그리고 아이디어를 찾는 중요한 원리 중 다른 하나는 가장 많이 통용되는 것이라는데, 반대로 생각하는 거야. 소위 역발상이라는 거지. 거꾸로, 이쪽의 반대 방향에서 시도해 보는 것이야. 지금 상황을 반대로 돌려 놓고 아이디어를 찾거나, 접근해 가는 것을 의미해. 매우 중요하고 기본적인 원리래.

재밌는 얘기가 있어. 어떤 사람이 무거워 보이는 물건 두 개를 양손에 들고 가는 데 그 모습을 보고 그의 절친한 친구가 급히 다가와 '하나는 내가 들게.'라고 하자, 그 사람이 미안해하며 답하기를 '안 무거워. 가벼워.'라고 했어. 그러자 그 절친이 응수하기를 '그러니까 내가 들어 준다는 거지.' 하면서 한 쪽 물건을 붙들고 도와주면, 그 사람에게 웃음도 선사할 수 있는 것이지. 이렇게 반대의 아이디어는 쉽게 응용할 수 있어.

이런 점에서 형식 논리학의 동일률, 모순률, 배중률 가운데 아이디어를 얻기 위해서는 특히 모순률을 잘 활용하는 것이 필요하다 할 수 있어. 지금까지 모순된다고 여겼던 것이 새로운 조건이 부여되면, 모순을 벗어나 새로운 착상의 단초가 될 수 있다는 것이지.

예컨대 불의 발견을 한번 보자구. 지푸라기나 나뭇 잎사귀 같은 전혀 관계가 없고 불에 약하여 모순된 것 같은 요소에서 불이라고 하는 아주 새로운 요소가 탄생할 수 있는 것이야. 아이디어가 바로 그런 것이지."

"민향, 너 얘기 들으며 푸른 하늘을 보니 생각나. 라이트 형제가 처음 글라이드를 시험할 때 알아낸 원칙은 초속 20미터의 바람만 불어오면, 제작한 글라이드를 날릴 수 있다고 철칙(鐵則)처럼 생각했었어.

그 후 수많은 실험과 세월이 경과하면서, 바람 없는 날에도 글라이드를 날리는 방법을 고민하다가 마침내 반대로 생각하기 시작했어. 곧 초속 20미터 바람이 불어오기를 기다리는 것이 아니라, 글라이드가 초속 20미터 이상의 속도로 달려 나가도록 해야 한다는 역전(逆轉)의 사고를 생각해 냈어. 과연 바람 한 점 없는 날에도 글라이드를 초속 20미터로 추진시키니까, 양력(揚力)이 생기면서 물체를 띄울 수 있게 되면서 마침내 대륙간 횡단도 가능하게 된 것이었어. 참으로 많은 경우 해결의 열쇠는 반대로 누워서 뒤로 보기도 하며 뒤집어 접근할 때 발견할 수 있는 거지. 사실 누우면 긴장이 풀리면서 눌려져 있던 상념들이 떠오르며 몰랐던 관점이 생각나."

"대철, 대인 관계에서도 적용된 사례인데, 벤자민 프랭클린은 펜실베니아주 의회에서 평소 악명 높고 냉대적인 한 의원의 협조를 얻어야 할 일이 생겼어. 프랭클린은 고민하다가 어느 날 그 의원에게 찾아가 소장하고 있는 아주 희귀한 책을 하루만 빌려달라고 정중하게 청하였지. 그러자 그 의원은 책을 빌려 주었고 프랭클린은 이틀 후 책을 돌려주며 아주 극진한 감사의 편지를 동봉하여 보냈어. 그 후 그 의원은 프랭클린에게 남다른 호감을 갖게 되었으며, 마침내 원하던 협조도 받을 수 있게 되었어. 이것을 프랭클린 효과라고도 한다지. 오히려 부탁하기 힘든 이에게 먼저 작은 쉬운 부탁을 하고는 보답으로 큰 사례(謝禮)를 하며 호감을 얻는 역발상을 하여 해결책을 발견하는 경우였어."

기계 만지기를 좋아하는 대철이 기계 얘기를 꺼냈다.

"응, 디젤의 경우도 자기 스승이 가르쳐준 기체 팽창원리를 반대로 적용하는데, 기체를 압착하는 기술을 개발하고 이용하여 마침내 디젤 기관을 만드는데 성공하지. 딱 청개구리 학습이었어.

심리적 관점에서도 사용할 수 있어. 어떤 노신사가 고등학교 옆으로 이사를 했는데, 방과 후 버릇없는 몇 명의 학생들이 길 옆 휴지통들을 매일 시끄럽게 걷어차며 지나가는 것이었어. 며칠을 참은 노신사는 쓰레기통을 빵빵 차며 내려오는 소음꾼들에게 자신의 옛 모습 같다며, 날마다 계속 휴지통을 때리고 세계 차주면 각자에게 50센트씩을 주겠다고 했어. 학생들은 신났지.

사흘이 지난 후 돈이 부족하다며, 25센트로 줄였어. 또 사흘 후 이번에는 10센트로 하자고 제안했어. 그러자 대장격인 학생이 항의를 하는 거야. 고작 동전 하나를 받기 위해 우리더러 날마다 시간을 낭비하며 이일을 해라는 거냐며, 더 이상 해 줄 수 없다고 단언하는 것 아니겠어. 노신사는 마음속으로 쾌재를 불렀지만, 아주 실망스런 표정을 지었어. 그 후로 노신사는 고요한 속에서 지낼 수 있게 되었대."

민향도 길게 얘기를 펼쳐 내었다.

"호호… 광고문에서도 반대로 표현하면 관심도 증폭되고 기억도 오래 가지, 예컨대 이런 표현도 있잖아, '행복은 활짝, 고통은 살짝!'

인생 여정에서 역전(逆轉)의 효과가 길게 드러나는 경우도 있어. 어떤 사람이 개인적으로 부친에게 불만이 있었어. 부친 생각에 앞서 가신 어른들이 60대를 넘기기 힘들어 했으니까, 자신도 60세를 넘기기 어려울 것으로 생각하고, 며느리를 빨리 보고 싶은 마음에 그를 초등학교에 여섯 살때 우여곡절을 겪으면서 입학시켰어.

그런데 문제는 여섯 살 아이가 정상적으로 입학한 여덟 살 먹은 아이들을 못 따라 간다는 거 있지. 신동이 아닌 이상 죽었다 깨어나도 대등하게 따라가기는 불가능해. 우선 선생님 말귀를 못 알아들으니 수업 시간에 어떻게 수업 보조를 맞출 수 있겠느냐구? 리더십도 없고, 자신의 주관이나 소신도 아예 없고, 생각을 할 줄 모르니. 무슨 기대와 희망과 미래가 있겠느냐 말이야? 중학교 고등학교 모두 힘들게 지내게 되었어.

세월이 흘러 그 사람이 오십을 넘어 되새겨보니, 아 글쎄 반대로 생각되는 것이 있지 않겠어. 오히려 이것이 전화위복이 돼. 다시 말해 일반적인 입학을 한 아이들도 친구 잘못 만나 가출하고 타락하여 교도소 가는 경우도 있는가 하면, 직장 생활 하면서도 여기 잠깐 저기 잠깐 하지. 결혼 생활도 그저 그렇고, 이해심과 인내심이 없어 만나면 항상 불평불만 가득한 그런 사람들이 적지 않다는 것을 보지 않았겠어.

성장기 당시엔 본인도 힘들고 부친도 어려웠겠지만 결과적으로는 부친께서 의도한 것은 아니지만, 그에게 대단한 인내심과 지구력, 항구함과 절제력 등으로 진정한 실력을 키워줬어. 결국 정상 입학한 친구들보다 더 큰 혜택을 유산으로 남겨 주었음을 스스로 뒤늦게 깨닫게 되었어. 인생을 살아가며 학벌, 스펙, 가정 배경, 등등은 진정한 실력 앞에 고개를 들 수 없어.

특별한 성장 경력으로 알게 모르게 그는 절제력과 통제력이 강하다고 스스로 인정하게 됐어. 이런 능력은 초등학교 때부터 다져온 끈덕진 지구력의 소산이라고 생각되지. 자기 컨트롤이 가능해 진다면, 아무리 오늘날 경쟁 사회가 심화되고 우리를 미혹하는 것이 많다 해도 견뎌낼 수 있는 것이지. 이처럼 역으로 생각하여 전혀 다르게 이해되었다는 것이야."

"으음, 그렇군."

계속 샘솟는 민향의 얘기다.

"쉽게 생각해 보자구. 눈의 초점이 들어오기 시작하는 아기를 포대기로 안을 때에도, 아기가 엄마를 바라보면 정서적으로 안정성을 키울 수 있어. 한편 반대로 아기의 등이 엄마 쪽으로 오게 하면, 아기가 진행방향을 바라보게 되므로 지루해하지 않으며 많은 것을 보며 배우거나 호기심을 키울 수 있을 것이래. 앞에서 바람만 불어오지 않는다면 말이지."

대철은 민향과 함께 이처럼 담소를 나누며 멀리 수평선을 바라보는 것이 행복하다고 마음 속으로 생각하며 말했다.

"아울러 광고 문안 같은 것에서 감정 표현과 메시지를 강하게 전할 때에도 역으로 나타내면 효과를 볼 수 있어.

'~ 끝?'

아직 끝이 아니라는 얘기지. 이렇게 부호 하나만 붙여도 반대 혹은 적어도 대조적인 표현으로 변화시킬 수 있어. 역으로 더욱 강력한 인상을 나타내게 돼.

현장 상황 판단 시에도 역으로 고찰할 필요가 있어. 사막 공사 현장에서 모두가 덥고 물도 없다며 일하는 것을 꺼릴 때, 반대로 생각할 필요가 있지. 비가 안 오니 1년 내내 건설 공사 가능하고 온 천지에 모래 널려 있으니 건설 모래 자재 걱정 없는 곳으로 볼 줄 아는 예지는, 바로 역(逆)으로 생각하면서 단점이 장점으로 된다는 것이지."

민향이 갑자기 생각났다는 듯, 눈이 반짝거렸다.

"사막 같은 슬로바키아 타트라 지방의 2,500미터 산 정상으로 가는 길에 8분 정도 전철을 이용해. 재밌는 것은 전철에 전기를 공급하는 전선을 전철 지붕으로 지나가도록 한 것이 아니라, 철로 중앙으로 전선이 지나가도록 했어. 전철 위쪽으로 전선이 흐르게 하려면 전신주도 있어야 하겠지만, 날씨와 기후 영향 때문인지 몰라도 철로 중앙에 약 20미터 정도의 간격으로 도르래 같은 것을 심어놓았어. 그 위로 전선이 지나가도록 하여 전철이 운행되도록 고안한 것이, 글쎄, 미관상으로도 좋고 전신주 설치비용도 줄일 수 있었을 거야. 전선을 흔히 하듯 상공(上空)이 아니라 반대로 지표면 철로 중앙을 이용하는 착상을 했다는 것이 돋보이는 거야."

그런 얘기는 엔지니어들이나 알 법한 것인데, 대단한 민향이라고 생각하며 대철이 입을 열었다.

"대인 관계 화법에서도 적용할 수 있는 것이 역전(逆轉) 화법이야. 이를테면, 한 여자를 두 남자 김과 박이 사랑하고 있다고 하자구. 김이 그 여자에게 사랑을 고백하는 방법 하나인데,

김이 그 여자에게 말하기를, '나는 박이 당신(그 여자)에게 가까이 갈수록 더 큰 상처를 받을 것 같아 걱정돼요.'

그 여자왈, '무슨 말씀이세요? 제가 박에게 상처를 준다는 것이에요?'

김의 말, '아뇨, 결국 나중에는 제가 박에게 상처를 줄 것이니까요. 제가 당신에게 더욱 가까워 질 것이므로 말이죠.'"

"대철, 재밌는 고백이네. 그리구 전혀 어울리지 않고 상반되는 경우인데, 필연적으로 꼭 있어야 하는 경우를 생각해 보자구. 장님에게는 앞을 못 보니 횃불이 있으나 마나이지. 그러나 장님 중심의 관점을 만나게 될 다른 사람의 입장을 생각으로 바꿔 보면, 장님에게 꼭 횃불이 필요하게 되는 거야. 장님이 아닌 다른 사람을 위하여 장님을 볼 수 있도록 하면, 보행 중 충돌은 피하게 할 수 있지. 자신이 아니라 다른 이들을 위해 횃불이 필요하게 되는 것이야. 볼 수 없으니 필요하지 않을 것 같은 횃불이 정반대로 사고(思考)하기 시작하면 필요하듯, 역으로 사고하면 불필요한 것이 오히려 요긴한 해결책이 될 수 있어.

이처럼 역전의 발상은 쉽게 착안 할 수 있으며, 효과도 높아. 아인슈타인도 노벨상 시상식 때 다음과 같은 일갈을 하였어. '이따금 규칙을 반대로 뒤집었을 때 오히려 어느 경우에는 더욱 필요한 규칙이 생성될 수 있다.'"

잠시 침묵이 흘렀다. 지저귀던 노란 새도 정적에 놀랐는지, 고요한 분위기에 주위를 두리번거리는 듯하였다.

민향이 유머를 하나 하겠다고 했다.

"한국에 온지 얼마 안 되는 외국인이 있었는데, 된장과 젠장을 구별 못했데. 그래서 젠장이라고 말해야 할 때마다, 된장! 된장! 했대. 어느 날 문화체육관광부 장관과 외국 대사 및 귀하신 분들과 함께 회식하는 자리가 있었어. 그 외국인은 영양가 높다는 한국 된장을 아주 맛있어 하였는데, 식사 중 된장을 발견하고서 된장을 건네 달라는 말을 다음과 같이 정중하게 말했어.

'젠장 (숨쉬고) 좀 건네주시겠어요?'

그러자 아무도 무슨 말인지 못 알아듣고 있었어.

그가 다시 '젠장, 좀 달라니까요.' 하고 크게 말했어.

모두들 어리둥절 해하며 그를 쳐다 보니까, 그때서야 그가 중요한 한마디를 했는데,

'된장, 한국말 공부 좀 더하세요.'"

"하하핫…."

멀리 엷은 푸른 빛 하늘을 배경으로 흰 비둘기 한 쌍이 하늬바람을 타고 포물선을 그리며 아스라이 뒤편 산등성이 너머로 날아갔다.

대철이 민향을 마주 보며 속삭였다.

"내려다보이는 바다 풍경이 참 아름답고, 공기가 신선하며 날씨가 청

명한 가운데 이렇게 함께 있으니 너무 좋아.

그런데 이것 어떻게 하지? 어린이들이 새롭고 신기한 것을 보면 세로 토닌과 멜라토닌 호르몬이 생성되 듯, 어른이 되면 신기한 것 볼 때라든지 진정한 사랑에 빠지게 되면 이들 호르몬이 막 분비돼. 너와 함께 있는 지금 세로토닌과 멜라토닌이 폭포수처럼 막 쏟아지고 있는데, 이를 어쩌지?"

말하면서 대철은 민향 얼굴에 가까이 다가갔다.

"어머, 태초의 신비로움….."

상큼하고 시원한 솔바람이 살랑살랑 불어와 체취를 나누는 둘을 포근히 감쌌다.

바로 그 때였다.

"으악-"

"어맛-"

주위에서 어슬렁거리던 치한이 기다렸다는 듯이 대철의 허리를 세게 걷어차고는 대철의 가방과 민향의 핸드백을 갖고 달아나는 것이 아닌가! 대철은 아픈 허리를 손으로 누르면서 벌떡 일어나 뒤따라 쫓아갔다.

다행인지 불행인지 달아나던 치한은 앞을 가로질러 가던 유모차에 부딪혀 넘어졌다. 다시 일어선 그는 대철의 가방은 그냥 두고, 재차 달아나면서 민향의 핸드백을 겨우 열고서 돈만 챙기고 핸드백은 옆으로 던지는 것이었다.

대철은 허리 통증도 있고 해서, 더 이상 뒤쫓지 않고 가방과 핸드백만 수거하기로 하여 상황을 종료하였다. 곧이어 민향이 뒤따라 도착했다.

"괜찮아? 병원에 가봐야 하는 거 아냐?"

"아까는 아팠는데, 이제는 괜찮아. 지금은 좋아졌어."

민향에게 핸드백을 건네주었다. 핸드백 안을 들려다 보며 민향이 안도의 한숨을 내쉬었다.

"이 안에 논문 자료 USB와 빌려온 참고 교재 USB, 원본 명곡 CD가 있는데 잃어버리는 줄 알았어. 다시 찾아 정말 다행이야."

대철은 잃어버린 금액이 얼마인지 말하지 않는 민향이 새삼 좋았다. 적지 않은 금액이지만 그냥 어려운 사람에게 기부한 것으로 생각하면 된다는 민향, 배금(拜金)주의 성향에 물들지 않은 것 같아 대철의 마음속에 민향의 자리는 더욱 깊이 파고들었다.

5. 상상의 날개

"아니, 뭘 드시고 계세요?"

"응, 점심 먹을 시간을 놓쳐서…."

며칠 후 대철과 민향이 다시 방문했을 때, 한구상 교수는 책을 보며 빵 조각을 먹고 있었다.

"교수님, 아무리 바쁘시더라도 식사를 좀 제대로 하셔야죠."

"걱정 마, 아무리 못 먹어도 역사의 피해자들, 아우슈비츠의 유태인이나 731부대 마루타 보다는 잘 먹고 잘 지내고 있어. 이제 다 먹었어."

"여기, 부드러운 아이스크림 케이크 좀 드셔요. 신 교수님께서 한 교수님 찬사를 많이 하시던 데요."

"허허, 그래? 아이디어 창출에 관심이 많은 것은 사실이야. 우선 새롭고 재미있잖아."

물을 마신 후 한 교수가 말했다.

"일찍이 로마의 키케로는 '산다는 것은 생각하는 것이다.'라고 말했는데, 인간은 상상하며 생각하기 시작하지. 관찰력과 더불어 상상력도 영감의 중요한 요소가 돼.

뉴턴은 왜 사과는 달 쪽으로 가지 않는가, 지구는 왜 태양으로 끌려가지 않나 등등의 호기심과 상상력으로 결국 만유인력을 발견하게 됐어. 아인슈타인도 스스로 천재가 아니라고 하면서 단지 자신에게는 호기심이 넘칠 뿐이라고 했어.

사실 상상력이라면 아인슈타인을 빼놓을 수 없어. 그는 상상력으로 두뇌의 범주를 확장시킨 대표적 인물이야. 진정 상상력의 대가였지. 그는 상상하기를, 사람이 빛의 속도로 날아가면서 거울을 보았을 때 거울에 자신의 얼굴을 볼 수 있는가? 였어. 어찌 보면 황당하고 터무니없으며 쓸데 없는 상상 같았으나, 그러한 망상(妄想)같은 것이 모이고 개선 발전하게 되었어. 이런 상상력을 겸비한 예지(銳智)로 그는 오스트리아의 E. 마흐가 주장한 마하의 원리를 연구하여 일반 및 특수 상대성원리를 발견해 내었어. 하나의 일보(一步) 진전이 상상력의 도움으로 나중 백보 진전이 가능하도록 많은 기여를 하게 된 것이지."

"어디서 들은 얘긴데요, 아인슈타인은 하느님이 자신에게 풍부한 호기심과 노새 같은 끈기를 주셨다고 고백했다 하네요. 누구나 그러한 상상력 내지 호기심과 끈기, 지구력을 겸비하면 또 다른 획기적인 일을 해 낼 수 있으리라 봐요."

대철이 말하는 동안 한 교수가 목이 마른지 물을 가져와 마셨다.

"우리가 일단 상상할 수 있는 것이라면 늦어도 언젠가 미래에 더 개선된 모습으로 가능해 질 수 있어. 과거에는 상상도 못한 일이 오늘 현재 지금 우리 눈앞에서 일어나는 것을 우리는 온몸으로 체감하고 있지 않은가 말이야. 어릴 때 마을에 136번처럼 세 자리 번호의 전화가 한 대씩 정도 보급된 때를 기억하는데, 그래서 이웃집에 전화 왔다고 알려주고 기다리고 하던 때였지. 허나 오늘날 전화는 물론 텔레비전과 꿈도 못 꾸던 인터넷까지 호주머니에 넣고 다니는 세상에 우리가 살고 있는 거야.

무엇을 찾아야 하는 탐정도 추리하고, 새로운 것을 관찰하고 범인의 흔적을 간파해야 하는 점에서는 아이디어맨이 되어야 한다고 볼 수 있지. 그런데 그 명탐정의 공통점은 어떤 현상에 대해서, 제2의 나 자신과 스스로 논쟁하며 묻고 답하다 보면, 그렇지 않은 때보다 범인 추리에 더욱 많이 도움을 받을 수 있다고 해. 이미 드러난 현상과 증거에 대해서 계속 의심을 놓지 않는 거야. 그러면서 나 이외 제2의 다른 사람이라면 어떻게 했을까 하면서, 계속 다르게 또 다르게 추리하고 상상했어요. 그렇게 가능한 예측을 다양하게 하여 그 가운데 가장 적합한 설정을 선택할 수 있다는 거야."

"아이디어를 얻기 위해서는 때때로 발칙하며 톡톡 튀는 상상력이 필요하겠군요."

"갈수록 상상력이 중요한 요소로 부각되고 있어요. 어떤 현자는 심지어 이렇게도 말했어. '미래의 문맹자는 글을 읽지 못하는 사람이 아니라, 무엇인가를 상상하지 못하는 사람이 될 것이다.' 엉뚱하고 별 것 아닌 것 같으며, 이상하고 보잘 것·하잘 것 없는 심지어 어리석게까지 느껴지는 생각이 다른 중요하고 원대한 구상의 시발점이 될 수도 있어.

파스퇴르는 그리스 시대부터 르네상스 시대를 거쳐 당시까지 정설로 내려오던 미생물 자연 발생설에 의문을 가지고 있었어. 원인 없이 자연적으로 발생한다면 미생물이 없는 곳은 무엇 때문에 미생물이 생기지 않는 것인가 하는 질문에서 시작하여 여러 실험을 거쳐, 자연 발생설에 종지부를 찍게 했어. 공기를 통해 미생물이 생성된다는 사실을 입증한 것인데, 그의 소박한 상상력으로 시작된 추리와 가설이 세균학을 진일보 하게 했어.

또 19세기 말 프랑스의 삽화가, 만화가인 알베르 로비다는 100년 후를 내다보면서 시험관 아기와 대륙간 항공, 홈쇼핑을 소개했어. 당시에는 황당한 잠꼬대 같았으나, 오늘날에는 이미 익숙하고 새롭지 못한 문명 조류가 되었지. 상상은 창의성의 시작이며 불가능을 가능하게 하는 것이라 하겠어.

명화가(名畵家) 피카소는 우리가 하는 상상력이 실제 사실보다 진실하다고 생각할 정도였어. 그 많은 상상력을 작품으로 끊임없이 표현하다보니 절호의 걸작이 나올 수밖에 없는 것이지. 상상력의 대가라는 점에서 피카소는 에디슨이나 아인슈타인과도 흡사하다 하겠어.

또한 상상력으로 곤궁에서 벗어나는 경우도 있었어. 정글 속에서 뚜렷한 희망 없이 낙오병으로 헤매던 영국 병사 중 살아 남은 사람이 있었는데, 나중 매스컴과 인터뷰 중에 밝힌 내용은 아주 중요한 것이야. 아무리 절망적 조건이라도 계속 자신을 격려하며 희망의 끈을 놓지 말라는 거야. 그 살아남은 병사는 깊은 정글 속에서 계속 런던 지하철 지도를 생각하며 각 역 마다의 특징과 명소를 연관해서 기억하려 했어. 바쁘게 오가는 시민들을 상상 속에 쳐다 보며 버텼다는 거야. 상상력이 아우러진 희망이 그를 살렸던 거지.

눈에 보이는 것을 가지고, 눈에 안 보이는 것을 상상해 보기도 해야 해. 이것은 공간 지각 및 상상 능력을 키우게 되는 것이지. 상상력의 날개를 활짝 펴 보자구. 많은 이들에게 감동을 준 벤허와 사운드 오브 뮤직 그리고 레미제라블 등 이런 명작의 후편도 생각해 볼 수 있지 않을까?

'벤허 II'라든지 '벤허 그 후'라든지 하여 감동적인 유태인 고전 사화(史話)를 연관시키고, 사운드 오브 뮤직 후편에서는 스위스에서 아이들이 어려운 역경 속에서 자라나 세계적인 음악가로 성장하여 세계 평화를 위해 헌신하며 여러 나라를 순회 공연한다든지, 레미제라블 후편에서도 코젯트 부부가 아이들을 낳아 그 아이들이 자라나 장발장 구호 복지 재단을 거국적으로 설립하여 아프리카 등지에 복지 지부를 대대적으로 조성한다든지 등등. 시나리오만 훌륭하다면, 첫 편에 버금가는 또한 이 시대에 요청되는 우수한 예술 작품이 나올 수 있지 않을까 생각해.

물론 첫 편의 명성에 먹칠 않도록 작품의 구성과 등장인물, 배경음악 등등의 기본 요소가 철저하게 검증되고 세련되게 다듬어져야 하겠지만… 상업성 위주로만 흘러서는 결코 칭송을 받을 수 없을 것이고 아무런 감흥조차 남기지 못할 것이야."

"그런데 상상이 잘 떠오르지 않을 때도 있잖아요, 교수님. 무엇인가를 눈 감고 마음속으로 그려보라는 게임도 있지만, 상상이 늘 잘 되는 것은 아닌 것 같아요."

약간 의아해 하면서 대철이 또 입을 열었다.

"그것도 일리 있는 말이야. 어떤 상상 속 사물을 얘기했는데 전혀 상상이 안 된다는 말도 있잖아. 또 흔한 표현으로 상상을 초월하는 일이라든지, 전혀 상상도 못한 일이라든지 등등 그럴 수 있지.

그래서 상상이 안 될 때는 필요한 것이 다음과 같아, 우선 가장 쉬운 것부터 하나씩 천천히 마음속으로 자꾸 묘사하고 마음속에 떠오르도록 하며, 과거 체험했던 일이나 상황 또는 장면이나 그 현장을 그려보는 것이지. 듣거나 보거나 감촉해 본 것 밖에서 어떤 상상을 해본다는 것은 쉽지 않기 때문에 먼저 오감으로 겪어본 것 중에서 상상의 실마리를 찾아 시작해야 하겠지.

한 가지 중요한 점은 아이디어 피플이 자신의 창의성, 혁신, 기술개발 능력을 마음껏 발휘하도록 여건과 분위기를 조성하는 것이야. 아무리 좋은 능력이 있어도 외부에 의한 압력으로 조건과 한계를 경계 지으면, 편안히 해야 할 상상이 강압적으로 하향평준화 된 주위 여건 아래에서 배척받고 무시당하여 결국 사장(死藏)되고 말아. 우리 인간을 속박하거나 제재를 가하는 것이 한 둘이 아닌데, 상상의 세계 안에서만은 마음껏 사유(思惟)하고 말하고 행동할 수 있어야 하지 않을까 라고도 생각돼. 물론 인간된 도리 안에서 말이지만.

그런데 그런 다양한 상상 가운데서도 나의 호기심을 채울 수 있거나 어떤 실리가 있어 도움이 될 수 있는 방향으로 가능한 상상의 방향을 끌어가야 할 것이야. 무작정 하는 상상이 항상 반드시 불필요하거나 쓸데없는 것이라고만 할 수는 없어. 허나 문제는 그런 보상 없는 또 가치 없게 느껴지는 상상이 계속되면, 나 자신 스스로 먼저 지쳐 버리거나 상상을 피곤하고 부정적인 것으로만 치부할 수 있다는 거지. 그래서 누구는 상상력을 아껴 가며 사용하면서 꾸준히 길게 활용하도록 하라는 말도 하고 있어."

끝없는 상상력

"터무니없는 상상력도 한번 얘기해 주세요."

민향이 자기 아빠에게 하듯 안달했다.

"보라구, 태양 중심과 지구 중심의 거리를 가로로 하고, 지구 중심과 달 중심의 거리를 세로로 하여 거대한 평면의 중심점으로부터 상하(上下) 수직으로 각각 1경(京)의 경(京)제곱 광년(光年)되는 거리에는 무엇이 있는지를 관측할 수 있을까? 아울러 우주의 외곽에는 가스층이 있다고 하는데 그 경계 끝은 어디이며 그 가스층 밖에는 무엇들이 있을까? 이런 것을 상상만 해 보아도 광대한 기분을 느낄 수 있어. 솔직히 뇌세포가 넓게 활용되고 있는 듯한 느낌이 들지. 비록 밥이 나오거나 떡이 나오는 것은 아니지만 말이야.

거창한 것 말고 쉬운 것도 상상해 보자고. 축구선수들이 일반 공이 아닌 럭비공을 뒤로 돌아서서만 차게 하고, 골키퍼는 반드시 물구나무서서만 공을 방어할 수 있는 규율을 정한다면, 축구장 게임이 가관일 거야. 이런 어처구니없는 망상(妄想)에서도 새로운 구상이 시작될 수 있는 것이지.

어린 아이 때부터 자유롭게 상상력을 펼쳐 나가는 놀이나 학습을 익히다 보면, 어른이 되어서는 다양하게 창의성을 꽃피울 수 있게 되는 것이야. 꾸준히 상상을 시도함으로써 두뇌는 점차 사고(思考)하는 것에 더욱 익숙해지게 될 수밖에 없는 것이지.

사실 우리 모두에게 있어 새롭고 선택할 만한 아이디어는 하루에도 적지 않게 떠올라요. 그러나 우리는 그것을 어떻게든 무시하려고 용을 쓰고 있는 듯해. 마치 '아이디어야 제발 떠오르지 말아다오. 나는 오늘도 어제 일을 그대로 하고 싶으니까 말이야, 제발!'이라고 하면서 매일 지내는 것 같아. 인간의 정상적인 두뇌는 움직이고 사고(思考)하며 계속 새로운 것을 불어 넣으려고 하고 없던 것을 찾으려 추구하고 있는데 말야.

세계 역사에 많은 영향을 남긴 유태인들의 교육은 질문으로 시작하여 질문으로 끝난다는데, 질문은 나의 상상력 사고(思考) 울타리를 넘어 가도록 하며 새로운 것에 눈을 뜨도록 해주지. 답을 손쉽게 얻을 수 있도록 주입식이 아닌 답을 알아내는 낚시 법을 습득해 가도록 도와주는 것이야. 그것도 다양한 해답을 제시해 줌으로써 인간사(事)의 복잡하고 다양한 진면목을 느끼게 하며 사고(思考)의 울타리 한계를 폭넓게 확장할 수 있도록 해주는 것이지.

실제 우리가 살아가면서 찾아내는 문제 해결책은 다양하고 복합적으로 전개되는 경우가 많아요. 그러니 아이디어를 얻는 상상력이 충분히 변화무쌍하고 다양하게 펼쳐질 필요가 있는 것이야.

여기서 특이한 점이 하나 있는데 말이야. 소크라테스도 질문이 내재된 대화법을 통해 무지한 사람들을 일깨우도록 하지. 그런데 유태인들의 방법과는 분명하게 다른 점이 있어. 소크라테스는 질문을 통해 상대방을 정해진 답으로 이끄는 것이라면, 유태인들은 정해진 답이 없다는 거지. 지금까지의 과거 기성세대가 알아낸 지식의 답이 있지만, 이것조차 완벽하게 불변하는 것이 아니야. 피교육자로 하여금 지금의 당면한 상황에서 요구되는 새로운 보다 완전한 자신만의 정답을 찾으려 노력하도록 만드는 것이, 질문자의 태도이며 의도인 것이지. 이런 다양한 상상력 교육으로 전체 노벨상 수상자 중 적지 않은 수가 유태인이 될 수 있었던 거라고 봐.

유태인 아인슈타인도 뉴턴과 구별되는 자신만의 물리학을 정립하고자 노력했어. 그 결과 뉴턴을 넘어선 물리학과 천문학을 정립할 수 있었어요. 그러나 사실 그가 알아낸 여러 학문적 성과도 오늘날 새롭게 도전받고 있어. 고도로 발달한 현대 물리학과 천문학은 아이슈타인의 지식체계를 극복하고 있으니 말이야. 이것은 또 다른 새로운 상상력이 펼쳐 나가고 있다는 것이지.

상상력이 아이디어 창출에 중요한 이유 중 하나는 상상력은 항상 추리해 간다는 것이야. 고정된 상상도 가능하지만 일반적으로 상상은 펼쳐지고 전개해 나가며 진전해 가는 것이지. 어떤 처음 단계나 과정이 나타나거나 시작되면 연이어 그 다음 과정이나 상황으로 찾아 간다는 거야. 그러니 상상은 꼬리를 물고 계속 될 수도 있는 것이며, 그런 가운데 못 보던 것이 보이거나 새로운 영감이 떠오르게 된다는 것이야. 그런 가운데 우선적으로 필요한 영역부터 상상을 심화 진전시키면 더욱 실용적인 상상이 되겠지."

상상력을 넓히면서 대철은 할아버지의 금고 속에 무엇이 들었는지 상상하기 시작했다. 과연 그 안에 무엇이 들어 있을까? 혹시 창의력에 도움이 되는 비법이나 보물 지도 같은 것이라도? 아니면 귀한 금은 보화나 귀금속 또는 금괴 혹은 값비싼 희귀품이나 건강 장수 비결? 등등… 별의 별 상상이 떠올랐다. 그나저나 잃어버린 금고 열쇠는 도대체 어디에 있을까?

6. 불변하는 변화

변화가 필요해

한 교수가 계속했다.

"오래된 죽마고우가 왜 좋은가 하면, 말하지 않아도 나의 속마음까지 읽을 줄 알고, 잘 보관된 포도주처럼 오래될수록 그 숙성 정도가 깊고 그윽한 맛과 향기를 풍기기 때문이지. 한 가지 목표를 지향하는 아이디어 역시 마찬가지야. 오늘은 초보 정도의 아이디어 구상에 만족하며 좋다고들 해. 그 후 한 달, 일 년, 나아가 백 년 후에는 대단히 정확하고 분명하게 파악된 그 첫 아이디어가 기존 벗어나지 못하던 단점이 한층 더욱 보완되지. 여러 줄기와 가지가 새로 뻗어 나와 다양하고 정교하게 갈고 다듬어져 보다 훌륭한 구상들이 쏟아져 나오게 되지.

이것은 인간 두뇌는 계속 멈추지 않고 진화하기 때문이야. 문제는 어떻게 보다 후회 없고 실수 없는 필요한 방향으로 변화 발전시킬 수 있는가 하는 점이야.

아이디어 창출의 기본적 방법 중 하나로, 기존 방법과 반대로 생각하고, 모순되도록 상상해보는 것이긴 해. 허나 그래도 없으면, 지금까지 시도하지 않은 미(未)체험의 영역 중에 찾아 볼 때 참신한 아이디어가 숨어 있음을 발견하게 될 거야. 이를 위해서 데카르트처럼 통상의 기존 관념을 막연하더라도 무조건 의심해 보고 다르게 바꾸며 변화시켜 볼 필요가 있어. 변화를 두려워하면 발전은 없어. 변례창신(變例創新), 곧 사고 발상의 변환(變換)이 이뤄져야 안보이던 새로운 구상이 떠오른다는 거지. 첫 술에 배부를 수 없지만, 반복되는 변화 속에 새로운 길이 숨어 있어.

어떤 학자는 말하기를 인간은 항상 새로운 것을 추구하는 존재라고 했어. 과거와는 다르게 생각해 보는 거야. 새로운 영감을 받도록 생각이 각종 변화에 잘 동화되며, 보통의 일상적 생각을 변화시키고 존재 범주를 확장하는 날개를 달아 줘 봐야 하는 거지.

기존 상식과 지식의 울타리를 벗어나야 새로운 착상을 모을 수 있는 거야. 쉬운 예로, 기존의 방법 가운데 육하원칙을 새롭게 변경해보는 것이야. 시·공간의 변화는 물론 주체와 객체, 수단과 목표, 순서대로 점진적인지 아니면 필요한 대로 급진적인지, 단기적 미시적인지 혹은 장기적 거시적인지 등등 여건과 상황을 꼭 반대로만 아니라 지금까지 해보지 않은 것을 다양하게 함으로써 새로운 구상을 만날 수 있게 돼.

'원래부터 그런 것'은 없는 것이야. 그 같은 것은 처음부터 없는 것이지. 무엇이든 본디부터 정해진 것이 아니니, 더 좋은 것으로 얼마든지 변화·

개선시킬 수 있어. 그것이 어떤 것이든, 당장은 아니지만 변화가능성은 무엇에나 어디에나 잠재한다는 것이지. 문제는 얼마나 적합하게 거시적 필연적으로 개선 발전시킬 수 있는 아이디어인가 하는 거야."

"그런 맥락에서 좀 정치적 관점이지만, 근간 중국의 변화도 읽을 수가 있을 것 같아요."

대철이 시사적인 상념에 젖으며 말했다. "맞는 얘기야. 중국의 대약진 운동과 문화 혁명은 엄청난 실패를 가져와 그때 당시만 해도 4천만 명에 이르는 사람이 아사(餓死)하고 살해당했어. 이후 변화하지 않으면 이대로 는 아무것도 안되겠다고 생각하면서 완고하게 보수적이던 사람들조차 변화를 선택하게 됐어. 덩 샤오핑의 유명한 말 있잖아, 그 흑묘백묘론에 따라 개혁 개방이 이뤄지기 시작하지. 결국 변화가 오늘의 중국을 만들 수 있었던 거야.

아이디어라는 것이 단순히 뭐, 어떤 소품이나 기기를 쉽게 작동하도록 특허에나 사용하는 그런 정도의 것에 국한되는 것이 아니야. 우리 삶, 생활 전체를 송두리째 변모 개선시킬 수 있는 것이며 진정 선택해야 하고 필수 불가결한 사고라 할 수 있겠지.

이 때문에 아이디어 얻기 위해서는 다양하게 생각하고 일부러 새로운 행동을 시도하라는 얘기도 있어. 평소 사용하지 않는 왼손으로 펜을 쥐고 글을 쓰거나 칫솔을 사용한다든지, 늘 다니던 길도 다른 길로 다녀보고, 신발이나 장갑도 좌우 바꿔 잠시 착용해보고, 속내의 옷도 앞뒤 거꾸로 입어보고, 한적한 곳에서 뒷걸음질도 해보고 등등… 평소와 다르게 지금까지 안 해본 것을 주위 사람에게 방해 되지 않는 한 색다르게 경험해 보는 거야.

지금까지와는 가급적 색다르게 특이하고 유별나게 시도해보면, 예전에 상상으로도 생각 못한 감춰진 아이디어를 곧 잘 얻게 되는 것이야. 어릴 때 왼손으로 글 쓰는 아이를 막지 말라고 하는 이유도 좌·우뇌 모두 발달할 수 있기 때문이지. 그러나 거울에 비친 글자 읽기는 하지 말아, 시력이 손상될 수 있어요.

예컨대 타사와의 정책에서도 구별되고 변화된 차별성이 사업정책에 중요한 것이지. 애플에 직영 매장 애플스토어가 있다면 전기차 제조업체 테슬라에게는 테슬라 직영 매장이 있어. 일반적으로 미국에서의 초기 자동차 매매는 공인 딜러샵을 통해 이뤄지는데, 전기차를 잘 관리할 필요도 있어서 테슬라는 직영 매장을 운영하였던 거지.

애플이 애플스토어를 통해 독창적인 브랜드 이미지를 구축했던 것처럼 테슬라도 직영 매장을 통해 새로운 이미지의 스타일을 창출하여 소비자로부터 넓게 호감을 얻고 있어. 당시 통상적 생각을 뛰어넘은 판매 전략이 빛을 본거지."

민향은 백화점 식당에서 겪은 경험이 떠올랐다.

"발상만 전환하면 혁신은 얼마든지 가능한 것도 같아요. 이를테면 음식에서도 말예요, 떡볶이와 김밥, 비빔국수와 신김치 외에 김밥과 오징어먹물, 계란 요리로 감싼 김밥, 흔히 유행하는 퓨전 요리, 동서 조화 음식 등등 통상 먹는 음식도 변화를 가미(加味)하면 전혀 새로운 맛과 영양까지 기대할 수도 있는 것 같아요."

"그런 변환이 어찌 음식에만 국한되겠는가 말일세. 인간사 모든 것이 변할 수 있는 것이지. 다만 문제는 인간 존중 정신과 사회 공동체에 유익한 방향이어야 하고 당연히 사회 윤리 도덕 범주 안에서 이뤄져야 한다는 것이야.

1943년 어느 날, 길을 걷던 피카소는 버려진 자전거 한 대를 발견했어요. 그것을 구하여 손질하면서 안장과 핸들을 뜯어내고 안장 위에 핸들을 거꾸로 붙여서 '황소머리'라는 작품을 만들었어. 누가 봐도 공들인 작품은 아니었지만 세월이 지난 뒤 런던의 한 경매장에서 이 작품이 293억 원에 팔렸다는군. 중고 자전거 몇 대 값이야?

또한 2004년 영국에서 열린 '올해의 터너상' 시상식장에서 참석 미술계 인사 500명에게 물은 결과, 현대미술에 가장 큰 영향을 끼친 작품으로 마르셀 뒤샹(1887~1968)의 1917년 작 '샘'이 뽑혔어. 그것은 일반 변기 회사에서 찍어 낸 남성 소변기를 뉘어놓은 것뿐이야. 평소에는 쳐다도 안 보던 소변기가 뉘어놓으니 무언가 새로운 것을 느끼게 만든 거지. 세상에 버려진 보잘 것 없던 것도 가만히 구상을 해보면 얼마든지 훌륭한 걸작품이 될 수 있다는 얘기야.

세계적인 시계회사 스와치는 배터리 시계를 앞세운 일본과의 경쟁이 심각해지자 정면 돌파의 전략으로 선회했어. 여성 의복 디자이너를 고용, 새 시대에 어울리는 패션시계로 변화를 도모하여 위기를 돌파하지. 시계에 미적 감성의 패션을 덧입혀 새로 나게 한 것이야. 위기도 기회로 변화시켜야 하는 거야. 어떤 위기든 잘 관찰하고 세밀히 고민해 보면 전화위복의 호기가 얼마든지 될 수 있다는 거지.”

“어떤 이는 빌 게이츠를 변화의 귀재라고 부르는 사람도 있더군요.”

“빌 게이츠는 이렇게 말했다고 해. ‘나는 힘이 센 강자도 아니고, 두뇌가 뛰어난 천재도 아니다. 날마다 새롭게 변했을 뿐이다. 그것이 나의 성공비결이다.’ 기업과 세계 인터넷 판도 변화 상황에 대응하는 자세와 태도가 남달랐던 거지.

우리 인생이 그러하듯 적어도 지금까지 수동의 자세였다면, 능동의 적극적 자세로 변화시켜 대응하면, 확실히 인생 여정이 달라지게 돼. 쉬운 예로 고객이 찾아오기를 기다리는 것이 아니라 찾아가는 공급자가 되도록 힘쓰면 매출액은 당연히 오를 수밖에. 특히 한 여름 모두들 더운 날씨에 지쳐 힘들어 할 때 시원한 빙과류를 들고 찾아가는 빙과 업소의 판매 전략일 경우, 그 빙과업은 매출이 높이 오를 수밖에 없는 거지.

빙과류뿐 아니라 기계 부품이나 자동차 부속이 절실하게 필요로 하는 산업단지 또는 공업단지 지역을 순회하며 현지에서 요청하는 대로 조달하고 공급해 주려 힘쓴다면, 분명 새로운 상황이 전개될 것이라 봐.

또한 재밌는 변화거리가 있는데, 맥도널드가 처음에는 햄버그, 샌드위치 등을 판매하는 회사였으나 나중에는 부동산 기업으로도 명성을 얻어. 왜냐면 프랜차이즈 대리점을 내기 위해 회사가 영업점을 먼저 매입하면, 맥도널드가 들어온다는 소문이 퍼지면서 그 동네 집값이 올라. 그러니 훗날 그 대리점을 내놓을 때는 고가가 되어 있지.

백화점이나 쇼핑몰이 들어온다는 소문이 있으면 주위 집값이 오르는 것과 같은 이치인데, 기본을 잘 하여 부수적으로 얻은 긍정적 변화 사례가 된 거지. 무슨 일에나 기본 기초 지식이나 상식을 굳게 간직하고 온전히 잘 하면, 씨앗이 뿌려진 후 결실이 따르듯 부수적인 것도 피어난다는 것이지."

대철이 자리를 고쳐 앉으며 종합하였다.

"결국 기본에 충실하면서 쇄신하는 자와 혁신하는 그룹만이 오래 살아 남을 수 있는 것 같아요. 인류 공동체도 개선되지 않으면, 겪지 않아도 될 시행착오와 실책을 역사 안에서 또 범하게 되는 것이겠지요."

"중요한 애기야. 새로운 창의성으로 새 길을 개척해 가지 않으면, 조그마한 기업도 무조건 남 따라만 하다가는 필히 시행착오를 하게 돼. 기업은 남이 경험하지 못한 것을 찾아 나서야 하지. 남 따라 하던 정책과 사업은 기껏 하다가는 결국 한계에 부딪히고 말아. 올바르게 변하지 않으면 역사의 실수는 반복할 수 있어. 개인이나 기업에게조차 혁신적 변화가 중요하다면, 국가나 인류 공동체에게는 얼마나 중요한 것이겠니?

경제 용어에도 시간 비일관성(time inconsistency)이라는 것이 있어요. 처음에는 최선으로 보이던 현상이 나중에는 그렇지 않더라는 것이지. 그러니 그때그때 현실적 대응이 필요하고 더 나은 통찰에 의한 순발력이 요청되는 것이야.

아인슈타인도 실수한 것을 인정한 적이 있는데, 그는 우주의 팽창 이론을 생각 못 하다가 후발 물리학자들 예컨대 프리드먼, 르베르트 등에게서 우주 팽창이론이 증명되자 솔직하게 자신의 일생일대 실책을 인정했어. 그래서 그는 훗날 운명하기 전 고백하기를 '자신의 모든 학설 중에 변화되지 않을 확고하게 옳은 주장은 단 하나도 없다.'고 했어. 사실 불변의 진리는 물질세계 안에서는 없다고 할 수 있지. 물질적인 것은 무엇이나 언젠가 변화할 수밖에 없다는 것은 불변하는 사실이야.

　자연이 아름다운 이유 중 하나도 무상(無常)하며 무쌍(無雙)한 가운데 늘 변화하기 때문이라는 견해도 있어. 지구 상 어디를 가 봐도 비슷한 곳은 많아도 정확히 동일한 곳은 어디에도 없어. 마찬가지로 우리 마음과 뇌리 안에 유발되는 감흥이나 상념 역시 가만있지 않고 계속 변화하면서 새롭고 참신한 것을 꾸준히 찾는 것에서 보다 만족스러운 것을 찾는다는 거지.

　관건은 그런 변화 곡선 흐름 가운데서 누가 봐도 만족스럽고 후회 없이 선택할 만한 구상 단초를 찾는가 하는 점이야. 이런 변화를 잘 하기 위해서 견문을 넓혀 나갈 필요가 다분히 있는 것이지. 다른 업종이나 다른 이들이 시도하거나 성취하여 공개한 변화의 결과를 관심 있는 동료나 선후배들과의 대화를 통해서 또는 직간접으로 또는 매스컴이나 대량 전달 기구를 통해서든 여러 인간 군상을 비롯 다양한 범주와 지평을 많이 알고 접촉함으로써, 추구해야할 가장 나은 변화 방향을 모색할 수 있다는 거야. 변화 없이는 새로운 영감이나 아이디어 단초를 얻기 어렵기 때문이지.

　변화라 하여 딱히 어떤 양과 질의 거창한 규모 아니라도 소소히 시작되는 변모를 통하여 신선한 자극을 우리 뇌와 마음에 행사하는 것이야. 그 조그만 나비의 보잘 것 없는 날개 짓 하나가 나중에 대양을 건너며 엄청난 효과와 변화를 많은 분야에 야기할 수 있듯 그 크기와 강도에 관계없이 적절한 변화는 필요한 것이지."

　끊임없이 쏟아져 나오는 한 교수의 생각이었다.

7. 다변(多變) 무쌍(無雙)

시간과 공간 넓히기

다변(多辯)의 한 교수는 목마르지도 않은 듯했다.

"아울러 사물과 세계의 다양성을 고찰하고 받아들일 때, 새로운 영감을 발견할 수 있어. 똑똑한 토끼는 위험에 대비해 세계의 굴을 갖고 있다하여 교토삼굴(狡兔三窟)이라고 하듯, 아이디어를 창출할 때에도 첫 · 둘 · 셋째 안으로 다양하게 고려해 보면 선택 폭이 훨씬 풍요로워져.

어떤 안건을 제안하거나 결재 올릴 때에도 최종안 두서너 가지를 고안해서 건의하는 것이 필요해. 이것은 중지(衆智)를 모으게 되는 것이고, 나아가 제3자가 그 두서너 가지 안건을 보고 또 다른 정 · 반 · 합의 의제나 전혀 새로운 영감을 생각해 낼 수 있게 하기 위한 때문이지. 우리 두뇌는 한 가지를 알게 되면 그와 연관된 열 가지 이상을 알 수 있게 돼.

아이디어를 얻기 위한 한 방책으로 꼭 브레인 스토밍 아니라 하여도, 커피숍이나 주차장, 구내식당, 세면장 등에서 하는 온갖 잡담과 수다, 담소, 단순 대화… 그런 것 안에서 보물의 원초(原初)를 발견할 수도 있어. 마치 넓은 모래사장에서 사금(砂金) 조각들이 발견되듯이 말일 세.

다각도의 여러 방면으로 고찰하면 다기(多技)다양한 구상을 얻을 수 있어. 심지어 곤충 조차 자신의 날개를 처음에는 단순한 온도 조절 용도로만 사용했지. 그런데 그것을 필요에 따라 나중에는 비행 수단으로 변화시켰어.

우리 두뇌 속에는 하나의 우주가 자리 잡고 있어서 가만히 그리고 꾸준히 발굴해 가면 없는 것이 없을 정도지. 복잡다기한 세상만큼 우리 인간 지능도 고도의 복합성을 사고할 수 있는 인지 능력을 보유하고 있지 않는가 말이야."

민향이 자신감을 얻었다는 듯, 힘주어 말했다.

"아이디어는 사실 무궁무진한 거 같아요."

"중요한 것은 각 아이디어마다 조건과 상황을 설정해 주기 때문에, 필요로 하는 목적에 가장 적합하고 요건을 만족시키는 아이디어를 찾아낼 수 있는가 하는 점이지.

세 사람이 길을 가면, 필히 그 가운데 나의 스승이 있다는 삼인행 필유 아사(三人行 必有我師)라는 말이 있지. 마찬가지로 삼일이 지나면 귀한 생각이 떠오른다[三日去 必生貴思]라고 할 수 있겠는데, 삼일이 지나면이 아니라 하루 중에도 우리가 눈을 뜨면 아이디어가 나타나기 시작하는 것이야. 우리가 귀찮다고 계속 거부해서 탈이지 아이디어는 마를 줄 모르는 샘물인 것이지.

그러니 시간과 공간 울타리를 넓혀야 돼. 바이올린 등 악기를 가지고 하든 독창을 하든 무대 위에서 가만히 멋있게 예술적으로 할 수도 있어. 하지만 때로는 관중 가운데로 걸어 나오면서 연주하거나 독창하면 새로운 분위기와 신선함을 끌어낼 수 있을 것이야. 관중과 더욱 가까이 느껴지고 혼연일체가 되는 분위기가 되면서 공연장의 열기를 더욱 상승하게 만들지.

마찬가지로 한 차원 높고 넓은 사고를 하는가, 그리고 그 사고가 정말 적정하고 필연적인 것인가, 하는 점을 잘 고찰한다면, 참신한 아이디어가 생성될 수 있을 것이야. 얼핏 보기에 하찮으며 보잘 것 없는 소위 잡념 또는 망념(妄念)처럼 보이는 것이 오히려 시초가 되어 훗날 훌륭한 창의물의 씨앗이 될 수 있어.

우리는 가끔 적지 않게 자신의 처신과 행동에 후회하거나 아쉬워하는 때가 있지. 그 과거에 내가 이렇게 혹은 저렇게 했더라면 좋았을 것을 하거나, 왜 그때는 이런 생각을 못했을까 하는 경우가 있어. 이것은 우리가 아이디어를 생각해 낼 때, 보다 다양하게 길게 넓게 생각 못하고 너무 짧고 순간적인 코앞만 바라보는 식견으로 결정했기 때문이야.

지금부터라도 충분히 앞뒤 상하 좌우 전후 안팎 장단(長短)을 깊이 숙고하고 정하도록 노력한다면 보다 나은 아이디어를 얻고 후회도 줄일 수 있게 된다는 것이지. 일반 아이디어를 찾을 때에도 마찬가지로… 특히 거시적으로 전체를 보면서 찾으려 한다면 더 좋은 구상을 찾을 수 있을 것이야.

탈무드 정신이기도 하지만, 천편일률 정해진 일정한 답을 넘어 가능한 다양한 해답과 해결책을 제시할 수 있어야 해. 사람이 계획하고 조성해 내는 일에 대한 구상과 시나리오는 각인각색이며 무궁무진하다는 것이야. 각 사람마다 다양한 사고방식과 가치관, 편중(偏重) 의식과 습관 등을 지니고 있기 때문이지."

"그래서 백 명의 유태인이 있으면, 백 개의 답이 있다는 말이 있군요."

대철의 말에 한 교수는 힘이 났다.

"'예외 없는 법칙은 없다.'라는 말도 유태인에게서 시작했는데, 문제 해결 방식을 여러 측면에서 고찰하려는데 중점을 두고 있어.

또한 그들에게는 후츠파 정신이라는 것이 있어. 어떤 토론이나 논쟁의 주제에 대해서는 남녀노소, 직위 고하, 학력이나 재력 차이, 경험 유무, 출신 배경 등 어떤 조건이나 제약 없이 누구나 자기 생각을 구상할 수 있고 그것을 말할 수 있고 말해야 한다는 생각이 배어 있어. 소위 계급장 떼고 만나자는 것이지.

그러니 아이디어가 다양하고 풍성하게 쏟아지고 결국 보다 완성도 높은 결론에 이르게 될 수 있는 거지. 이러한 후츠파 정신은 사람의 잠재된 창의성을 자극하게 되는데, 그래서 전 세계 특출한 걸인(傑人)의 많은 수가 유태인이라는 사실과 무관하지 않다는 거야.

일반적으로 아이디어를 만드는 것도 지금까지 현존하던 착안과 구상과는 다르도록 하는 것에서 시작하지. 고유하고 독특하며 유일하게 착안하는 것이 아이디어 창출의 지름길이야. 정말 독특해야 하고 남이 가지 않은 다른 길로 가봐야 하고 새로운 길을 도전해야 하는 거야. 그럴 때 인류가 아직 발명이나 발견하지 못한 참신한 것을 인류 사회에 제공할 수 있는 것이지. 그러니 선구자, 개척자의 역할이 중요한 거야.

넓은 해양에서 물고기 떼를 추적할 때에도, 다양하고 복잡한 조건들의 지표, 예컨대 조류, 시간, 어망 크기, 물때, 어장 주변 조건 등등 모든 가변 요소가 제대로 정확한 신호를 보내올 때 커다란 어군(魚群)을 찾아 끌어 올릴 수 있는 것이야. 우리가 찾는 아이디어도 여러 전제 조건을 충족시키면 서 형성될 때, 마침내 찾아낸 진정 중요한 아이디어는 그 가치가 빛나게 되는 것이지."

"그러나 교수님, 실수이든 다른 의도가 있든 도저히 상관없거나 아무 런 연관성이 전혀 없는 것으로 느껴지거나 심지어 모순되는 방향으로 아 이디어를 추적해 갈 수도 있는 것 아닐까요?"

"민향 학생의 말도 옳아. 바로 그 모순이 될 것 같은 것들이 모여, 훌륭 한 걸작의 아이디어가 나올 수 있다는 거지. 일종의 맥가이버 방법이라고 할 수 있어. 맥가이버가 어떤 작업을 할 때, 별거 아닌 그저 그런 용품에 서 위기 탈출에 꼭 필요한 조립과 공작을 성공해 내는 것과 같다고나 할 까? 보통 여기 이 단계까지 오면 웬만한 아이디어와 해결책은 찾을 수 있 게 되지.

아폴로 13호 기내에 일산화탄소가 가득 찬 것을 발견하고는 임시방편 으로 헝겊 조각, 접착 테이프, 그 외 각종 쓰레기 같은 것들로 골드버그 필 터를 그럭저럭 급조하여 위기를 모면할 수 있었어. 평소에는 잡동사니 취 급하며 쳐다도 안 보던 것이 생명을 살리는 도구가 되었지."

민향은 칭찬을 들으니 기분이 상기되어 목소리를 약간 높이고 있었다.

"들으면서 생각난 것인데요, 어휘력도 도움이 되는 것 같아요, 워드 파워라는 말이 있듯 어휘가 늘어나면 사고력도 늘어나지 않겠어요? 왜냐면 일반적으로 의성어, 감탄사 외의 용어들은 각각 고유한 사고(思考) 개념을 품고 전달하기 때문인 것 같아요."

"맞는 말이야. 사용하는 어휘력과 함께 유머도 연구해 보면 도움이 돼요. 불필요한 정신적 심리적 긴장을 해소하며, 뜻밖의 역발상과 반전(反轉)의 흥미로 뇌 안의 잠자는 다변성에 활력을 유발해 주니까 말야."

다양성 주고받기

"사실 역사가 증명하듯 아이디어 수량보다 아이디어를 발설할 수 있는 여건과 분위기가 더 중요한 것이지. 불현듯 떠오른 아이디어를 말하고 상의할 수 있는 상황과 그 분위기 말이야. 정치, 경제, 예술 등 거의 모든 영역에서 뛰어난 책사(策士)를 무시하고 등한시 하니 상대방 경쟁자나 적에게 찾아 감으로 인하여 아군 측에게 심각한 피해를 입히는 경우가 동서고금 역사 안에서 쉽게 볼 수 있어.

항우는 자기 밑에 있던 한신을 인정해 주지 않았는데, 그는 결국 유방에게 가서 항우 잡는 명장이 되었어. 또한 대포를 처음 발명한 우르반을 동로마 제국에서 받아 주지 않아 결국 그는 오스만 터키로 가서 동로마 멸망에 혁혁한 공을 남겼어.

아울러 아래 사람이나 윗사람이나 타인의 성공과 발전을 기뻐하고 축하해 줄 수 있는 사회 기류가 되어야 해. 중국 초나라 왕은 국사를 논하다가 신하들의 식견이 자신보다 못함을 보고 염려스런 표정을 지었다고 하지.

아래 사람들이나 스태프진들이 보좌를 잘 해야 하고 더욱 총명하게 되는 것을 기뻐하고 다행으로 받아들일 수 있어야 하는 거야. 괜히 뛰어난 아래 사람을 시기 질투하는 실수로 그들이 떠나가 경쟁자들에게 가거나, 마음이 불편하여 낙향하여 훌륭한 재질을 썩히지 않도록 해야 해. 인재와 두뇌를 키우고 격려하며 어느 정도 자유를 허용하고 배려해 줘야 구성원 모두가 나아지고 기업이나 국가가 꾸준히 전방위적으로 발전할 수 있게 되는 것이지."

흥분을 감추지 못하는 대철이 목소리를 올렸다.

"정말 중요한 말씀입니다. 다양한 아이디어의 단초가 생성되게 하기 위해 편안한 사고와 분위기가 꼭 필요해요. 두뇌가 다양하게 생각하고 마음껏 날아다니며 구상한 것과 그렇지 않은 것에는 차이가 많을 것 같아요. 특히 사방팔방 정보가 넘치고 각자 의견들이 다양한 오늘날은 더욱 필요하다고 생각돼요."

한 교수가 흡족해 하며 동조해 주었다.

"맞아. 각 개인마다 다양한 경험과 생각들이 있는 것이지. 그래서 아이디어를 창출하기 위해 한 가지 사안이나 사물에 대해서도 우리는 집단 지성과 중지(衆智)를 모으고 활용하며 다양하게 고려해 봐야 해.

중지의 논쟁은 첫 번째의 소박한 사고(思考)를 점차 고도의 최종 결론적 사고로 예리하게 벼리며 정밀도를 상승시켜 주지. 그러니 남녀노소 나아가 80억 인구 모두의 중지가 모아지면 인류가 해결 못 할 난제는 없을 거야. 어린이들까지 어른들이 생각 못 하는 발칙한 구상을 내어 놓기도 하잖아.

어느 날 한참 교통이 복잡한 시간에 대형 컨테이너 트레일러가 지하 터널에 들어서다 그만 컨테이너가 터널 천정에 꽉 끼이는 사고가 발생했어. 차들은 밀리면서 교통은 혼잡하게 되고, 주위는 경적소리에 아주 소란스러워졌어. 마침내 경찰이 오고 구난 레커차가 오고 건설공사 기술자들도 오면서 차를 뒤로 빼보아도 앞으로 가려고 해도 꼼짝을 않는 거야. 다른 트레일러가 오게 해서 뒤에서부터 컨테이너를 빼보겠다는 제안도 나왔어. 건설공사 기술자들은 쇠기둥 몇 개를 잠시 터널에 세워 천장을 높이겠다는 거야. 이런 와중에 지나가던 꼬마의 한 마디가 문제를 해결해 내었어. '아저씨, 타이어 에어를 빼보세요.'… 각종 다양한 영역에서 강호제현들의 고견이 모아질 때, 최고의 식견이 도출될 수 있으리라 봐.

외국 속담에 '쌍둥이의 두뇌를 비교하면 둘 다 죽이는 것이지만, 개성을 비교하면 둘 다 살릴 수 있다.'는 말이 있어. 세계 인류 한 사람 한 사람 각자의 기본적 품성이 갖춰진 고유한 개성과 능력, 취향과 식견을 살리면, 이 지구의 역사는 그 만큼 다양하고 풍요로울 수 있을 것인데 말이야. 물론 리더쉽과 최고 결정자의 책무는 별도의 관점에서 고려해야 할 사항이지만…."

한 교수가 목이 마른지 물을 마시자, 민향이가 한 마디 했다.

"두 사람이 각자 갖고 있는 수박 하나씩을 서로 교환했다면 여전히 수박 하나씩이지만, 각자의 아이디어는 교환하면 2개 이상의 아이디어를 보유하게 된다지요. 구상과 발상의 영역을 서로 교환하든지 하여 어떻게든 넓혀 나갈 필요가 있는 것이에요."

"실제로 단수이든 복수이든 아이디어는 또 다른 아이디어의 모태가 될 수 있어. 아이디어는 아이디어를 먹고 자라거든. 한 가지 영역에서 쌓은 지식을 다른 분야의 지식과 결합하여 새로운 가치와 지식을 창출하는 것을 통섭(統攝)이라고 하는데, 오늘날처럼 복잡복합 다변화된 사회에서는 이런 통섭형 인간도 필요하지. 그런 통섭의 지식에서 다양하고 참신하며 신선하고 새롭게 변화된 가치와 지식이 발굴되기도 해.

토인비도 이런 말을 했어. '문명이란 하나의 운동이며 기류이지. 정체된 상태가 아닌 것이다. 이를테면 고착된 항구가 아니라 항해하고 있는 기선과 같다. 그러니 중단 없이 움직이고 변화되어 가는 조류가 문명인 것이다.' 문명이 변화하며 점차 다채로워진다는 것은 곧 기존의 경계선을 넘는다는 것이지.

오늘날 복합리조트를 건설할 경우, 다양성을 고려하게 되면서 마이스 산업이 각광을 받게 됐어. 마이스(MICE)란 Meeting, Incentives, Convention, Exhibition의 머리글로서 회의, 포상(휴가, 여행), 대규모 대회, 전시회를 의미하는데 관련 업종과의 합연(合連)이라 할 수 있지. 다양성 안에서도 상호 관련성을 발견하고는 그것을 연관하여 묶어 한 가지 독창적 사업으로 만든 것이라 하겠어."

"바다에서도 한류와 난류가 합쳐지는 곳에 어종(魚種)이 많잖습니까?"

"서로 다른 다양한 분야의 지식과 정보가 합쳐지고 연관될 때, 전혀 새로운 구상이 시작되는 것이지. 학문과 지식 원리의 울타리를 넘어 전혀 뜻밖의 아이디어를 찾을 수 있게 되는 거야.

60만 년 그전에도 나무 막대나 잔가지, 마른 낙엽, 물기 없는 지푸라기 등등 나아가 화석 연료가 엄청나게 많이 있었으나, 그것을 에너지로 사용하게 된 것은 오랜 세월이 지나고 이뤄졌어. 그렇다면 지금 이 상황과 현상 안에서도 장차 우리가 새롭게 발명하거나 도움을 얻을 수 있게 될 것이 있다는 얘기지.

그런 가운데 이왕이면 물질적인 것뿐 아니라 거시적으로는 우리 인류 모두에게 시 · 공간을 넘어 이롭고 도움이 되며, 진정 필요한 최고의 아이디어 산물을 찾도록 해야 하겠지. 그것을 찾아 가는 것이 우리 모두의 과제라 하겠어."

8. 역사의 수레바퀴

전인미답(前人未踏)을 향해

두 젊은이와 대화하면서 한 교수는 특별히 강조해야 하는 것을 생각해 내었다.

"어느 분야이든 최상의 아이디어를 찾기 위해서는 도전하는 삶과 진취적인 기상 등 열의 있는 태도가 필요해요. 남이 가지 않은 길과 방법을 찾고 선택해야 하는 거야. 쉽고 편한 길이 아닌 좁고 가파른 길이라도 수용할 수 있어야 해.

기업 조직 안에서도 신뢰, 열정, 자유, 도전, 창의력 등이 있어야 적어도 살아남을 수 있어. 아무리 노력해도 극복할 수 없는 불리한 경제 구조적 시스템만 아니라면, 성실하고 끈기 있게 꾸준히 도전해 가는 기업은 결국 경쟁력을 강화할 수 있는 것이지.

세르비아 베오그라드 시내 가장 오래된 선술집이 있는데, 90여 년 전 개업 등록을 할 때, 마땅한 이름을 결정하지 못했어. 그 주인은 다음에 변경하기로 하면서 임시로 가명(假名)을 붙였는데, 그것이 오늘날까지 유명한 이름으로 남게 되어 다른 나라 사람들도 그 업소 간판을 보러 오지. 그 술집이름은 물음표 '?' 그대로야. 처음에는 문제가 좀 있었지만, 누구도 체험하지 않은 부분에 있는 구상에 도전하여 해결책을 찾았던 경우라 할 수 있지.

나는 이렇게 생각해. 하늘이 인간을 내었기 때문에, 하늘은 부모와 같아서 우리가 행복하고 잘 되고 평화롭게 살기를 기대한다고 봐. 그래서 그런 말도 있듯, 우리가 구하고 원하고 찾고 두드리는 것에 대해 무관심할 수 없다고 봐. 더구나 우리 인간이 선하고 좋은 것을 이루려고 구하며 노력한다면 하늘이 그런 시도를 막거나 방해하거나 못하게 할 이유가 없다고 생각해.

대철이 너, 독일어 할 줄 아니?"

"고등학교 때 선택과목으로 좀 했어요."

"독일어로 들으면 더 재밌는 말인데, Hilf dir selbst, so hilft dir Gott. 뜻은 간단해. 하늘은 스스로 돕는자를 돕는다는 잘 알려진 얘기야. 사실 맞는 말이지. 스스로 노력도 않으면서 감나무 아래 입 벌리고 누워만 있다가는 잘못하면 감이 눈에 떨어져 오히려 크게 다칠 수가 있어. 사다리를 구해다가 나무위로 조심스럽게 올라가야… 감을 따든지, 멀리 다른 산천이나 마을 어귀 길에 누가 오나 볼 수 있는 것 아니겠어?

에드워드 솔크 박사는 200번 이상 실험을 하면서도 소아마비 백신을 계속 실패했지만, 그래도 또 다시 도전했어. 지칠 줄 모르는 도전 정신이지. 그러던 어느 날 한 수도원을 찾아 갔는데, 그곳의 높은 천정 아래 있으니 구상이 잘 되더라는 것이야. 그곳에서 자신이 해 보지 않은 실험이 생각나고, 돌아와 마침내 백신을 찾는데 성공하지.

사실 기억력이나 두뇌 확장 이론에서 규모가 큰 물체로 기억 소재를 삼아 상상을 하면 작은 물체로 했을 때보다 기억과 상상이 뇌 세포에 더 큰 각인을 남긴다고 해. 천장이 낮으면 뇌 세포도 낮은 공간 안에서 일어나는 것에만 안주하지만, 일단 천장이 높으면 무의식적으로 그 만큼 확장된 공간에 반응할 준비를 하거나 심리적 긴장을 더 많이 유지하게 되지. 장소 변화도 기여했지만, 무엇보다 강인하고 끈질긴 도전 의욕이 마침내 고질적인 소아마비를 이길 수 있었던 거야.

유태인들은 아이들이 화분을 넘어뜨리거나 어항을 깨는 등의 실수와 시행착오를 저지르면 '마잘 토브(축하한다)'라고 하는데, 이 말만큼 또한 '싸블라누트(인내심)'라는 말도 자라는 아이들에게 많이 해준다고 해. 실수를 통해서 앞으로 더 잘 할 수 있게 될 것임으로 축하해 준다는 것이며, 이번 실수로 소침해하지 말고 꾸준히 인생을 정진해 가라는 교훈을 주는 의미이지.

이것은 아이로 하여금 앞으로 실수하더라도 재도전하고 창의적 사고를 계속 발휘 하도록 하는 심오한 교육적 의도가 내포되어 있는 것이야. 이 마잘 토브, 싸블라누트 한 두 마디에 실수한 아이는 주눅 들지 않고 세상일에 도전해 갈 수 있게 되는 것이지. 어른이 되어서도 실수를 두려워 않고 줄기차게 시도하는 정신을 간직하게 돼. 사실 고도의 창의력은 이 같은 불굴의 도전 정신에서 시작되는 것이야. 그러나 같은 실수를 반복하면 호되게 꾸짖는다고 하지."

어떤 각오를 다짐하는 듯 대철이 말했다.

"최고의 창의력을 얻기 위해서 드는 기회비용, 그것은 지칠 줄 모르는 도전과 항구함이라 하겠네요."

"라이트 형제는 처음에는 자전거를 만들어 부자가 되었지만 만족하지 않았어. 오히려 하늘을 날아 보자고 하는, 당시로는 아주 터무니없기도 하고 황당스럽기도 하며 무모하다고 할 만한 도전을 시작했어. 정말 어떻게 보면 정신 나간 도전이었어.

많은 경우 중요한 의사결정과 선택은 불확실한 상황과 애매모호한 미래를 앞두고 이뤄지는 경우가 많아. 그렇다고 중요한 일을 시도조차 안하면 배울 것이 전혀 없어지지. 해당 시점상 가장 적합하고 최선이라 판단되는 것을 선택할 때, 비록 그것이 실패작이라 하여도, 거기서 교훈을 얻고 다음번 시도에서는 더 큰 결실을 기대할 수 있게 되지."

갑자기 신이 난 듯 대철이 끼어들었다.

"자기 형보다 키가 작아 한때 농구를 포기하려 했던 마이클 조던 역시 '시도하지 않으면 아무 것도 이룰 수 없다.'는 부친의 조언에 힘입어, 남보다 먼저 시작하고 더 늦게까지 연습에 연습을 거듭하여 마침내 농구 황제가 될 수 있었다고 하네요."

억양이 약간 낮아지며 한 교수의 담화는 계속 되었다.

"좋은 영감이 떠오르지 않을 때는 전혀 다르게 접근하는 것이 필요해. 이런 때는 분명 시도해 보지 않은 것에 답이 숨어 있다고 보면 좋아. 물건을 잃었을 때 아무리 찾아도 없으면, 찾지 않은 곳을 훑어봐야 되듯 말이지.

예컨대 한 국가의 대통령 임기를 보자구. 혹자는 중임제를 주장하는데, 어느 정도 조건만 맞으면 나쁘지 않다고 봐. 겨우 국정운영을 터득할 때쯤 대통령이 물러나는 것도 국가적으로는 손해야. 그래서 중임제를 하더라도 첫 임기는 5년으로 하고, 예외적으로 같은 사람이 재임 때의 임기는 4년으로 하는 방식이 어떨까 해. 이렇게 하면 선거 비용도 줄이고 대통령직도 안정적으로 수행하는 두 마리 토끼를 잡을 수 있는 것이지.

그러면 정부나 사회기관에서 정책 년도를 기획하는데 불편하다고 할지 모르지만, 그보다 더 어려운 경험도 역사 안에서는 많이 겪었기 때문에 극복할 수 있을 것으로 봐.”

듣기만 하던 민향이 기회를 잡은 듯이 말했다.

“스웨덴의 어떤 스키점프 선수가 우연히 V자형으로 두 발을 벌리고 한 번 날아 보았대요. 그러자 주위에서 다리 벌리고 점프하는 사람이 다 있다고 모두들 비웃었다네요. 그런데 그 자세가 과학적으로 양력(揚力)을 더 많이 받게 되어 더욱 높이 오래 동안 날게 하고 착점을 더 멀리 할 수 있다는 것이 드러났어요. 지금은 스키점프 선수들이 이 원리를 인정하고 모두들 그렇게 날고 있으며, 다리를 V자형으로 벌리지 않고 점프하면 오히려 웃음거리가 된다네요.”

스키를 좋아 하는 민향의 관심에서 나온 말이었다.

호사다마(好事多魔)

대철도 거들었다.

"비웃음 받거나 고통이나 역경이 있을 때, 그것이 더욱 발전하는 밑거름이 되나 봐요."

"호사다마(好事多魔)라는 말도 있듯 나아가는 길이 아무 어려움과 방해가 없다면 그 길이 올바른 길인지 의심해 봐야 해. 장애 없이는 발전과 진보가 늦거나 약해져.

방해가 되는 장애물도 약진할 수 있는 발판, 돌다리, 디딤돌이 될 수 있어. 어려움은 나를 업그레이드하게 만들어. 수많은 난관 속에서 완성도가 높아지는 것이지.

파리의 에펠탑도 처음에는 비극적인 가로등, 체육관 장비 같다는 둥 비난이 끊이지 않았어. 허나 지금은 파리를 넘어 프랑스와 유럽을 나타내는 심볼 중 하나로 되었고, 프랑스가 관광대국으로 변모하는데 큰 기여를 하였어.

탈무드에 '처음에는 모든 것이 어렵다'는 말이 있어. 시작이 반이라는 뜻이야. 무슨 도전이나 시도(試圖)이든 처음 오솔길을 개척해 간다는 것은 누구에게나 여려워. 그러나 나중에는 그 길에 아우토반이 생기고 3중 고가도로도 생겨나게 되는 것이야.

타자기도 처음 나왔을 때인 19세기, 타자 글씨는 예의에 어긋나는 형편없는 것으로 치부되었어. 그 후 차츰 펜으로 글 쓰는 것보다 훨씬 더 많은 단어를 정자로 빠르게 쓸 수 있다는 사실이 알려지면서, 나중에 폭발적으로 수요가 창출되었지.

악착스런 도전 연습 곧 PMP(Practice makes perfect.) 정신이 마침내 필요한 아이디어를 찾아내지. 그렇게 하여 궁극적으로 대체할 수 없는, 완성도 높은 아이디어를 찾아내게 하지.

경제적 측면에서도 어느 나라든 자국의 기업가가 실패한 창업자가 되었다가도 다시 칠전팔기 할 수 있어. 실패의 경험이 창업의 밑거름이 될 수 있는 국가적 경제 여건을 마련해야 창업이 활발해질 수 있는 것이야. 실패한 데 따른 부담과 대가가 너무 크면, 원숙하고 노련하며 산전수전 다 겪은 백전노장 같은 창업주를 기대하기는 힘들어져."

지성이 번득인다는 말을 곧잘 하기 좋아하는 대철이 끼어들었다.

"이왕이면 성실하고 영리한 지적인 도전이 꾸준하면 더욱 좋을 것 같아요."

"맞는 말이야. 스위스 연방 공대를 졸업한 아인슈타인도 2년 동안 식충(食蟲)이처럼 밀가루만 축내며 빈둥거리면서 청년 실업자로 지냈어. 그 후에는 가정교사와 임시 교사 등으로 여기 저기 전전하기도 했어요. 이때에 그는 장차 발휘할 상상력과 지력(智力)을 위한 에너지와 여력(餘力)을 축적하고 있었다고 여겨져. 그의 지적 탐구와 도전적 상상력이 실업자로 있으면서도 이미 활발히 시작하고 있었던 것이지."

민향도 아이디어에 관한 대화에 적지 않은 관심과 애착을 놓치지 않고 있었다.

"결국 도전하고자 하는 의지를 잃지 않기 위해 노력하는 것이 필요하겠네요."

"여배우 귀네스 팰트로 알지? 그녀는 오스카 여우주연상을 수상하고 난 뒤, 그 트로피를 창고 깊숙한 곳에 안보이게 했어. 왜 그랬겠어? 그녀가 고백하기를 '그 트로피는 나를 환각 상태에 빠뜨려요. 여우주연상이라는 여우 최고의 상을 이제 획득했다는 기쁨을 상기하면 그냥 난 아무 일도 손에 안 잡혀요.'

자신이 약해지거나 와해되는 것을 방지하기 위해 스스로를 통제하는 것이지. 지금까지 쌓아놓은 업적만 보고 도취되어 있는 것이 아니라, 나아 가야할 미래를 바라보고 스스로를 편달(鞭撻)하는 것이야. 그래서 이런 말도 있어. '힘들 때는 과거 잘 되었던 호기(好期)를 생각하고, 잘 될 때는 과거 힘들었던 역경을 기억하며 스스로를 컨트롤해야 한다.'

유통업의 역사에서 수익성을 고려하다 개발한 것이 대량 염가 판매였어. 지금은 흔한 일이지만, 초창기 당시에는 획기적인 유통 방법으로 기업과 소비자 모두 좋은 윈윈 아이디어였어. 지금까지 가보지 않은 길로 들어가 보니 결국 새로운 이정표가 보이더라는 거지. 별것 아닌 것으로 보였으나 새롭게 다른 길을 시도하는 정신과 쌍방으로 모두 유익한 결과를 얻어 낼 줄 아는 것, 아이디어의 필수 조건을 엿볼 수 있는 거지.

또 어떤 상인은 손수레 하나에 여러 잡동사니 물건들을 싣고 다니며 팔았어. 어느 날 교통이 발달한 인구 밀집 지역에서 여러 상품을 한 지붕 밑에 가지런히 모아 정찰제로 판매하기 시작하면서 백화점의 기원이 시작되었어.

새로운 영감이 떠오르면, 급한 경우가 아닐 경우, 적어도 3일 정도 고민 해 보는 거지. 아이디어화(ideation)를 하여 완성도를 올려야 해. 그리고 현장에서 실행하고 적용해 보면 또 다른 아이디어와 개선책이 보이게 되지.

더욱 나아가 학문간 연대와 교류, 통합과 융합, 각종 지식 정보 교환 같은 것이 중요한 시대가 되었어. 다각적으로 전문화되는 제반 학문 사이에서 필요에 따라 요청되는 간학문적 연구, 학제적 융합 연구(interdisplinary approach & research) 등을 통해 제기되는 미답보 영역에 대해서도 도전하는 것이 중요해. 전공 분야를 나누기만 할 것 아니라, 요청받는 상황에 따라 상호 긴밀히 협력하거나 융합하여 제3의 새로운 전문 지평을 펼쳐나가는 것도 소홀히 해서는 안 될 일이야.

결국 무엇보다 도전함으로써 인류 역사의 수레바퀴는 움직이는 것이지. 도전을 멈추면, 역사는 진전이 없어요. 인간이 하는 일이라 중도에 실패와 실책도 있겠지만, 그럼에도 끊임없는 도전으로 역사는 앞으로 나아가며 발전할 수 있는 것이야. 물론 인간 삶의 질과 수준을 당연히 상승하고 고양시키는 방향으로 전진해야 하겠지."

한 교수와의 자유분방한 대화를 하면서 대철과 민향은 아주 흡족해 하였다. 한 교수의 평생 동안 일구어 온 지식의 꽃밭을 마음껏 향내 맡으며 이리 저리 휩쓸고 다녔던 것 같은 희열에 큰 기쁨과 행복까지 만끽할 수 있었다. 둘은 나오면서 함께 고백하였다. 지식의 향연이 이렇게 달콤할 줄이야!

9. 인자(忍者) 무결(無缺)

인내와 끈기

대방동에 있는 창 넓은 2층 커피숍을 민향은 참 좋아 했다. 조용한 영화 음악이 분위기를 편안하게 하였는데, 팝 매니아인 대철도 이곳을 즐겨 찾았다.

"대철, 아이디어를 얻으려면 지구력이나 인내심도 많아야 될 것 같더라구."

"맞는 말이야. 채근담에 이런 말이 있어. 깊은 고통을 경험하지 못한 사람이 어찌 깊은 즐거움을 맛볼 수 있을 것인가? 인생은 흐르는 물 속에서 그냥 떠내려가는 한 조각의 나무가 아니야. 고락(苦樂)이 교대하여 흘러가는 동안에 숭고한 정신을 얻게 되는 것이 인생의 모습이라는 거지. 노력하며 인내로이 견뎌낼 때 무엇인가 결실이 생긴다는 거야. 끈기와 인내를 가지고 장시간 노력을 아끼지 않는 소위 역경 지수(AQ)가 필요한 거지. 무슨 일을 하든 끈기, 인내, 항구성, 불굴성, 성실, 집요한 애착, 착실한 연습과 준비성 등등의 요소가 기본 요소로 전제된다는 거야."

"알아보니까 찾고 또 찾으면 결국 최고 아이디어를 만나게 될 것이라는 확신과 신념을 가지고, 가능하면 꿈속에서도 24시간 아이디어와 해결책을 모색하는 거야. 그러다 보면 뭔가 감(感)이 오고, 적어도 실마리나 단초를 찾을 수 있게 된다는군.

아이디어를 만들기 위해 드는 노력을 포기하고자 하는 생각이나 많은 수고 없이 손쉽게 아이디어를 얻고자 하는 유혹을 떨칠 수 있는 자제력은 있어야 하는 거지. 바람이 흔드는 가운데 지어진 나무 위의 새 둥지는 거센 겨울 삭풍이 세차게 불어와도 무너져 내리지 않고 버틸 수 있게 돼. 대나무에 마디가 많을수록 대나무는 강해지듯, 어려움 많을수록 내구성이 강해지지.

사실 아이디어는 어느 날 번쩍 떠오르는 것이라기보다는 거듭되는 고민의 산물인 경우가 더 많다고 해. 세상에 공짜는 없지만, 실패한 노력도 보상과 값어치는 있는 것이니까.

계속 생각하면 그대로 된다는 피그말리온 효과를 가슴에 품고 희망과 꿈을 앞세워 중단 없이 재도전하려는 열의가 창의성의 반을 차지한다 해도 과언이 아니야. 인간의 두뇌는 어쩌면 고만고만하여 우열은 비슷하고 큰 차이가 없는 것 같아. 그런데 차이를 만드는 것은 반복과 숙달이야. 누가 더 전문가다운 프로 수준인지 더 능숙한지 더 산전수전 경험이 많은지 등등 시간과 땀을 누가 더 투자했는가에 따라 결실이 다르게 나오는 것이야.

유태인들은 공부하고 연구하고 배우는 것을 강조하면서, '거듭거듭'할 것을 잊지 않았어. 그들 말에도 최상급 같은 표현을 세 번씩이나 반복하는 것으로도 나타내. 이것은 반복함으로써 더욱 전문화되고 심화되도록 한다는 것이지.

등 굽은 나무가 고향을 지킨다는 말이 있듯, 보잘것없어 보이는 구상이나 발견이 또한 계속 힘쓰도록 하는 별 것 아닌 습관이나 노력이 결국 귀중한 결실을 만들 수 있다는 거지."

민향이 따뜻한 레몬 차를 주문하며 말했다.

"에스키모인들은 마음이 편치 않으면 한없이 걷다가 마음이 평화를 회복하면 그곳에 막대기를 하나 세워두고 발길을 돌린다고 해. 다음에 또 마음이 울적해지면 또 걷는다고… 걷다가 지난번 막대가 보이면, 지난번에도 이겨냈으니 이번에도 극복할 거라는 생각으로 희망을 되찾고, 막대 있던 곳 전에 평안함을 찾으면, 지난 번 보다는 심하지 않구나 하면서 위로와 용기를 가지고 돌아온다고 하네. 하루아침에 좋은 구상이 떠오르지 않는다하여 실망하지 말고 꾸준히 찾다보면 더 뛰어난 아이디어가 발견될 수 있어.

신기록 내겠다고 경주하는 선수는 거의 없어, 단지 후진으로 밀려나지 않기 위해 최선을 다해 노력하다보니 선두에 서게 되고 더불어 기록 갱신이 되거나 컨디션 좋으면 세계 신기록도 나오게 되는 것이지.

오늘 시도해 보고 좋은 구상이 안 되면 내일 다시 해보고, 또 해보고, 안 되면 한 2-3일 쉬었다 다시 또 해보고 또 일주일, 한 달 후… 이런 식으로 줄기차게 시도하면, 마침내 뭔가 떠오르는 것이 생겨. 그야말로 늘

100% 성공한다는 인디언 기우제 방식이지. 문학에서도 단편소설의 귀재 서머싯 몸과 금서(禁書)를 주로 썼던 D.H. 로렌스의 작품들은 앞 부분이 지루해. 그런데 그 지루함을 극복하면 후반부에서는 흥미와 긴장감이 전개되면서 보상을 받아.

아무리 애써도 영감이 떠오르지 않으면, 시도해 보지 않은 중요한 것을, 무엇인지 모르지만, 등한시하거나 놓치고 있다는 것을 찾아내는 것이야. 제일 어려운 난관인데 지금까지 시도한 아이디어를 다시 점검해 보고, 답습하지 않은 가용한 모든 수단을 이용해 봐야 돼.

실패한 원인들과 아이디어의 장단점들을 면밀히 파악할 수 있어야 해. 이것저것 많이 시도할 때, 결국 뛰어난 아이디어를 발굴하게 되지. 어려운 말로 양(量)이 있어야, 질(質)이 생긴다는 거야. 존재가 있어야 본질이 발생한다는 거지. 계속 줄기차게 찾다보면 최종적으로 가장 특출한 아이디어를 찾을 수 있게 돼.

그러나 이 단계는 꾸준한 지구력이 필요하고, 인내와 도전 정신이 요구되는 일이야. 에디슨이 전구를 발명하기까지 3,000번 이상 실험을 했다고 하지 않나? 그런 초인적인 지구력과 인내심이 바탕이 되었으니, 오늘날 전 세계 모든 인류가 그 전기 에너지의 혜택을 누리는 것 아닌가 말야?

에디슨이 친구의 아들에게서 덕담을 권유 받고 던져준 말 한 마디가 있어. 그것은 일할 때 결코 시계를 보지 말라는 것이야. 한 가지 일을 시작하면 될 때까지 전념하는 습관을 가져야 하는 거야.

처칠 수상도 미국 대학에서 초청 강연을 할 때에도 결코 포기하지 말라는 말을 3번 연이어 하고 단상을 내려왔는데, 참가 군중들이 우레와 같은 박수를 보냈어. 정말 그 수상은 전대미문의 아주 어려운 전시 상황에서도 포기하지 않던 모습을 여실히 보여 주었던 거야. 한 가지 일을 시작하면 될 때까지 전념하는 습관을 가져야 해. 불광(狂)불급(及)이라고 광적으로 파고들어야 핵심에 이를 수 있는 것이야.

괴테는 무려 60여 년 동안 집념을 모아 파우스트를 완결하였어. 집요한 저작열이라 하겠지.

스위스의 달베르그 피아니스트는 신곡을 적어도 1,500회 이상 연습을 한 후 무대 위 조명 빛 아래 피아노에 앉는다고 말한 적 있어. 수많은 반복 연습이 완전하게 하는 것이니 만큼 훌륭한 아이디어를 얻기 위해서도 많은 시행착오와 지난(至難)한 반복 확인과 점검이 보다 나은 아이디어를 생성하게 하는 것이지.

고명한 작곡가들도 뛰어난 악상(樂想)을 얻기 위해서는 순식간에 되는 것이 아니래. 예민한 감성을 견지하면서 가사(歌詞)를 눈앞에 두고도 꾸준히 길게 때로는 일 년 이상 기다려야 불후의 명곡이 떠오르기 시작한다고 해.

다빈치가 최후의 만찬 성화를 그릴 때, 작품에 몰두한 나머지 사흘 동안 먹고 마시지 않고 붓을 든 적도 있었어. 또 어떤 때는 붓질 한 번 않고 사흘 동안 작품을 주시하기만 한 적도 있다는군. 자기 작품이 거의 분신(分身) 수준이었던 거야."

대철이 창밖을 잠시 보고는 말했다.

"뛰어난 문장가로 알려진 해운 최치원은 한창 공부할 때 졸지 않기 위해 칼로 허벅지를 찔렀으며 머리를 천장에 매달고 글을 읽기도 했다고 전해져. 그런 노력이 그를 당나라까지 이름을 떨치게끔 하였으며, 생각하는 관점과 시야를 넓힐 수 있었던 것인가 봐."

민향이 레몬 차를 맛보며 말을 이었다.

"러시아 화학자 드미트리 멘델레예프는 화학 원소 배열 방법에 대해 고민에 고민을 거듭했어. 기차 여행 중에도 그랬지. 그러던 어느 날 연구실 책상에서 깜박 선잠이 들었는데, 꿈 속에서 모든 원소가 예쁘게 탁자 위에 정렬되어 있는 것이 아니겠어. 꿈에서 깨자마자 얼른 그것을 메모지에 적기 시작했지. 이것을 그는 원소의 구성 체계 소견이라는 제목으로 발표했어. 이것이 나중 주기율표로 자리 잡게 되지. 지독한 집념이 꿈 속에 이뤄져 현실화 된 것이야.

뉴턴이 왕립 중학교 다닐 때 하숙하였던 집의 주인 부부는 뉴턴이 자기 방에서 하루 종일 무엇인가 뚝딱대며 만들고, 시끄럽게 망치질을 자주 하였다고 전하고 있어. 단번에 이뤄지지 않아도 뉴턴은 포기하지 않고 계속 시도하고 도전하는 기질이 있다고 알려졌어. 그 후 1666년 뉴턴은 고향에서 만유인력을 발견하고도 무슨 이유에선지 발표하지 않아. 무려 18년이 지나서 핼리 혜성을 발견한 핼리의 강한 권고로 프린키피아 서적에 만유인력과 그 동안 연구한 업적을 발표하게 돼. 18년이나! 뉴턴의 사려 깊고 신중한 모습도 함께 엿볼 수 있는 대목이지."

"여러 가지 많은 악기들이 협주할 수 있도록 하모니를 이루는 곡을 최대로 많이 작곡한 음악가는 아마 모차르트일거야."

대철이 음악이야기가 나오니 목소리가 높아졌다.

"그를 천재 신동이라 하지만, 사실 그 역시 만 2세~8세까지 매주 35시간씩 도합 거의 1만시간을 연습했어. 생가(生家) 옆의 그 아름다운 볼프강 호수를 2층집 창문으로 내다보면서 말이야."

"이름도 볼프강 아마데우스 모차르트라고 하는데, 호수 이름도 볼프강 이네."

"그의 어머니가 호수가 너무 아름다워 아이 이름에도 볼프강을 넣어야 한다고 주장하였어.

그 어린애가 무서운 연습 후 그런 신동이 되었던 거지. 그러니 모차르 트는 결국 선천적이라기보다 부모에 의한 후천적 천재인 거지. 특히 잘츠 부르크 성당의 부악장이었던 부친의 의지가 모차르트를 뛰어난 작곡가의 길로 들어서게 했다 할 수 있지. 어린 아이 시절에 그 같은 연습을 아무나 할 수 있는 것은 물론 아니지만. 그러니까 소위 편집광(偏執狂), 편집쟁이가 난제를 극복 해결하고 살아남을 뿐 아니라 세상을 개선할 수 있다는 것이 야. 명마는 오랫동안 달려도 지칠 줄 모른다는 말이 있듯, 명마가 되기 위 해서는 일단 오래 달리는 연습부터 해야겠지."

다른 음악가가 생각난 대철은 눈길을 높이며 말했다.

"모차르트 얘기 하니 생각나는군. 악성(樂聖) 베토벤있잖아, 영미식 발 음은 베이토우번인데, 예쁘게 들려. 약간 음악적이지 않니? 후후후… 음 악가에게 필수 요건인 청각을 잃어 엄청난 실의(失意)에 빠져 절망하고 극 단적인 생각까지 하던 어느 날, 베토벤은 문득 자신의 비참한 몰골에도 음 악이 자신을 놓아 주지 않고 있음을 강하게 느꼈어. 불현듯 자신이 만들 수 있는 작품을 모두 만들지 않고는 세상과 작별할 수 없음을 깨닫게 돼.

자신의 가련한 처지의 아픔보다 인류에게 자신이 선사할 수 있는 아름다움을 못 주게 되는 아픔이 더욱 크다는 것을 통찰하였어. 결국 베토벤 자신이 인류에게 바칠 수 있는 아름다움을 위해 자기 자신과 싸워 승리를 거두겠다고 심기일전하게 돼. 그래서 그는 초인적인 열정을 발휘하게 되지. 민향, 피아노가 무슨 악기야?"

"건반 악기인데, 왜?"

"베토벤의 열정이라는 곡을 피아노 건반 위에서 연주할 때 보면, 피아노가 마치 타악기처럼 보여. 베토벤의 열정을 엿볼 수 있는 명곡이야. 그 후 교향곡 영웅, 운명, 전원, 황제, 합창 등등 음악사에 지울 수 없는 연이은 업적을 남기게 되지. 청각을 잃은 채로 말이야.

어려움과 난관은 누구나 봉착하게 되지만, 문제는 그 어려움을 딛고 일어서느냐 못하느냐가 관건이야. 시행착오를 통해서 인간은 더욱 성숙하게 되고, 노력의 결과물은 그 완성도가 더욱 상승하게 되지."

쉽게 얻은 것

"난 미술에 대해 얘기할까봐. 20세기 최고의 화가라고 불리는 피카소의 경우도 하루아침에 그런 경지에 오른 것이 아니래. 처음 화필을 들기 시작한 십대 시기부터 평생을 그림과 함께 지내오면서, 소위 분석적 큐비즘, 고전주의, 꿈과 분노의 시대, 칸느와 보베나르그 시대를 거쳐, 노트르담 드 뷔 시대 화풍까지 끊임없이 보다 나은 다양한 작품을 시도하였어.

그는 평생 2만 점의 그림을 그렸는데, 걸작으로 꼽히는 것은 그 중 1%인 200점 정도라고 해. 보통 화가들은 평생 200점 그리기도 쉽지 않다는

데, 피카소는 평균 하루 1.5점씩 그림을 그린 셈이 되지. 다른 화가라면 거의 불가능한 일이야.

그렇게 수많은 작품을 내다보니까 걸작품이 나올 수밖에 없는가봐. 중요한 것은 19,800점의 다른 그림도 그는 심혈을 기울여 그렸는데, 그렇게 심도 있게 그리던 중 걸작의 조건을 파악하게 된 것이야. 곧 그림에 그렇게 애착을 가지고 무섭게 연습을 하며 매달렸더니, 달관한 경지가 펼쳐지더라는 거야. 지칠 줄 모르는 작품 집념이 독특한 자신만의 기라성 같은 걸작을 남길 수 있었던 거였어.

심입천출(深入淺出) 깊이 들어가 얕게 나오는 자세, 즉 깊이 고민해야 쉽게 풀어낼 수 있다는 것이지. 온갖 풍파를 겪은 고수만이 복잡한 숲 속에서도 단순한 길을 찾을 줄 안다는 거야.

어린 소년의 경우도 있는데, 15살 안드라카는 췌장암을 조기 발견하는 검출 기구와 방식을 발명했는데, 당뇨병 검사처럼 아주 간단한 방법이지. 삼촌 같았던 지인(知人)이 췌장암으로 사망하자, 췌장암을 쉽고 저렴하며 조기 발견할 수 있는 방법을 찾아 나선거야. 주위의 모든 가능한 방법을 다 알아보고, 췌장암 관련된 연구를 하는 유명 대학 교수 명단을 찾아 이메일을 200통을 보냈는데, 그가 받은 건 199통의 거절 메일이었어. 드디어 마지막 한통이 실험실을 내줄테니 한 번 연구해 보라 하여 결국 1년 반 정도 만에, 완성하게 되었지.

오늘날 헐리우드의 주연급 배우 브래드 피트는 수 백 번의 오디션에 낙방하고 나서야 겨우 단역 하나를 얻었다네. 대단한 인내심과 끈기야. 절치부심(切齒腐心), 인생의 지름길인가 봐."

대철이 얼른 말을 이었다.

"또 생각나는 음악가가 있어. 소위 '1만 시간의 법칙'도 여기 이 관점에서 합리적으로 심화할 수 있겠어. 우선 1만 시간 법칙이란 꾸준히 시간을 투자해야 한다는 것이야. 당대(當代)에 가시적이며 또한 전설적인 성과와 업적을 성취한 인물들에게서 거의 공통적으로 발견되는 바, 1만 시간 정도의 집중적이며 성실한 노력이 줄곧 있을 때 언필칭 성공했다는 거야.

지난 세기에 많은 이들에게 음악적인 감동을 심어준 비틀즈의 경우도 첫 오디션에서 무시당하고 실패한 후 일신(一新)하여 무섭게 연습에 돌입하지. 소위 혹독한 함부르크 시절이 시작된 것이야.

1만 시간 동안, 하루 10시간 가까이 1년 6개월 동안 쉼 없이 기타와 노래를 연습했으니, 그 후 무대 위에 기타만 들고 올라서면, 웬만큼 연습했다는 가수들의 실력보다는 월등하게 뛰어날 수밖에 없는 것이지. 1만 시간의 법칙이 적용되고는 마침내 세계적인 팝의 전설이 되었던 거야.

어느 유명한 국내 가수도 한 곡을 익히기 위해 악보 없이 가사를 다 외워 부를 수 있는 후부터 적어도 300번 이상 부른 후에 무대나 TV촬영 카메라 앞에 설 수 있다고 해. 300번 정도를 불러야 그 곡이 참으로 나의 곡이 된다는 거야. 노인과 바다 등의 명작을 남긴 헤밍웨이도 작품의 초안을 완성한 후 300번 이상 전체를 다시 읽고 첨삭하면서 수정하여 자신의 혼을 집어넣는 수고와 작업을 했다고 전해 져.

쉽게 얻은 것은 가치가 적지만, 이처럼 많은 열성과 공로가 스며든 가운데 탄생한 작품과 성취물은 그렇지 못한 다른 일반 결정품과는 그 진가가 다르게 드러날 수밖에 없어. 그 질적 가치와 내재된 제반 속내 가치는 낭중지추(囊中之錐)의 빛을 발할 수밖에 없는 가봐."

"나도 음악가 얘기 기억나는 것이 있어. 큰 교통사고로 어깨 아래로는 모든 신경이 마비된 전신 장애우가 성악가가 되고 싶어 노래를 하려 했는데, 첫 발성이 신음소리 같은 소리만 나오더라는 거야. 주위에서도 안된다고 다 만류하였어.

그러나 그 청년은 줄기차게 노력하여 2년 후 마침내 가곡 O Sole mio를 완전하게 부를 수 있었어. 무서운 노력이 조그맣든 허파의 폐활량을 넓힐 수 있었고, 허리 힘도 다시 모을 수 있었던 거야. 폭포수처럼 한꺼번에 쏟아지면 그냥 흘려버리지만, 가느다란 빗방울이 오랜 세월을 두고 계속 떨어지면 철옹성 단단한 바위에 구멍을 내고 부수기도 하지.

사업할 때도 그래. 어떤 사람이 유럽 어느 외곽 도시에서 한국식당을 개업하였는데 세상에, 개업 하자마자 IMF가 터지면서 한국인 방문객이 급감하고 없다시피 하게 되었어. 그래서 그 친구, 식당을 문 닫겠다고 결심했지.

그런데 함께 고생하며 일하던 친척이 말리는 거야. 고생고생하며 주방장도 불러오고 시설과 인테리어도 멋있게 갖췄는데, 모든 것을 포기하려고 하니 그야말로 억장이 무너지는 거야. 시작한지 얼마 안 되었으며, 무슨 일이나 첫 술에 배부를 수 없다며 일 년만 참아 버텨보자고 설득했어. 주인은 그 얘기를 듣고 고민 하다가 그에게 동의하고, 일 년만 파리 날려보자하며 손해가 막심했지만 버텼어.

그러자 정말 일 년 후에 경기가 풀리기 시작하면서, 관광객이 하나 둘 늘어나기 시작하는 거야. 관광객은 늘 중형이나 대형 버스를 이용하는데 도시 외곽이니 주차장도 걱정 없고 맛있다는 입소문을 타면서 결국 이 식당은 크게 융성하게 되었어. 지금 돌아보면 해피엔딩이지만, 그 당시에는 하루 종일 찾아오는 손님 하나 없고 파리만 날리면서 피 말리는 일 년을 감수했던 거야.

무슨 일이나 쉬운 것 하나 없어. 인내하며 고민하고 기다릴 줄도 알아야 하고, 꾸준히 새롭게 재도전의 정신이 있어야 어떤 일이든 성취되는 거지. 무슨 일이나 그래. 쉽게 일어서는 일은 쉽게 무너질 수 있어.

그러니 수많은 실패를 견디어 내는 것이 중요한 것이지. 에디슨도 축전기를 발명하기 위해 5만 번의 실패를 극복해야 했어. 초인적인 노력이야. 마이클 조던은 9,000번 이상 슛에 실패했고, 세익스피어는 154편의 졸작 시를 썼으며, 모차르트도 작품성 없는 곡을 600편이나 발표했어. 이렇게 99%의 졸작 후 1%의 걸작이 나온 후 위대한 인물이 탄생되는 것이지. 만성골수성 백혈병 치료제 역시 13년 동안 실패를 거듭하면서도 끈질기게 도전하여 511번 째 실험한 끝에 개발할 수 있었어.

그런데 여기서 한 가지 짚고 넘어가야 할 것이 있어. 에디슨이 직접 부연 설명한 것인데, 노력이 99%라는 의미는 그에 필적할 만큼 중요한 것이 영감(靈感)이라는 거야. 곧 노력을 어느 향방(向方)으로 집중하여 할 지 결정 짓는 방향타(方向舵) 역할을 하는 영감이 99%의 노력 못지않게 중요하다는 것이지. 물론 무지막지한 노력을 계속하면 그 중 하나는 핵심을 적중시킬 수 있겠지.

다들 바쁘게 한정된 시간 안에 살아가야 하니, 무조건 계속하기는 힘든 것이 노력이야. 사람이 지칠 수도 있고… 자기 자신과의 싸움이 누구에게나 쉬운 일은 아니니까… 결국 이것은 올바른 판단에 달려있다 할 수 있지. 아는 것이 힘이라느니 지피지기 백전백승이라느니 정보가 자산이라느니 등등 많은 주장들이 앎의 중요성을 강조하고 있어. 줄기찬 노력과 그 방향을 결정짓는 올바르고 충분한 지적 조건이 수반되면 더욱 완성도 높은 걸작을 만들 수 있는 거야.

아, 나 배고파, 점심 먹으러 나가."

10. 다 함께 하는 경제

방문

"엄마, 아빠, 말씀드린 친구예요. 우리 엄마, 아빠셔."

"안녕하세요. 유대철이라고 합니다."

"오, 어서 와요."

부모에게 소개해주고 싶은 민향의 마음과 민향이 어떻게 사는지 궁금해 하던 대철의 호기심이 마침내 어느 주말 성사되었다.

"민향이가 말하던 대철 학생이구나. 반가워요."

민향의 아빠는 모 그룹 경제 연구소 소장으로 세계 경제 시세 흐름을 정확하게 예측 잘 하기로 정평이 난 경제 분석 전문가이다. 그는 월가에서 시작된 금융 위기를 2년 전 이미 경고하여 명성을 얻었다. 친기업가라기보다는 친서민적 경제통이다.

그리고 민향 어머니는 기획재정부 국제경제과에서 근무하고 있는 공무원이다.

거실을 둘러보니 깨끗하게 정돈된 바닥과 가지런히 서있는 가구, 벽에 걸린 목가적 풍경화가 잘 어울리며 안락한 분위기가 금세 들었다. 그 가운데 벽시계 옆 장식대 위에 놓인 잘 다듬어진 보랏빛 원석이 몇 개 눈에 띄었다. 그것을 유심히 보고 있는 대철에게 민향 엄마가 말했다.

"강원도 양구에 있는 금광 지하 1,208미터에서 나온 희귀 보석인데, 생성하는 음이온이 엄청나요. 그 곁에 화분을 갖다 놓으면 시들어 가던 꽃도 물만 주면 일주일 만에 다시 피어나요."

"보기에도 참 이쁘네요. 아주 귀한 보배 같아요."

음이온이 다량으로 강하게 나온다는 자세한 설명에 대철은 별안간 억누를 수 없는 소유욕이 쏟아 올랐다. 외관상 보기 좋은 이유도 있었지만, 건강에 많은 도움이 된다는 말에 대철은 마음을 온전히 빼앗기는 것을 느꼈다.

"아빠, 이 친구가 세계 빈부 격차 해결에도 관심이 많아요. 도움 되는 얘기 좀 해주세요."

"허허, 그래. 중요한 현실적 화두이지. 차라도 한잔 하면서 시작하자꾸나."

민향 어머니가 허브 향이 진한 유리 주전자를 가득 채워 다과와 함께 가져 왔다.

"호랑이 꼬리를 붙잡고 이러지도 저러지도 못하는 아주 어려운 상황을 호미난방(虎尾難放)이라는데, 세계 빈부 격차 문제가 그렇다고 하겠어. 역사적으로 서민의 존재감을 깨닫게 된 나라는 그리스가 선두이지.

평범한 백성이 나라의 주인이 되는 민주주의 기원을 찾다 보면, 살라미스 해전이 중요하다는 점이 드러나요. 기원전 4~5세기 페르시아가 거대 함대를 이끌고 그리스를 침략했을 때, 그리스가 승리하는데 이때 가난한 사람들의 역할이 부각 돼.

지상에서의 싸움에서는 창과 방패를 구입할 수 있었던, 재화가 있는 사람들만 참여했지만, 해전에서는 가난한 이들도 노를 저으며 페르시아군 격퇴에 일익을 담당하게 돼. 그 후 가난한 이들의 목소리가 정치 무대에 나서게 되었고, 가진 자들과 지배 계층도 가난한 이들의 역할이 있음을 인정하게 되었지.

그러나 일반 평민들의 입장을 등한시 할 경우 그 나라는 오래 갈 수 없어요. 로마 멸망의 원인 중 하나도 귀족들이 토지와 재화를 독점하고 군대를 늘리면서 군인 봉급은 조금 주었으며 서민에게 폭력적 과세를 부담 지워 압정(壓政)을 펼쳤던 거지. 그러자 폭력과 질병이 창궐하고 전방위적으로 로마 제국도 어쩔 수 없이 녹아내리며 사라져 갔어.

프랑스 혁명의 주요 원인 중 하나 역시 서민들은 당장 끼니도 이어가기 힘드는데, 막중한 군사비 지출에도 불구하고, 왕실의 사치스런 낭비벽에 따른 과도 지출 등으로 국가 재정이 적자 일로에 있었던 점이라 하겠어. 왕실이 삼부회를 소집하는 등 대책을 강구하였으나, 민심은 이미 돌아서고 말았지.

지금 생각하면 너무나 터무니없는 얘기지만, 20세기 초까지 소득세금이란 것이 없었어. 정부와 국회와 사회 지도자들도 새로운 발명과 기술혁신에 감탄만 할 뿐 그에 뒤따르는 부(富)의 편중화 조짐 현상에 대해서는 전혀 눈치 채지 못하고 있었던 거야. 신흥 갑부들이 발호(跋扈)하기 시작하고 반면 일반 노동 근로자들의 삶은 비참하기 짝이 없었어. 겨우 목숨만 보존할 생계비를 받으며, 하는 일은 목숨을 걸고 해야 하는 대단히 열악한 노동 환경에서 살기위해 버텼던 거야.

이것은 결국 자본가와 갑부들에게도 부메랑이 되어 돌아와 심각한 폐해가 되는데, 경제의 양극화는 마침내 대공황을 야기할 수밖에 없는 귀결이 되지. 노동자들에게 소비할 임금이 적으니 수요가 줄고 당연히 생산 공장이 멈추는 악순환이 될 수밖에….”

대철이 허브 향을 맛보며 말했다.

“빈부 격차는 폭력과 질병 같은 암울한 것을 유발할 수밖에 없는 것 같아요.”

“나폴레옹이 영국을 곤궁에 빠트리기 위해 대륙봉쇄령을 내려. 그러니 곡물 수입국이던 영국의 곡물 값이 천정부지로 뛰고 농지 임대료도 폭등했어. 이틈에 농토를 가진 지주들은 이중으로 폭리를 취하게 되지.

그런데 나폴레옹이 몰락하고 대륙 봉쇄가 풀리자, 그 봉쇄령으로 재미를 봤던 지주와 귀족들이 오히려 영국 정부를 움직여 새로운 봉쇄령인 곡물 조례를 만들어 냈어. 의회를 장악했던 지주 계층은 적극적인 로비를 통해 곡물 조례안을 통과시켰어. 그 조례안은 유럽대륙에서 수입하는 곡물을 최소화한다는 법안이었어. 곡물 파동은 특히 영국 하층민에게 커다란 희생과 굶주림을 안겨 주었지.

1930년대 세계 대공황이나 2008년 금융위기도 인간의 이기적 탐욕이 낳은 산물이야. 우리만 또는 나만 잘 살겠다고 하면 반드시 불행이 나타나기 마련이지. 애덤 스미스는 왕족과 귀족의 서민 경제를 갈취하는 독점적 경제 지배를 막아내기 위해 '보이지 않는 손' 또는 자유방임주의를 주창하지. 그러면서 일반 서민들도 경제 활동에 참여할 수 있도록 시장의 보편적 조정력을 강조하였던 거야.

말하다 보니 생각나는데, 함무라비 법전에서 '눈에는 눈, 귀에는 귀'라고 동태(同態) 복수법을 제창한 것도 지배 권력이 조금 손해 본 것을 과도하게 배상을 강요하는 것을 방지하기 위해 손해 본만큼만 요구하도록 한 것이지. 권력을 등에 업고 약자를 짓밟지 못하게 하기 위해서 라는군.

공산주의가 19세기 후반부에 본격적으로 생겨난 것도, 자본가들이 산업 혁명 이후 힘없는 부녀자와 아동들을 중노동으로 혹사시키며 임금을 갈취하는 데서 인간소외현상을 보았기 때문이야.

노동하는 인간을 단지 영리의 도구로만 여기며 잉여가치를 착취하는 자본가들에 대한 반발이 먼저 형성되었어. 이어 공산주의가 태동하고 설상가상으로 프롤레타리아 혁명의 무력으로라도 자본가를 축출해야 하는 것으로 공산주의가 정착되며, 인간의 존엄성과 인권은 또 한 번 뒷걸음치기 시작했어.

이윽고 1930년대 대공황이 발생하자 마르크스주의자들은 기다렸다는 듯, 자본주의의 종말이 왔다고 하였지. 그러나 루즈벨트 대통령의 요청으로 새로운 노동법 제정을 부탁받은 시카고대 라이언 교수는 노동자들에게 주목하였어. 그는 자본가들을 축출하는 것이 아니라 노동자들의 인권, 지위, 품격, 삶의 질을 향상시켜 구매력을 회복하도록 노동법을 만들게 되지.

그러자 미국 산업이 순환할 수 있게 되면서, 자본가와 노동자가 함께 윈윈 할 수 있었어. 그 라이언 교수는 이미 사회를 구성하는 모든 인간을 아우르며 누구도 소외시키지 않으면서, 인간에 대한 존경심과 신뢰를 가치 판단 저변에 간직하고 있었던 거야. 그러니 좋은 결실이 맺어졌던 것이지.

인간 존엄성과 천부적 인권을 무시하며 모래성을 쌓았으니 마르크스주의 사상은 활개 치던 것 같았어. 그러나 결국 지금 보라구, 1989년 베를린 장벽 붕괴 후 공산주의는 인간이 저지른 또 하나의 실책이었음이 만천하에 드러나면서 결국 20세기에 역사의 저편으로 도태되어 갔을 뿐이야. 그 실책(失策)으로 고통 받고 죽어간 사람이 얼마나 많았던가 말이야. 정말 반복해선 안 될 인류의 커다란 패착(敗着)이었지.”

인간성 폄훼

“이 같은 실수도 그렇고, 인류 사회를 분열시키는 역사 속의 많은 실책과 갈등이 바로 인간성을 폄훼하면서 빈부 격차도 더욱 심화시키고, 지역 간 증오와 대립을 증폭시키는 등의 커다란 원인이 되었어요.”

안타까운 얼굴을 하며 대철이 말했다. 자세를 바로 하며 민향 어머니가 덧붙였다.

“돈이 너무 많아 주체 못한다는 말이 있지요. 어느 젊은 예비부부가 너무 부자라서 결혼식을 어떻게 하면 더욱 화려하고 멋있게 할 수 있을까 고민하다, 거금이 든다는 인조(人造) 눈을 결혼식에 흩날리도록 했다는 거야.

차라리 그 돈을 결혼 기념으로 말이야, 가뭄으로 고통 받는 농부들에게 인조 비를 내리게 하거나 농수로를 개척하여 물 걱정을 덜게 했다면, 얼마나 예쁘고 좋은 선행이라 할 수 있었겠는가 말이야. 또 아기 침대가 163억원 되는 값에도 더 좋은 것 없느냐고 찾는 재력가 며느리가 있다는데, 그런 엄마가 키운 그 애는 훗날 장례 지낼 때 그 장례비용은 얼마나 될까?

뿐만 아니야. 지금처럼 지구 한 쪽에서 너무 뚱뚱하다고 아이들에게 살 빼는 음식이나 절식 테라피를 하고, 또 다른 한 쪽에서는 피골이 상접한 채 파리와 구더기가 득실대는 상처 난 피부를 부여안고 배고파 눈물 흘리며 울고 있는 아이들 모습이 무슨 꼴이냐 말이야! 인간은 만물의 영장? 웃기는 일이지! 뭔가 잘못 돼도 한참 잘못 되었어."

"화려한 상류층 사회의 독점적 향략은 자신과 주변 이웃은 물론 결국 지구촌을 좀 먹게 하는 것이군요."

대철의 목소리에 힘이 쏠렸다. 다시 민향 아빠가 주제를 이어갔다.

"함께 잘 살려고 노력해야 하는 것인데. 보라구. 근대 영국은 자유가 어느 정도 허용된 서민들까지 참여하는 포용 정책으로 산업 혁명이 성공할 수 있었어요. 일반 계층 사람들도 그 혜택을 입었어. 허나 스페인은 신대륙 금(金)교역을 배타적으로 독점했던 왕족들 때문에, 영국보다 국민 총생산이 갈수록 줄어들 수밖에 없었어.

이와 같이 구성원 모두 함께 부(富)를 창출하는 것과 일부 소수 특권 계층만 득을 보면서 부를 창출하는 것의 결과는 전혀 다르다는 것이지. 구성원 전체가 열심히 참여하게 되면, 그만큼 전체 동력(動力)이 커지는 것이지."

약간 서글픈 눈빛을 띄우며 민향 엄마가 이었다.

"아프리카의 경우는 생존 여건조차 치명적으로 열악한 곳이 너무 많아요. 6시간 들판을 걸어가서 가족이 마실 물 한 동이를 받아 머리에 이고 와야 하는 어머니들이 있는가 하면, '신들의 음료' 초콜릿 카카오콩 100개의 가치는 현대판 노예 1명의 목숨과 맞바꾸는 값이며, 심지어 시체가 둥둥 떠 있는 연못의 물을 그냥 마시고 심한 전염병에 걸려 죽어간 사람들도 있을 정도야. 이런 어둠의 행적은 벗어나기 힘든 악순환의 고리에 깊숙이 물리게 되지."

"아, 어떡해! 너무 마음 아파요. 엄마."

민향의 탄식이었다.

"이렇게 말하면 사회주의자 아니냐고 할 지 모르지만, 케인즈의 수정자본주의 이후 여전히 부익부 빈익빈 현상이 완화되지 않고 있어. 통계를 보면, 1950년부터 2010년까지 미국 최고 경영자들의 보수는 일반 근로자들보다 10배 증가했어. 1950년대 미국 CEO들의 평균 보수는 노동자 평균 임금의 35배 수준이었는데, 2010년에는 300~400배에 이른다는 거야. 오늘날 전 세계 부자 85명의 재산이 가난한 사람 35억 명의 재산과 같다고 해.

이처럼 세계 재화가 극소수에게 편중되어 있어, 그러니 3,000억 원 이상 되는 개인 요트를 가지고 있는 사람이 나오지, 저택이나 다른 소유 부동산은 차치하고서도 말야…. 도대체 그 사람, 일 년 중 그 요트를 몇 날이나 탈까? 통계를 좀 넓혀 봐도, 세계 상위층 집단 10%가 세계 재화 86%를 점유하고 있어. 이거 뭐, 잘못 된 거 아니야? 그 사람들만 인간이냐? 경제 불평등은 세계 금융을 또 다른 위기로 몰고 갈 수 있어."

"대단히 심각하고 중차대한 문제 같아요."

대철도 분노를 감추기가 어려웠다.

그러나 이렇게 대화가 진행되는 중에도 대철의 깊은 속 마음은 온통 그 보석에 가 있었다. 어떻게 저 보석을 가질 수 있을까? … 내가 왜 이러지? 하면서도 대철은 욕심을 피하기가 어려웠다. 더구나 그 보석이 방마다 음이온이 나오도록 몇 개씩 흩어 놓았다는 민향의 말은 더욱 욕심을 부채질하였다.

얼핏 보아 약간 흥분한 듯한 민향 아빠가 말했다.

"이것은 무엇인지 잘못되었어. 있는 자들의 폭거(暴擧)라고 생각되지 않는가 말야. 사회를 넘어 민족과 종족 안에 위화감을 조성하기에 충분한 실책이야. 여기에 자본주의가 반성해야 할 여지가 적지 않다는 것을 알 수 있어.

그러니까 테러와 폭력이 자행(恣行)되고, 한숨과 눈물이 누군가의 얼굴에 가실 날이 없는 거야. 부익부 빈익빈 현상이 있는 한, 또 다른 이데올로기 분쟁이나 폭력적 갈등이 사라지지 않는다는 거지. 재화가 일부에게만 집중되면 반드시 울분의 테러, 또는 보복의 파국이 필연적으로 분출한다는 것이 역사가 증명하고 있어.

물론 그 사람들 열심히 노력하고, 남 잠잘 때 힘써 일하고 연구도 많이 하였겠지… 그러나 세상은 더욱 불안하고 살기 힘들어 질 수 있어. 아마도

잘못되면 이러한 추세는 앞으로 더욱 심화될 수 있어요,

　세계 재화를 나눠 관리해야 한다는 의식이 그동안 너무 없어서, 겨우 몇 십 명의 부호들이 세상에!⋯ 전 세계 재화의 절반을 독점하고 있다는 보고까지 있어. 곧 40억 명의 재물을 백 명도 안 되는 사람들이 손에 쥐고 있다니. 너무나 끔찍한 세상을 인간은 만들고 있다는 생각이 들지 않아? 이대로 가다간, 극단적 추측이지만 50명이 아니라 나중에는 어느 독점가 몇 사람에게 전 세계의 부(富)가 강점되지 않는다는 보장이 없어.

　부가 편중되어 있으니, 평화가 끊임없이 위협 받고, 세상이 늘 불안하고 소란스러우며 아귀다툼이 멈추질 않아. 땅에 떨어진 과자 티끌 하나에 수많은 개미들이 그것 먹겠다고 달려들어 서로 밀고 밟고 싸우는 것 하고 무엇이 다를까?

　나라와 나라 사이 경제 원폭(原爆)도 문제야. 군사적 대립과 분쟁도 인류에게 큰 위협이 되어 왔던 것도 현실이지만, 오늘 날과 미래에는 이에 못지않게 경제적인 폭거와 횡포도 한 나라만이 아닌 중진국 이하의 많은 국민들을 곤경에 빠트릴 수 있는 것이지.

　자금줄을 옥죄거나 희토류, 이리듐 같은 첨단 산업에 필수적인 자원을 독점하거나 석유와 전력 같은 기본 에너지원을 차단하거나 하여, 경제적 종속국으로 전락하도록 할 수 있는 것이지. 군사적 피해보다 더 오랜 기간 구조적으로 괴롭히며 인류 평화를 훼손시키고 파괴시키는 거야. 과거 역사에서 봐 왔듯이 나 하나만 또는 우리 집단만 잘 살겠다고 하는 일부 몰지각한 이들의 탐욕이 결국 세계민 전체를 불안과 공포의 도가니로 몰아넣게 되는 거지.”

민향 아빠는 차 한 모금 입에 대었다.

"때로 상위 계층은 양두구육(羊頭狗肉)을 숨기면서 오직 자신들의 기득권이 손상되지 않는 범위 내에서만 경제 포용정책이나 정치제도를 입안하여 보편화하자는 경우도 더러 많아. 처음에는 숨겨 감추고 그럴 듯 좋게 보이게 하다가 나중에는 마각(馬脚)을 드러내게 되는 거야. 본성을 감출 수 없는 거지.

궁극적으로는 기존의 경제적, 정치적 권한을 득세한 이들은 자신들의 기득권과 독점권을 고집하게 될 뿐 아니라 더 많은 권한과 재화를 차지하려 해. 소수의 열세한 집단은 그것에 저항하여 생존권을 찾으려 하니까 지구상에 분쟁과 폭력이 사라지지 않는 거야. 부(富)와 권력의 편중 현상은 필연적으로 분열과 갈등을 조장할 수밖에. 이렇게 되면 모두가 잘 사는 길은 항상 요원(遙遠)할 수밖에 없어요.

권세가인 정치가들이 때때로 싸우지 않아도 될 것을 가지고 서로 유치하게 심지어 극한 상황까지 치달으며 몸 꼴 사납게 싸워. 그러면서 자신들 봉급과 수당을 인상하겠다는 정책에 대해서는 양쪽이 언제 다투었느냐 할 정도로 다정하게 한 목소리로 단결하여 일사천리로 추진시키는 작태를 접할 때, 가진 것 없는 서민들의 속마음은 시커먼 숯덩이가 되어 타들어가지.

힘 있는 이와 없는 이들을 차별하여 '유권무죄, 무권유죄'가 되어서는 나라의 미래가 없어요. 가진 자들의 무제한적 이윤 추구, 이것이 많은 문제점 중 심각한 한 가지 문제야. 그들의 더 가지려는 탐욕으로 적게 가진 자들에게는 심각한 문제들이 야기되지. 이런 점에서 경제 문제는 인간 윤리와 밀접하게 연관되어 있지 않으면 위험하게 타락할 수도 있는 것이야.

경제라는 용어도 원래 세상을 다스리고 백성을 구하라는 경세제민(經世濟民)의 뜻이지.

하지만 경제에 관련하는 이들이 선량한 사람들의 귀중한 소득을 지능적으로 갈취하는 경우가 적지 않은 것이 사실이야. 소박한 소시민들의 재산과 입지를 지켜주고 증진시켜주는 일이 바로 권력을 부여 받은 이들의 의무인데 말이야. 윗사람들이 보호해 주지 않으면 아랫사람들이 어떻게 살아남을 수 있겠어. 궁극적으로 윗사람, 아랫사람 모두 농밀(濃密)한 상호 협력 관계를 유지하며 공생할 수 있도록 해야 하는 것 아니겠어?

과거 미국에서 흑인 노예들이 투쟁과 항거로써 인권과 존엄성을 되찾으려 했다면, 수많은 흑인이 희생되었을지 몰라요. 마치 스파르타쿠스가 로마 압제에서 해방되기 위해 반란을 일으켰으나 무력으로 진압되었듯, 만일 흑인들이 폭동을 일으켰다면, 엄청난 살상으로 진압되고 더욱 참혹한 처지가 되었을 수도 있었어.

그러나 경제적 정치적 이유로 대통령이며 백인이었던 링컨과 북군이 흑인 해방을 추구하였기에, 남북전쟁으로 비록 수많은 백인이 희생되었지만, 흑인 자신들의 희생을 적게 하며 자유와 해방을 찾을 수 있었던 거지.

마찬가지로 부익부 빈익빈 문제도 기득권을 가진 있는 자들의 개심(改心)과 의식 변화 없이는 계속 고질적인 문제로 인류 역사를 짓누르게 될 것이야. 그런 불행의 악순환은 절대로 피해야 할텐데….

자원 분야든 지적 영역이든 문화 공간이든 서로가 서로에게 상호 생산 제공자이기도 하고 소비 사용자이기도 하여 두 역할이 정의로운 가치 위에 실행될 때 세계 경제 안정화와 재화의 고른 분배가 이뤄지는 것이지. 간디도 경제학이 도덕적 근거를 놓아버리면서 경세제민이 아니라 사람 목을 옥죄는 사슬이 되었다고 비판했어. 경세제민이라는 거대 담론은 아니라 하여도 모든 이가 최소한 인간의 품위와 존엄성은 유지하며 살아갈 수 있도록 해야 하지 않겠는가 생각해."

국제 경제 그림을 생각하는 민향 어머니가 다시 입을 열었다.

"세계 재화는 아이들 풍선과 같아서 어느 한 쪽이 부풀어지면 다른 쪽은 그만큼 위축되고 말아요. 함께 골고루 안배(按配)되어야 전체 모습이 안정되고 내용물이 새거나 전체가 터져버리는 공황 위험을 막을 수 있지. 이런 상황 위에 희망사항이지만 경제가 상승하면서도 물가가 유지되는 골디락스(goldilocks) 같은 호황을 연장시켜 나갈 수 있다면, 모두가 유익할 수 있을 것이야.

지구상 식량이 부족해서 아사자가 나오는 것이 아니라, 나눠주지 않기 때문이라는 현실은 우리 인간의 됨됨이와 그 현실태가 어떠한가를 고발하고 있다 할 것이야. 시간의 한계 안에 살면서 나의 일생 중에 나만 잘 살고 나에게만 불행한 일이 발생하지 않으면 괜찮은 것처럼 은닉된 이기주의를 갖고 있는 소극적 선량(善良) 아닌 선량들이 많이 생겨났다는 것도 사실이야.

대사회적인 나아가 대세계적이며 전(全)지구적인 중요하고 필요한 공동선에 소인배처럼 반응하거나 무관심한 사람들이 적지 않아요. 자기 자신 혹은 자기 가문의 유익이나 명예만을 위하면서 자신의 신상이나 자식 걱정, 회사상여금 변동, 휴가일정 계획 등 사소한 주변 잡기에만 신경 쓰고 주위에 큰 별일 없으면 안도하는 그런 생애를 희구(希求)하며 살아가려는 인생이 많아 진 것 같아 아쉬워."

잠시 침묵이 흐른 후 민향 아빠가 나직한 목소리로 말했다.

"얼마나 호의호식 하려고? 글쎄, 나 같은 경우 기본적인 영양분만 섭취하고, 편안한 마음으로 이웃을 위하고 특히 곤경에 처한 이들을 도우면서 누군가 해야 하는 필요하고 좋은 일하며 살아간다면, 그것이 인생의 행복이며 보람 아닐까 생각해.

너무 많이 먹어 지나치게 살찌고 그러니까 헬스, 헬스 하는데 지구상에는 여전히 아사(餓死)해 가는 사람들이 있다는 것은… 과연 인간이 모든 동식물계의 최고 상위 포식(捕食)자의 자격이 있는가 하는 거야. 같은 종족이 못 먹어서 죽어 가는데, 자신은 너무 먹어 살 빼려 안달하는 이런 별종이 피조물계의 최상 자리에 있어도 되는 것이냐? 그러면서 서로 못 잡아먹어 으르렁 거리며 싸우고 살잖아?

빈국의 사람들 중에는 일거리가 없고 생계수단이 마땅하지 않으니까, 큰 돈벌이가 된다는 마약에 손을 대고 말아. 그들은 생명의 위험까지 감수하면서 마약 생산, 운반과 판매에 개입하게 돼. 이렇게 시작된 마약 거래는 점차 증가되어 전 세계의 수요를 훨씬 능가하는 마약이 공급되고, 주인을 찾는 마약이 배송을 기다리고 있어.

어떤 부유한 나라는 18초 마다 마약이 거래되고 있다는 통계도 나와 있어. 공급이 많아지니까 그 가격은 점차 저렴하게 되고 염가 판매까지도 가능해지며 소비층의 나이도 점차 젊어지고 있다고 그래. 공급책(責)도 지능적으로 매우 다양하고 교묘하게 단속을 피해가며 마약을 운반하고 구매자에게 은밀히 찾아간다고 해.

마약 외에도 매춘, 장기매매, 도박, 폭력단, 인신매매, 사기, 밀수 등등 비인륜적 일에 물들고 사로잡혀 결국 선진국들에게도 악영향을 끼치게 되어, 부메랑 역할을 톡톡히 저지르게 되는 거지. 악수(惡手)와 죄악을 범할 수밖에 없는 가증스런 구조적 틀을 벗어나기가 점점 힘들어 지는 거야."

함께 갈 수는?

민향이 말을 아끼다 한 마디 했다.

"이런 때에는 만물 가운데서 인간만이 영묘한 힘을 가진 존재라고 칭하는데 과연 그럴까 하는 의구심이 들기도 하네요. 아빠, 이런 어려운 문제를 어떻게 풀 수 있을까요?"

민향 아빠가 말을 꺼내기 전 민향 엄마가 먼저 시작했다.

"근대 자본주의사(史)에서 헨리 포드는 처음으로 이익공유제를 도입하여 노동자도 소비자임을 인식시킨 공로가 있으며, 마르크스주의에서 미국을 지킨 인물로 평가돼요. 그는 동종업게 노임(勞貿)인 일당 2.34불의 2배나 되는 5불로 파격적 조치를 취했어. 노동자들은 환호했지만, 경제계는 경악하고 매스컴은 경제적 범죄라고 하며 비난을 퍼부었지. 포드는 당시 가치관으로는 획기적인 노동관에 일찍 눈떴으며, 노동자가 소비의 주체가 되어야 한다는 의식을 먼저 깨달았던 거야.

세계 재화에 대한 갈등과 긴장을 어떻게 해결하느냐가 궁극적 세계 평화와 정의 실현에 직결되어 있어. 인간의 탐욕은 끝이 없는데, 물질과 재화는 한정되어 있고 개인 한 사람 한 사람 생각과 가치관은 각양각색인 가운데 평등한 자유와 정의로운 평화를 실현한다는 것은 쉬운 일이 아니야.

국경을 자유자재로 넘나드는 초국가적 자본의 횡포에 대해서도 촉각을 곤두세우고 주시하며 유의해야 돼. 한 국가의 기업이 타사와의 무한 경쟁으로 이윤 추구만 집중할 때, 그 나라 안의 빈부 격차가 증폭 되어, 빈곤층을 더욱 양산하고 심각하게 하듯, 세계 경제 무대에서도 마찬가지로 초거대 자본의 문제가 더욱 어렵게 되어 빈국 서민들의 고통만 가중시키고 세계 양극화를 더욱 가속화할 수 있어.

돈 가지고 장난치면, 금융 기관이든 개인이든 큰코다치고 말아. 소위 그 무제한적 단기 이윤 추구, 이것이 많은 문제점 중 중요한 한 가지야. 인간 탐욕이 바닥없는 진공흡입기라는 사실을 여기서도 우리는 볼 수 있는 거지. 가진 자들이 자신들만의 이익 추구를 벗어나 다(多)국가간 협약과 공조를 통해 세계 경제 전체에 이바지하는 방향으로 폭력 자본을 선도해야 할 것이야.”

“경제 지식을 더 가졌다 하여, 그것을 이용해 서민들의 호주머니를 털어 먹는 식자(識者)들은 정말 악덕스런 자들이에요.”

대철의 의로운 심성이 엿보였다. 민향 아빠가 다시 말했다.

“세계 재화 분배가 제대로 나눠지지 않으면, 동시에 세계 평화도 위협되고… 히틀러보다 더한 악한이 나타나지 않는다고 보장할 수 없어. 분배가 제대로 되지 않으니, 부득불 폭력에 호소할 수밖에. 그러니 자생적 테러도 생길 수 있어. 또 다른 로빈 후드나 임꺽정 같은 의적(義賊)이 자연 발생할 수도 있다는 거지.

약간 다른 얘기 하나 하지. 신병 훈련소를 방문하면 담배 꽁초나 티끌 하나 땅에 떨어져 있는 것이 없어. 왜 그런지 알아? 그곳에 심오한 팻말이 붙어 있기 때문이야. 어떤 내용이냐 하면, '쓰레기를 버리지 마시오. 귀하의 자녀들이 주워야 합니다.'"

"와우!"

민향이 탄성을 지었다.

"정확한 심리적 호소네요. 아빠."

"그렇지 않아도 훈련으로 고될 텐데, 내가 버린 쓰레기까지 줍느라고 고생시킬 부모나 친척이 어디 있겠어. 이것은 환경 문제에 국한 되는 것이 아니야. 내가 조금 편하게 살겠다고 다른 누군가에게 해(害)가 되는 일을 서슴지 않고 해서는 안 된다는 것이야.

좀 더 넓게 보자구. 내가 몸담고 있는 기업이나 회사가 수익이 천문학적으로 폭발 성장하여 주체할 수 없을 지경이라면, 이제 나와 내 후손은 돈 걱정 없이 인생을 즐기면서 살 것이라고 진정 만족스러울까?

만일 지구상 많은 사람들이 이렇게만 생각하고 부익부(富益富)만 지상(至上) 목표로 추구했을 때, 그 돈으로 아프리카나 남미의 경치 아름답고 경이로운 관광지에 갔을 경우, 정말 편안하고 안전하게 좋은 모습만 보고 올 수 있을까?

아니 차라리 내 집 담을 높게 쌓고, 70년대 남미에서 부호들이 한 것처럼, 돈이 많으니 사병(私兵)을 채용하며, 집 주위와 안팎으로 최첨단 고가

보안 시스템을 설치해 놓고 산다면, 과연 그 속에서 나는 지극히 행복스럽고 아쉬울 것이 없는 삶을 구가할 수 있을까?

그런데 그 평범한 시민이 공공 기관이나 회사, 직장, 유력 기관 또는 그런 사람에게서 무시당하거나 억울한 일이 있으면, 가끔 인질극이나 울분 섞인 사건을 터뜨리는 경우가 있잖아? 민족과 민족 사이에서도 공정하지 못하거나 부당한 처사를 당하면 급진적이거나 과격한 행동으로 억울함을 호소하거나 곤궁을 벗어나려 할 수도 있어.

세상에 테러는 왜 발생하며, 또한 그 테러분자들은 무조건 살육을 일삼는 잔인하고 몹쓸 악당들로만 구성되었을까? 그들은 남달리 탐욕이 강하고 더 많은 욕심을 내어 테러를 저지르니 볼 것 없이 모조리 색출하여 가혹하게 처벌하는 것이 최상의 방책이라 할 수 있을까?

물론 정신 질환을 겪는 이들의 테러는 별도로 특별히 치유해야 하겠지만, 그 외의 경우에는 흔히 억눌린 아픔과 소외가 그 원인일 경우가 많아.

아무리 선한 사람들만 있는 것 같아도, 재해 구역이나 비상사태의 구역에서는 빈자(貧者)들이 앞장선 가운데 어느 새 약탈과 강탈이 나타나기 시작해. 선하게 보이듯 살아온 사람들이 주위 상황이 악화되니까, 그 동안 살아 버텨오면서 억누르고 참으며 감춰왔던 억울함이 자신들을 굶주린 늑대로 변화시킨다는 거지.

21세기 초 뉴욕 무역센터를 무너트린 9.11 테러는 무고한 사람 삼천 명의 목숨을 앗아갔어. 아무리 당시 세계 최강국이라 하여도, **빼앗기고** 억울하여 분노하는 사람들이 생명을 스스로 내던지며 외치는 부르짖음을 막을 수는 없었던 거야. 지구상 어느 곳이든 분쟁과 갈등이 있는 한 이 같은 테러의 비명(悲鳴)은 언제든 어디서나 얼마든지 다시 메아리칠 수 있는 것이지.

이것을 무조건 폭력과 야만성으로만 치부하고 제압하려함으로써 분노와 폭력만 계속 부르는 악순환이 될 수 있다구. 개인이나 국가 사이에 불편 부당한 관계나 형편이 성립되어서는 모두가 함께 하는 세계 평화는 더욱 멀어지게 되지. 그 원인과 까닭을 알아내 치유해야 비로소 크고 작은 분쟁과 폭력 나아가 혹시라도 있을 전쟁까지도 막을 수 있지 않을까 생각돼."

민향 어머니가 쉽게 설명하려 했다.

"조그만 회사도 인사 및 상벌문제가 공정하지 못하고 복잡하거나 편중된 상황이라면, 구성원들의 노력과 헌신 모티브를 약화시키지. 때문에 애사(愛社)심이 옅어지며 회사로서는 큰 손해 일뿐 아니라 그 미래도 희망하기 힘들게 돼. 우리 인류 공동체도 마찬가지야. 어느 민족이나 국가에만 편향된 혜택이 돌아가거나 세계의 부와 결과물을 독점, 선점(先占)하게 되면 결국 인류 공동체는 또 다시 갈등과 분열의 비극을 피할 수 없을 것이야.

여기서 우리는 알 수 있어. 어떠한 경제 사상이나 시스템, 제도, 논리라하여도 세상의 재화와 자원이 어느 일부 집단, 계층, 무리, 개인에게만 집중되거나 모아지든지 적어도 유리해 지거나 득이 되지만, 그 외의 사람들과 집단은 결과적으로 소외되고 불리해지거나 심지어 착취의 형태가 된다면, 그 경제 이론은 모순이며 잘못된 것이라 판단할 수 있어.

인류 역사가 증명하잖아. 경제 구성원 모두 그러니까 모든 인간이 재화와 부(富)의 혜택을 고루 누릴 수 있어야 하는 것이 필수적이며 가장 근저

(根底)가 된다는 것을 잊어서는 안 될 일이야. 세계 재화의 정의로운 분배, 이것이 무시되면 전쟁과 폭력, 역사퇴행이 반복되는 것이야.

일부에서는 나라 안에 파이(pie)가 커야 나눠 먹을 수 있기 때문에 파이를 일단 키워야 한다고 주장하며 부자들의 행적과 재벌의 사업에 개입하지 말고 부자 감세도 보강되고 확장해야 한다고 들고 나와. 파이를 키워야 한다는 말은 전 세계 인류를 위해서도 일리 있는 말이야. 일단 수량이 있어야 나눌 수 있는 것이니까.

그런데 이 논리를 따르다가 잘못하면 가진 자들의 조작에 놀아나 분배에는 관심조차 없거나 겉치레 시늉만 낼 뿐, 빈부 격차가 더 벌어지는 폐단을 묵인하게 될 수도 있어. 예컨대 대기업의 매출과 R&D를 높여야 한다는 명목아래 부자 감세 정책을 편다든지 하여 결국 부자만 더욱 살찌우는 사례가 될 수도 있다는 거지.

그럼 이런 문제를 어떻게 풀 수 있겠는가? 파이는 당연히 커져야 하겠지만 그 파이는 소수부자들에게만 대부분 독점적으로 차지하게 되는 이 문제를 어떻게 할 것이며, 세계의 그 고통 받는 이들을 위한 물질적 재력과 정신적 위로를 과연 누가, 어떻게 제공할 수 있겠는가 말야."

약간 지친 듯 보이는 민향 아빠가 천천히 말하기 시작했다.

"열쇠는 결국 기존의 파이를 쉽게 크게 만들 수 없으니까 부자들, 부호들에게 기부와 납세를 정직하게 낼 수 있도록 유도해야 해.

중요한 점은 부정부패, 뇌물 수수, 기만 사기, 세금 포탈 등등 비윤리적 불법적 행위를 사전에 철저히 예방시키고, 경제 범죄 발생 시 아주 엄벌을 내려 발본색원하여 다시는 발붙이지 못하게 해야 나라가 바로 서게 되는 것이야. 존 롤스의 사회정의론은 사회 약자들에게 유리하도록 강요된 배분은 그것이 불평등하여도 정당한 것으로 간주해.

가진 자들과 지도층이 먼저 솔선수범하여 좋은 본보기를 보여야 민족 전체가 바른 길로 향하게 되는 거 아니겠어. 술에 물탄 듯, 솜방망이 문책과 처벌은 하나마나며, 오히려 악행과 불법을 더 부추기게 되는 것이야. 읍참마속(泣斬馬謖)이 되더라도 나라와 민족혼의 기강을 일으켜 세워야 하는 거지. 이런 점에서 언론과 검찰이 그 어떤 외부 세력과 압력에서부터의 입김에 휘둘리지 않고 생생하게 살아 있을 때 그 사회는 희망과 미래가 있다고 할 수 있는 것이야.

선진국이 왜 선진(先進)할 수 있었느냐면, 바로 이 정직성과 투명성 때문이라 할 수 있어요. 국민 상호간 서로 신뢰할 수 있으니, 불필요한 부수적인 조건과 확인 절차의 복잡한 과정 필요 없이 그 남는 에너지를 더 긴요하고 다른 좋은 곳에 집중하게 해. 곧 능력이든 업적이든 있는 것을 있는 것으로 진실 되게 인정하며, 자신의 능력을 안심하고 마음껏 발휘할 수 있도록 하는 환경을 갖춘 때문이야."

아빠 잡지에서 읽었다며 민향이 한 마디 했다.

"민주주의가 발달했다고 하는 미국에서도 개국 초창기 동안 미 대륙 횡단 철도 공사 및 서부 금광 개발권의 독점을 둘러싸고, 기득권자들의 음모와 횡포는 후진국형 만성 고질병 그대로였다지요."

민향 아빠가 대답했다.

"맞아. 그런데 다른 후진국과 달랐던 점은 피압박 노동자들의 희생적인 저항과 투쟁이 계속되었어. 아울러 대학교가 증설되면서 소수였지만 각성된 양심적 지성들이 배출되어, 망국적 모순과 부조리, 부정부패 등을 고발하고 척결하기 시작했어. 이들 깨어있는 순수한 브레인들이 있었기에 미국은 후진국형 고질적 터널에서 벗어나기 시작했던 거야.

그 후 여러 차례 시행착오를 거친 후 국가 기관에 감사 기능이 강화되면서 견제와 감시, 조정과 균형 기능이 시스템화 되어 정착하기 시작한 것이지. 오늘날도 여전히 개선해야 할 영역이 적지는 않지만 말이야.

살아있는 선의와 열의를 겸비한 지성이 교육계를 비롯한 언론계, 법조계와 국가 수뇌부 등에 포진하고 살신성인의 자헌(自獻)정신으로 구성원 모두 다함께 행복의 길로 나아갈 수 있도록 묵묵히 헌신할 때 그 민족은 물론이고 인류 역사도 조금이나마 진화되는 방향으로 나아갈 수 있을 것이야."

11. 더불[Double]이 경제

지칠 줄 모르는 열정을 가진 민향 아빠도 좀 지쳐가는 듯 말을 조금 느리게 하고 있었다.

"결국 해결책은 부호(富豪)들을 포함한 가진 자들이 내어 놓거나, 조금 덜 가져가도록 해야 세계 전반의 골치 아픈 어려운 난제들이 하나 씩 풀릴 수 있겠군요."

대철이 확신에 찬 듯 말했다.

"일단 나눌 파이를 많게 하는 것이 우선이지만 그 후 이에 못지않게 매우 중요한 점이 적절하게 나누는 것이지. 즉, 국민 총생산이 증가되는 가운데 분배 정의가 살아나야 해. 무조건적인 분배와 복지 우선은 하향평준화가 되고 중산층이 감소되어 모두가 공멸, 공패(共敗) 되는 것이야.

남미 어떤 나라는 한때 세계 최대의 농업 국가로 국가 총생산 세계 5위를 기록했던 부자 국가로 1950년대 말까지 국민 1인당 소득이 미국의 50%까지 육박했으며, 광활한 대지와 천연가스 및 광물이 넘쳐났었어. 그런데 빈민들을 위한다는 명분과 눈앞에서는 달콤한 포퓰리즘 정책으로 공약(空約) 남발과 과도한 복지 및 빈민층 현금 무상 지급 등으로 국고를 거덜내고 부자와 기업에는 중과세를 부여하여 자본 대량 국외 유출과 외국 자본의 투자 기피로 인하여 국가 부도 디폴트를 당한 나라도 있어요. 당장 달콤한 정책은 국가 재정에 해로울 수 있고, 입에 쓴 정책이 결국 국가에 유익하고 필요하다는 교훈을 보여주는 사례이지.

올바르게 분배를 하려면 우선 분배할 성장 열매가 있어야 하는 것이니, 질적인 것보다 존재가 먼저인 거지. 그런 가운데 서로 공분(共分)할 수 있도록 힘써야 할 것이야.

역사적으로도 빈부격차를 줄이고자 시도한 적이 있긴 있었어요. 상품의 거래, 유통 과정에서 새롭게 나타나는 가치를 발견하고, 있는 자들로부터 세금을 더 많이 거둬들여 없는 이들에게 나눠주거나 사회 간접 시설 확충 하는 데에도 사용하려 1954년 프랑스가 처음 부가가치세 명목을 만들었지.

그런데 이런 세수(稅收) 개발은 중국 당나라에서도 조(租), 용(庸), 조(調) 같은 세법을 실시하여, 가진 자의 재화를 더 많이 회수하여 국가 재정이나 가난한 이들을 위해 사용하였어. 가진 자들과 빈곤층을 균형 잡으려 한 것은 동서고금 모든 나라의 숙명적 과제야. 다산 정약용 역시, 사회 전체의 올바른 도덕 구현을 위해서는 경제가 공정하게 밑받침되어 일반 민생이 기본적으로 해결될 때 가능하다고 했어.

먹고 사는 기본 민생 문제가 해결되지 않으니, 오늘날까지도 세계 난민이 많아지고 목숨을 부지하기 위해 국경을 넘으려 하는 이들이 늘어나는 것이야. 이주해야 하는 원인은 자연 재해나 국내 분쟁 또는 무자비한 폭정 등이지. 여기에 더하여 오늘날은 경제적 불평등이 심화되고 장기화되는 것이 제일 큰 원인 중 하나야. 멕시코에서 미국 텍사스 주로 장대벽 철조망을 넘어 들어가려는 이들, 북아프리카에서 이탈리아 남부로 들어가기 위해 목숨 걸고 지중해를 건너는 위험한 난민선에 몸을 맡긴 사람들, 역시 아프리카 모로코에서 스페인 고립영토인 세우타로 밀입국하기 위해 5미터 장벽을 필사적으로 넘거나 바다를 장시간 수영하는 사람들, 이런 사람들은 오직 목숨을 부지하기 위해 그런 모험을 감행하고 있는 것이지."

강조하고 싶어 하는 인상을 보이며 민향 어머니가 말을 꺼냈다.

"한편 빈부격차 해소에 있어 J. 슘페터가 지적한 혁신 개념도 알아둘 필요가 있어요. 즉, 국가는 대기업이 자신의 네트워크나 영업망을 통해 시장을 독점하지 못하도록 하면서 동시에 새로 태어나는 신생기업이 자생할 수 있도록 최대한 기회와 가능성을 지원해 주는 것이 대단히 중요하다는 것이야. 경제는 살아 있는 유기체이기 때문에 독과점이 아니라 함께 소비와 공급을 조절함으로써 자연 보화와 용역의 혜택을 다함께 필요에 맞게 향유할 수 있도록 해야 해.

그래서 정부가 나서서 대기업을 자신의 경쟁력 쇄신을 위해서도 적절히 견제하고 조절해 주는 것이 필요한 것이지. 강(强)소(小)기업이 성장하도록 도와줌으로써 재화의 분포가 넓어지게 하면서, 경제의 주역들이 함께 공생하며 공영(共榮)할 수 있도록 서로 소통하고 원활히 협력하도록 상황을 조성해 가는 것이 중요해."

대화 중 어느 한 순간 대철은 슬쩍 훔쳐서라도 보석을 가져가야 하겠다는 생각이 문득 들었다. 두 세 개를 들고 자세히 들여다보는 척하다 하나를 얼른 옆 호주머니에 넣으면… 가질 수 있을 텐데… 대철은 순간 자신이 무슨 생각을 하고 있느냐고 스스로 힐문하면서 유혹을 지우려 하였다. 그럴 수는 없는 거야… 어떻게 감히… 아, 정말 욕심나는데….

민향 아빠가 말을 이었다.
"그러나 지금까지 최종 이상적인 경제 시스템은 아직 찾을 수 없어요. 자본주의든 사회주의 방식이든, 심지어 양방의 장단점을 보완했다고 하는 노동자 경영체제조차 각종 폐단, 예컨대 경영 참여 노동자들의 끔찍한 소극성과 안일함, 무능함과 편파주의 등으로 실패하고 말았어. 그러니 늘 과정을 주시하고 결과를 예측하며 경제적 자원과 결실의 빈부 간 격차를 줄일 수 있도록 경제 주체 모두가 노심초사 고민할 필요가 있는 것이지.
기실 경제사상사(史)에 나타난 경제학자들의 이론대로 어떤 것을 선택하든, 어쩔 수 없이 빈부의 차이는 날 수밖에 없어. 문제는 그 격차를 얼마나 최소화할 수 있느냐 하는 것이지.
그렇다고 정부의 분배 개입이 만사형통 되는 것은 아니지. 관건은 시장에 의한 공평한 자원 배분과 정부 기관의 적합한 통화 정책 등을 통해 경제 활성화와 균형적 배분이라는 두 마리 토끼를 놓치지 않도록 해야 해.

궁극적으로 빈부 격차의 난제를 해결하기 위해서는, 우선적으로 세계의 재보(財寶)를 가능한 함께 나눠 소유해야 한다는 인식을 모두가 굳건히 갖는 것이 중요해. 진정 함께 공존 공생하며 평화를 유지하려면 없는 자들 몫을 확보해 주어야 되지. 가진 자들의 재생산, 재순환이 가능할 정도와 기본적 생산 순환 비용과 R&D 지출 예산과 약간의 예비 비용만 확충된다면, 나머지 모든 이익은 근로자들과 없는 자들에게 돌려주는 것이 나은 것이야.

시대 조류에 따라 결국에는 사회 환원의 당위적 책임을 실천해야 할 것이므로 이왕 미리부터 나누는 거지. 현장 실무 근로자들을 격려 하고 급외 수당과 특별 상여금을 늘려주고 못 가진자에게 호혜를 베풀어 보람도 느끼고 하면, 전체 근로 분위기도 좋아질 뿐 아니라 그만큼 사회 전체의 소비도 촉진되어 선순환의 생산 소비 시스템이 정착 될 수 있지 않겠어요?

못 가진자는 선택의 여지가 많지 않기 때문에 이처럼 가진 자가 먼저 솔선수범하여 자선과 기부, 희사(喜捨)와 증여하는 상습 성향과 미풍양속을 일으키는 거야. 아울러 과세제도 역시 부호세, 자본수익세, 상속세 등의 세법(稅法) 집행을 통하여 재화 분배 문화를 미래 인류 세대에게 인류공통 문화유산으로 남겨 줄 수 있어야 할 것이야."

첨언해야 할 말을 민향 엄마가 보탰다.

"나아가 우린 물질적인 것의 생산 증대와 개선 발전도 계속 해야 하지만, 없는 이들의 아픔도 기억하며 그 해결책을 강구해야 돼요. 그것이 일회성이 아니라 연대감과 평등의 시스템적인 대책이 되도록 말이지. 그렇게 하는 것이 진정 만물의 영장으로서 인간이 누려야 할 세계 평화와 발전의 축복으로 향하는 길이 되지 않겠어요?

또한 빈부 격차와 마찬가지로 오늘날과 같은 정보화 시대에 정보를 사회 구성원의 일부 계층만 독점하여 발생하는 디지털 디바이드 현상 해결도 과제야. 계층 간 소득 분배가 불평등하니 인구와 소득의 분포비율을 나타내는 디지털 지니계수가 올라가고 디지털 디바이드도 심화되어 결국 사회가 불안정해 가는 것이에요.

그러니 어떤 국가나 정부 체제든지, 그 상태가 올바른지 아닌지의 척도는 부(富)와 재화의 편중 현상이 과연 얼마큼 소수에게만 귀착되는지 아닌지에 따라 평가할 수 있어요."

기다렸다는 듯 대철이 자신의 호기심을 표출했다.

"좀 구체적으로 말씀해 주세요. 통계 수치로 나타낸다면 상하 몇 % 식으로 배분할 수 있을까요, 교수님?"

"글쎄… 좀 이상적이라 할 수 있지만, 전체 87%이상의 국민이 중산층을 이루며 자국 재화의 85%를 점유하고, 이들과 비교할 때 상대적인 빈곤층은 3%이하로서 재화 1%를 차지하게 하게 되겠지. 소위 상류층이라는 부류가 10%정도의 국민으로 하여 14% 정도의 재화를 산재(散在)하여 소유할 정도가 되어야 하지 않을까 생각해. 재보(財寶)가 일부 계층에만 집중되지 않고 여러 사람에게 많이 분산되어 소유되어 있어야 그 사회나 국가가 안정되지 않겠는가, 말일세.

이 같은 배분율은 나아가 세계 재화 지도에서도 마찬가지로 적용되어 보다 평형을 이루며 국가 간에 있어서도 세계 안정을 찾을 수 있을 것으로 생각되네. 이를 위해서는 많은 노력이 필요하고 재화에 대한 가치관 인식과 공감대가 먼저 그 바탕이 되어야 하겠지.

아울러 지나치고 과도한 소비 위주 형태의 생활 패턴을 배격하고 절제와 검소의 생활 스타일이 보편화되어야 할 것이야. 불경기인데도 자기 과시 등의 이유로 고가 명품을 선호하는 이른바 베블런(veblen) 심리 –민향은 베블런 효과에서 기인한다며 이것을 '배부른 심리'라고 농담(弄談)하는데– 에 현혹되어 소비를 과도하게 하는 것은 분명 잘못된 습성인 것이야.

물론 적절한 소비가 있어야 국가와 세계 경제가 선순환되는 이치이지만, 자기 자신 보다는 다른 어려운 사람들이나 재화의 혜택을 입지 못하는 이들을 위한 소비가 되어야 하지 않을까 생각해. 재밌는 것은 필요 이상의 사유 재산 축적을 하나의 정신병으로 본다는 생각이 초기 인류 문화 발흥 사상에서 특히 인디언들 사고방식에서 발견할 수 있다는군. 자연 속에 묻혀 살던 그야말로 오염되기 이전의 사람들은 자연처럼 사유(思惟)했던 거지."

역지사지

어머니답게 민향 엄마가 차분히 말했다.

"자연은 필요 이상은 취하지 않아요. 우리 인간만이 그래요. 동식물 모두, 식물도 필요한 만큼만 뿌리를 뻗고 잎사귀도 당연한 정도로만 취하여, 자신에게 필요한 만큼의 자양분과 수분을 섭취하고 그 이상은 무관심해. 욕심이 없다는 얘기지. 그러니 탈이 없어. 인간에게만 비만과 각종 암이 생기는 것이야.

욕심을 통제하지 못하면 끝없는 탐욕의 노예로, 그 도구로 전락할 수 있다는 거지. 자신의 욕구를 채우려 하는 목적과 이유 외에는 다른 어떤 것도, 사회나 가족이나 심지어 자기 자신마저도 욕구 충족의 수단으로 이용 대상에 불과한 것으로만 볼 수도 있게 됐어요.

이렇게 되면 또 다른 왜곡된 사회 현상이나 이념이 생성하게 되어, 인류를 분열시켜 적대시하고 상호 서로 간에 상대를 죽이지 않으면 내가 죽는 비극적 상황이 발생되지 않을 것이라 장담할 수 없어. 규제 없는 극단적 자본주의는 고삐 풀린 말과 같아서 언제든 파국으로 치달을 수 있고, 인류를 결국 불행하게 만들고 말아.

한 가지 중요한 사실은 돈의 노예가 되면 몸과 마음, 정신과 인생이 모두 돌아버리고 말아. 돈은 돌고 돌아야 돼. 돈이 돌아야지, 몸과 마음이 돌면 안 돼. 돈 없다고 낙담 말고 돈 많다고 자만(自慢)말아. 돈 모으는 것에 목적을 두지 말고, 돈 쓰고 베푸는 것에 목표를 두라고. 이런 점에서 '부자로 죽는 것은 치욕스런 일'이라고 말한 카네기의 인생관은 아름다운 것이며, 명상해볼 만한 가치가 있어요."

민향 아빠는 이 말을 들으면서 마음속으로 일전 어느 초빙 특강 때 발설한 내용이 떠올랐다. 허나 이 젊은이들에게 투지를 약화시킬 것 같고, 또 너무 금전(金錢) 위주의 사고방식에 물들까 염려되어 잠시 머뭇거리다 그냥 차만 한 모금 입술에 적셨다. '노벨 경제학상을 받은 심리학자 대니엘 카너먼을 비롯한 연구자들에 의하면 행복의 양은 이 시대 화폐 가치로 연 소득 7만 5천 불, 우리 돈 약 8천만 원이 정점이라고 합니다. 이해를 돕기 위해 우리나라 화폐로 바꾸어 설명하면 이렇습니다. 연봉이 2천만 원일 때보다 4천만 원일 때 좀 더 행복하지만, 이 연봉이 8천만 원을 넘어선다고 해서 더 큰 행복이 주어지는 것은 아니라는 것입니다.'

민향 엄마가 다시 말했다.

"애덤 스미스의 수요와 공급 이론을 넘어 경쟁자에 대한 고려까지 포함하여 경제 정책과 대응책을 강구해야 한다고 존 내쉬는 주장하였어요. 그의 게임이론과 균형이론에 의하면 개인은 경쟁 상대와 적대적 관계를 유지하기보다 상대를 도와주고 상호 협력할 때 국가 전체의 부(富)가 창출된다고 하는 이론으로 노벨 경제학상을 수상했지요.

재밌는 것은 존 내쉬가 이 아이디어를 휴식시간에 동료들과 하던 포커 게임에서 원리를 착안하게 되었다는 거야. 상대방의 카드 선택에 따라 나의 승패가 결정되고 전체 게임 판의 규모도 달라지듯, 경제 문제도 참가자의 각자 역할과 결정에 따라 경제 상황과 동향이 영향을 받는다는 거지. 즉, 상호 적대적이어서는 경제가 하향될 수 있으나 상호 협력적이면 시너지 효과로 상향된다는 이야기죠. 똑같이 포커 게임을 해도, 누구는 포커 게임으로 노벨상을 받고, 놀이꾼 누구는 패가망신하고 말이에요."

낭만을 좋아하는 민향 아빠가 목청을 다듬었다.

"사실 말이지. 시장 바닥에서 절친한 벗과 격의 없이 깔깔대며 편하게 먹을 수 있는 따끈한 오뎅 몇 점과 김밥 몇 줄, 욕심낸다면 김이 모락모락 오르는 라면 한 냄비 정도라면, 우리는 긴장을 풀고 얼마든지 행복을 만끽하기 시작할 수 있어. 상다리가 부러지도록 차린 온갖 산해 고량(膏粱)진미의 진수성찬이 아니어도 우리는 인생찬가를 노래할 수 있는 것이야. 사람과 사람 사이 진정한 평화가 스며있다면, 그 안에서 평안함을 느끼며 행복

꽃을 만발할 수 있는 것 아니겠어?

　나이가 들어가면서 H. D. 소로우와 W. 워즈워드 같은 선인(仙人)들이 주장했던, 생활은 검소하게 사상은 고매하게(Plain living and high thinking)라는 말이 더욱 맘에 와 닿아. 주어진 인생을 안빈낙도(安貧樂道)의 정신으로 살아 갈 줄 아는 것도 훌륭한 선택이며 후회 없는 삶이라고 생각돼. 그런 마음으로 아무리 풍족하여도 검소하게 살아 갈 줄 알고 그러면서 물질적인 애착을 넘어 보다 고귀한 사념(思念)으로 인생을 가꾸어 가야 하지 않겠는가 말일세."

　대철은 천천히 고개를 끄덕 거렸다. 민향 아빠의 얘기에 수긍 가는 이유 외에도 새롭게 깨닫는 것이 있어서이다. 그것은 민향에 대한 것이었다. 다른 여대생과 달리 민향은 평소 말씨도 차분하며 다른 어려운 처지의 사람들에게 물심양면 도움을 잘 주면서도 스스로는 근검절약 할 줄 알고 어딘가 귀태(貴態)가 풍기는 소공녀 기질을 풍겼다. 그것은 바로 그녀의 아빠, 엄마를 비롯한 가족 안에서 샘솟아 익숙해진 가정 분위기에서 기원한다는 것을 감지 할 수 있었던 것이었다. 이런 사실을 깨달으면서 대철은 은근히 감사로운 마음이 가슴 속에 피어오르는 것은 왜일까? 민향을 또 그 가족을 알게 해준 하늘의 섭리에 은혜로운 마음을 금할 수 없었다.

　민향 아빠가 질문을 하나 던졌다.

　"앞서 세상을 살아본 현자들에 의하면, 그들은 '젊어 고생은 사서라도 해라'는 말을 남겼어. 왜였을까? 또한 소크라테스는 살찐 돼지보다 여윈 사상가가 더 행복하다는 말을 했어. 왜?"

　"…"

"…"

"이것은 분명 육체의 오감을 만족시키는 것 이상의 더 가치 있고 의미 깊은 뭔가가 인간에게 있다는 것이야. 인류 가족 한 사람 한 사람 모두가 오감의 기본적 최소한 충족 위에 사상과 정신의 보람과 행복을 진정 가치 있는 것으로 자유롭고 평화롭게 추구할 수 있어야 한다고 생각해. 그러면 이 푸른 행성 위에 인류 문화와 예술, 생활양식 등등 인류 족적이 더욱 고양되고 만개(滿開)한 새로운 차원의 인류 역사가 펼쳐질 수 있지 않겠는가 말이야.

사람이 육신의 요구에 절제할 줄도 알아야 되는 거 아니겠어. 신체가 요구하는 것 다 하다보면, 오히려 건강에 위해가 될 뿐 아니라 스스로 피폐해져 후회스럽고 불행하게 될 수 있지. 그러니 욕심에 대해 컨트롤할 줄 알아야 진정 행복의 길로 갈 수 있는 거야.

심리학자가 밝히는 얘긴데, 의식주 문제가 넉넉하게 충족되는 이들 가운데 향락의 쳇바퀴(hedonic treadmill) 현상이 있다는군. 최근에 구입한 새로운 집, 가구, 자동차, 의복, 보석 등등 우리를 즐겁게 하는 것들이 3개월 정도 지나면, 그 이전으로 되돌아가서 아무런 흥미도 못 느끼는 것을 말해. 인간이 추구하는 많은 향락적인 것이 찰나적이라는 사실을 우리 인간은 많은 경우 잊어버리고, 또 다시 순간적인 것에 미련을 느끼며 다시 새로운 것을 추구하려 하지.

그러니 우리 삶에 필요하며 보람을 느끼게 하고 감동을 선사하는 일들에 보다 열중하고 자주 추구할 필요가 있는 것이야. 그런 일에서 진정 인간이라는 희열과 살아있다는 기쁨을 만끽할 수 있지 않을까?

향후 30년 이내 세계민은 100억을 돌파할 것이며, 천 만 이상의 초거대 도시의 경제 블록이 40개 이상 나타날 것이라고 해. 그 엄청난 사람들이 모두 행복해지려면, 무엇보다 있는 자들이 나눔 의식을 굳건히 하여, 모든 정책과 계획, 장기 및 단기 프로젝트에 반영해야 할 것이야. 최소한 납세든 기부, 기증이든 경제에 관한 한 합리적으로 정의롭게 배분을 실행하도록 하여, 가진 자들도 어려운 이들을 돕는다는 자부심을 긍정적으로 견지할 수 있도록 하면서 말이야.

나아가 과거 단순 노동이나 소위 1차 산업에만 종사하던 대다수 사람들을 2차, 3차 산업 혹은 지식 정보화 산업을 통한 보다 고차원적 경제 활동을 하게 함으로써 세계 경제 규모가 더욱 확장될 것이야. 여기에 필요하고 강력한 조세 정책과, 함께 나누는 더불어 문화를 정착시키고 융숭하게 하여 세계 빈부 격차를 줄여 나가면, 적어도 지금처럼 기아와 질병으로 고통당하는 상황은 벗어날 수 있지 않을까 해.

그러니 서로가 서로를 위해 양보하고 보듬어 줄 수 있어야 하며, 특히 많이 가진 자 일수록 더욱 희생하고 헌신해야 더 큰 세계적 평화와 인류 행복이라는 더 고귀하고 중요한 '수익'을 창출할 수 있는 것이지.

게다가 불필요하게 지출되는 전쟁 도구와 살인 기구는 그 비용 그대로 지구의 최극빈국을 살리는데 충분하고도 남는 예산이 되고 말구. 통계에 의하면 G20국가의 국민 총생산 0.7%씩만 모으면, 전 세계 기아를 퇴치시킬 수 있다고 해. 이렇게 되면 세계 인류는 굶주림을 극복하고, 기아로 고생하던 사람들이 재화 생산이나 경제 활동에 보다 적극적으로 참여하게 됨으로써 세계 경제는 더욱 규모가 커질 수 있게 되지.

줄탁동시(啐啄同時) 또는 마중물이라는 말도 있듯, 경제 활동에 참여 못하고 있는 이들을 세계 경제 무대의 일원(一員)이 되도록 역할이 주어지고, 그들의 비생산적이며 비경제적인 지출을 최대한 줄이고, 남는 재화는 경제 활로에 사용하게 하는 거야. 그러면 결국 그들의 경제는 선순환되면서, 전체 세계 경제는 더블(double)을 넘어 훨씬 큰 규모로 성장될 수밖에 없어요. 그야말로 보살피고 일으켜 주고 나눔으로써, 혜택과 도움을 받기만 하던 집단이 스스로 자립하여 실 구매자 곧 내적 수요자가 되어 내수를 폭발적으로 유발하게 돼. 그래서 일부에 편중되었던 세계 재화를 여럿이 나눠 공유하게 되고, 선진국과 함께 더불어 가며 다양하고 새롭고 고유한 부가 가치 창출을 성취해 내는 더블(double)이 세계 경제를 가능하게 하는 것이야.”

소유주?

“겨울에 먹는 호빵 좋아하니?”

“옛날에 많이 먹었어요.”

“간식 좀 준비할까요?”

민향 어머니가 자리에서 일어서려 하니, 대철이가 손사래를 쳤다. 아빠가 좀 이따 식사하자는 듯 앉으라는 손짓을 보냈다.

“호빵 3개 천원을 1개 300원에 판매하는 아저씨가 있었어. 그래서 누가 와서 말했지. ‘아저씨, 1개 333원 이상 가격으로 팔아야지, 300원에 팔면 아저씨가 손해잖아요?’ 아저씨 답변이 걸작이야. ‘호빵을 3개 못 사고 하나만 사야 하는 가난한 사람이라면 30원이라도 싸게 해 줘야 사먹을 수 있지 않겠어. 없는 사람은 더 잘 해줘야 하는 거야. 그래야 세상이 밝아지고 살맛나지 않겠니.' 세계 재화의 불균형을 극복하는 것도 바로 이런 의식에서 시작해야 하는 것이 아닐까 생각해.

아울러 중요한 것은 이와 동시에 빈국에 대하여 일회적이 아닌, 거시적 안목으로 공장을 세운다든지 생산 설비를 제공한다든지 하여 그들 스스로 자립해 갈 수 있도록 궁극적인 개발 시스템이 제공 되어야 하는 것이야. 가진 자들의 나눔은 언제나 한계가 있기 마련이고 언제 중단될지 몰라.

역사 안에서 보듯, 자연 재난이든 인위적인 전쟁이든 그 원인이 어떻든 아무 것도 남아 있지 않는 잿더미와 막막한 사막 같은 폐허에서 입지적인 불굴의 의지로 악착스럽게 노력하여 역경(逆境)을 극복하여 순경(順境)으로 만들어 낸 사례도 적지 않아. 역경을 이겨내는 힘과 슬기와 용기, 이것이 빈자들에게 더욱 나눠져야 되고 보다 확실히 전달되어야 하는 가장 필요한 도움의 손길이며 귀중한 보화(寶貨)라고 하겠어.

다른 이들보다 더 많이 가지고 수익이 엄청나며 매 초마다 수억씩 소득을 올린다 하여도, 실제 그런 기업이 있어서 하루 식사 하는 양은 모두가 한정되어 있고 입는 옷도 다이아몬드나 황금 옷으로 입을 수 없어. 죽을 때는 땡전 한 닢도 못 가져가는 게 우리 인생인데, 없는 사람 도와주고 나누며 사는 것이 더 보람 있고 흐뭇하며 후손들에게도 자랑스러운 선열의 모습이 아니겠는가 말이야.

가만히 생각해 보면, 내가 지닌 세상의 재화는 내가 이 세상에 오면서 가져온 것은 하나도 없고, 또 떠날 때도 한 푼 못 가져가니, 결국 우리는 이 세상의 재화에 대한 소유주라기보다 관리자에 불과하다는 사실이야. 잠깐 세상을 살면서 관리하고 사용하고는 받은 그대로 모두 고스란히 내려놓고 떠나가야 하는 것이 엄연한 실제상황인 것이지.

수의(壽衣)에는 다행스럽게도 호주머니가 없어요. 만일 넣어가거나 가져갈 수 있다면, 진시황이 그렇게 하였듯, 부자들은 더욱 가지려고 하여 세계의 빈부 격차는 더 심해지고, 그런 무덤 속 보물을 파내는 도굴범들은 재산을 모아 타인 명의로 상장(上場)까지 하였겠지?

무지하게 고생하며 번 재산이겠지만 이왕 못 가져가는 것, 다른 이에게 선사한다면 좋은 일하여 흐뭇해하며 기뻐하고 행복해 하면서 그리고 후손들에게도 자랑스러운 선조가 될 수 있겠지. 또한 그들에게도 하나의 사표(師表)로서 훌륭한 귀감이 될 터이고 그래서 그 만큼 가치 있는 일 아니겠는가 말이야.

진정한 축복은 돈이나 부동산 따위와는 무관하면서도 늘 감사로운 마음이 넘쳐나는 것이라 할 수 있지. 부여 받고 혜택 입은 관심과 배려가 생각하면 생각할수록 자신에게 너무 과분하게 느껴져서 도저히 감사하지 않고는 한 순간도 견딜 수 없어 폭풍처럼 휘몰아 활화산처럼 용솟음치는 사은(謝恩)의 감격 넘치는 마음이나 상황을 말하는 것 아니겠어?"

"아빠, 호빵 얘기하니 배고파요. 이제 나가서 맛있는 것 사주세요."

"넌, 항상 먹는 것으로 얘기를 마무리 하더라. 후훗."

"호호홍…."

일어서면서 대철은 자신도 모르게 말하고 말았다.

"혹시 이런 말씀 드려도 될지 모르겠습니다만… 여러 개 있던데, 저 희귀 보석 하나만 빌려 주실 수 없을까요? 음이온이 많이 나온다기에, 저에게도 도움이 될 것 같아서요."

이렇게 말하면서 대철은 후회스럽기도 하였다. 이런! 말을 해 버렸네. 동시에 또 다른 한편으로는, 이런 보석을 얻게 되는 것이 혹시나 민향이와 대체되는 것이 아닐까? 이 보석을 얻는 대신 민향이를 잃는 것이 아닐까? 더 중요한 것을 잃지 말아야 하는데… 민향이를 잃으면 안 되는데… 이크! 실수한 것 같아. 좋은 얘기를 많이 들려준 그 부모에게도 물질에 욕심 많은 청년으로 보이지나 않을까? 이거 어떻게 한담…

고뇌 아닌 고뇌의 질곡에서 건져준 이는 민향 어머니였다.

"아까부터 시선을 자주 보내는 것 같아서 관심 있다는 것을 알고 그렇지 않아도 대철 학생에게 하나 주려고 생각하고 있었어요. 튼튼한 용지에 담아 봉투에 넣어 드릴게요. 건강 관리 잘 하세요."

민향 아빠가 덧붙었다.

"여보, 세 개 정도 잘 싸드리구려. 정말 좋아하고 필요로 하는 사람이 진정한 관리를 해야 하는 거지. 방문 기념으로 드리는 선물이기도 해요."

대철은 감격스러웠다. 귀한 보석을 세 개씩이나 얻게 되다니… 그것도 음이온이 고농도로 나오는 것을….

"아니, 이래도 되겠어요? 너무 고맙습니다. 제가 욕심이 많아서 죄송합니다. 그 대신 다른 좋은 일을 많이 하도록 노력하겠습니다. 대단히 감사합니다."

민향이 추임새를 넣었다.

"누구는 좋겠네. 행운이 따르는 사람은 어딜 가도 복이 찾아 오나봐."

12. 난맥상

유학

"민향, 트로피 와이프(Trophy Wife)라는 말 들어봤어?"

둘이서 곧잘 가던 바다가 보이는 언덕에 오르니 오늘은 다른 사람들도 몇 명이 저 만치 떨어져 대화하고 있는 것이 보였다.

"아니, 처음인데, 무슨 뜻이지?"

"성공한 남성이 트로피처럼 미모의 아내를 맞이하는 걸 말해. 사회적 성공으로 어떤 보상품이나 전리품 또는 상품처럼 배우 같은 아내와 결혼하는 경우이지. 그런데 문제는 전문가들 조사를 통해 볼 때 이들은 행복하기 어렵다는 거야.

심지어 어떤 아내는 외모가 망가진다며 절대 아이를 갖지 않겠다고 고집하기도 했다지 않아. 겨우 설득해서 낳은 아이에게는 가슴 라인에 좋지 않다며 모유를 거부하고 베이비 시터 손에 아이를 맡기는 거야. 뿐만 아냐. 남편이 사회적 성공했으니, 그에 어울리는 몸치장이 필요하다며 진명품만 찾는 거야. 그래서 그런 것을 구해 줘도 몇 달 밖에 안가. 진정 갖춰야 할 가족 간의 친밀하고 절친한 사랑의 감정은 어느 새 다 사라져버렸다는 거야. 그냥 영혼 없는 인형 같다고 남편이 하소연 했대. 요강지처라는 말이 그렇게 그립다고 서러워했다는군."

"야, 대철이, 너 정말 많이 아는데. 요강지처가 아니고 조강지처야. 요강은 웬, 요강! 조강지처도 말만 잘하면 요강은 갖다 줘! 호호호…

너, 아주 멀리 앞서 나가는 것 같기도 하구. 결국 중요한 것은 사람 마음이 얼마나 함께 공감대를 가지고 이해하고 소통하며 받아들이고 있나 하는 거야. 궁궐 같은 데 살아도 마음 안 맞으면, 그래서 허구한 날 재산 싸움이나 하고 법정이나 들락거리고 하면 재산이 오히려 가족 행복을 앗아가는 격이 되고 말지. 남편의 경우도 자신의 어떤 열등감이나 콤플렉스를 미모의 아내에게서 만회하려 한다면, 결국 커다란 문제의 불씨를 안고 결혼을 시작하는 것이지. 이런 경우 결혼이나 가정의 행복은 평생 수박 겉핥기식으로 맛보며 살다 생을 마감하게 되는 거지. 안타까운 모습이야." 잠깐 침묵이 흘렀다. 저 멀리 바다 위로 힘찬 물고기가 수면 위로 솟아올랐다가 내려가는 것을 둘은 바라보았다. 민향이가 약간 지루한 듯 하품을 손 가리운 채 얼른 살짝 하였다.

"민향, 한 가지 중요한 사실이 있는데 내가 유학을 가게 됐어."

"어머, 진짜? 잘 됐네. 그래, 어디로 가?"

"영국이야. 옥스퍼드나 케임브리지로 갈까해. 공부하면서 유럽도 좀 둘러 보구 말이야.”

“언제쯤 갈 것 같아?”

“미리 가서 영어 공부 좀 더하고 가을 새 학기에 등록하고 수업을 시작하게 될거야. 먼저 국내에서도 서류 준비하는 동안 영어 공부를 좀 하다가 다음 달 영국 가서 그곳 어학원에서 영어 토킹 반에 들어갈까 해. 친구가 런던에 있어. 그 친구 도움을 받고 있지.”

“그러면, 한 교수님과 신 교수님께도 인사하러 가야겠네.”

“한 교수님께는 일전에 뵐 일이 있어서 그 때 말씀드렸어. 계속 메일로 연락하라고 말씀하시며 격려해 주셨어.”

“고마우신 분이야. 그럼, 신 교수님은?”

“내일 찾아뵈려 하는데, 같이 갈래?”

“아, 나는 선약이 있어 안 돼. 이번에는 혼자 가”

“할 수 없군.”

대철은 그러면서 유학 가 있는 동안 음이온 보석 세 개를 다시 민향네 집에서 보관해 주면 좋겠다고 하며 맡겼다.

여전히 복잡하게 어질러진 연구소는 신 교수의 매력인 지도 모를 일이었다. 그만큼 정신없이 분주히 좌충우돌하며 산만하게 찾는 가운데서 아이디어가 솟아난다는 것이겠다.

“교수님, 안녕하세요.”

“어서 와요, 대철 학생. 그래 한 교수에게 듣자니 유학 간다고. 잘 됐네. 공부는 할 수 있을 때 해야 돼. 나도 서서히 지력이 떨어지는 것을 느껴. 조금이라도 젊었을 때 부지런히 시간 아껴 가며 좋은 것 많이 보고 배우며 인생 폭을 넓혀야 해."

"유학 가더라도 가끔 연락드려도 되지요?"

"아, 되고 말구. 메일로 연락하고 혹 어려움이 있으면 도움 청해."

"감사합니다. 아이디어 개발에도 계속 관심가지고 고민해볼 거예요."

"지난번에도 언급했듯이 불편함은 새로운 아이디어의 어머니가 돼요. 국가 간이든 사회 계층 안에서든 빈부 격차를 최대한 줄이는 방법을 모색해 봐요. 여기에 대한 아이디어를 숙제로 줄 테니 유학 중에 어디 한 번 초안을 생각해봐요."

"아유, 세상에… 교수님. 그런 어려운 것을 제가 어떻게 할 수 있어요? 너무 힘들어요."

"그래도 한 번 해봐. 유학 중에 변화가 필요할 경우, 한번 생각을 해보는 것도 좋을 것 같아. 자꾸 고민해 보고 생각을 계속할 때, 두뇌 회전이 가속화 되는 거예요."

"그래도 그렇지요."

"유군, 어렵더라도 하는 데까지 해봐요. 하는 만큼 발전이 있으니까."

"아우… 싫은데… 교수님께서 정 그러시다면… 알겠습니다. 해보죠. 너무 기대는 마세요. 실망하실지도 몰라요. 답이 없을 수도 있어요."

"아무쪼록 건강하시고 유익한 학업이 되길 바라요."

"고맙습니다."

신 교수를 만나고 오면서 대철은 미묘한 느낌이 들었다. 한편으로는 자신을 신뢰하고 그런 숙제 아닌 숙제를 내어 준 것은 고마웠으나 도대체 아무도 성공은커녕 누구도 시도해 보지 않았을 것을 해보라니, 그것도 유학 떠나는 사람에게… 이거 원… 어떻게 보면 해괴망측하기도 한 구상을 해보라니… 여러 상념과 망상이 의식 속에 소용돌이 쳐대는 것을 느낄 수 있었다. 되면 되는 거고, 안되면 안되는 거지, 뭐… 천천히 시도나 해 보자구… 대철은 생각이 조금 정리되는 것 같기도 하였다.

구사일생

3년이란 세월이 유수같이 흘러갔다.

영국에서의 유학생활은 쉽지 않았지만, 산업혁명이라든지 오래된 역사와 전통, 불문법이라든지 여러 가지 생각해볼 것이 있지만 무엇보다 일찍이 인간의 존엄성과 인권, 여성 투표권에 대하여 먼저 각성한 나라 중 하나라는 점에서도 배울 보람을 느낄 수 있는 곳이었다.

대철은 석사학위를 획득한 후 잠시 인도를 다녀오기로 했다. 친구와 함께 가려 계획했으나, 그 친구 모친이 몹시 편찮은 관계로 그 친구는 인도 대신 한국을 다니러 갔다.

대철은 인도 여행 준비로 분주한 중에 급히 메일을 띄웠다.

그리운 민향, 그 동안 잘 있었니?

걱정해 준 덕분에 석사 학위는 높은 평점으로 통과했어. 교수들도 축하를 아끼지 않았어.

일전에 너가 말한 허변형(虛變形)이란 친구. 너만 좋다면 그 친구와 깊이 사귀어도 괜찮아. 마음이 아픈 것은 사실이지만, 너의 행복을 위해서라면 견딜 수 있어. 단지 이것만 알아줘. 이곳에 오기 전이나 지금이나 너에 대한 나의 마음은 조금도 변함없다는 것을!

그리구 다음 달 잠시 인도에 동료들하고 다녀오기로 했어. 인도는 전부터 내가 관심이 많았잖니. 세계 문명 발상지가 있어서 인지, 그곳 사람들의 생각이 깊다는 것을 느꼈어. 인도 다녀온 후 다시 연락 할게. 언제나 건강하고 재미있는 나날이 되길 빌며…

p.s. 너를 향한 나의 감정을 말해 주고 싶어. 나의 그리움을 표현할 방법을 가르쳐줘.

너의 외로운 대철.

보고 싶은 대철, 석사학위 축하해. 고생 많았어. 원래 책읽기를 좋아하던 너였으니, 무던히 학위를 잘 취득할 거라 굳게 믿었어.

그리고 변형은 그냥 소개받은 친구로 여기고 있어. 솔직히 그의 주변 환경이 우리와는 다르게 소위 최상류 1% 계층에 속한다는 것은 사실이지만. 또한 나에 대해 관심이 많다는 것도 느낌이 오지만, 내가 마음을 주지 않으려 노력하고 있어. 나의 진실한 마음이야. 아무 일 없을거야. 공부나 열심히 해. 지금은 그것이 제일 중요한 일이야.

참, 나도 가족들과 함께 하와이 살고 있는 이모 집에 다음 달 갔다 올 계획이야. 너도 인도 잘 다녀오구.

석사학위 다시 한 번 축하해.

변함없는 민향.

국제선 비행기가 히드로 공항을 이륙할 때 약간 심하게 흔들려 대철은 기분이 좋지 않았다. 그래도 마침내 인도에 간다는 생각이 새로운 기대감과 설레는 마음으로 넘치게 하였다.

눈 아래 펼쳐지는 바깥 경치를 한 동안 구경하다, 들뜬 기분에 긴장이 풀렸는지 잠이 밀려와 대철은 무거운 눈꺼풀을 내렸다. 어제까지도 밀린 독서가 많아 밤늦게 잠자리에 들었었다. 못다 읽은 나머지 서적은 다녀와서 다시 시작해야지 생각하며, 급한 독서로 분류해 놓았었다.

이제는 3년 동안 그렇게도 그리던 인도를 향하고 있으니 인도에서의 생활을 꿈꾸어야지… 한숨 자고 나면 좀 더 인도에 가까이 날고 있겠지… 인도….

얼마나 잤을까, 갑자기 커다란 아우성과 비명 소리와 함께 비행기가 심하게 흔들리더니, 급강하 하는 것이 아닌가! '세상에! 여객기가 이렇게 요동을 쳐도 되는 것인가? 아니, 이거 정말 추락하는 것인가?' 별 불길한 생각이 순간 엄습해 왔다.

다행히 수면 가까이 이르면서 평행을 유지하였다. 다시 상승을 시도하며 크게 원을 그리면서 위로 날아올랐다. 후유! 십 년 감수한 것 같다며 대철은 안도의 한 숨을 내쉬었다.

그 안심의 순간은 그렇게 길지 않았다. 상승하던 기체는 몹시 흔들리더니 오른쪽으로 크게 기울며 다시 급하게 하락하는 것이 아닌가! 순간 죽음의 공포가 확 밀려왔다. 아래쪽으로 그냥 내리 꽂을 것 같던 기체는 다행히 가까스로 하강 속도를 줄일 수 있었다. 겨우 수평을 유지한 후, 결국 비행기는 충격을 적게 주는 플래어 기법으로 수상 착륙을 시도하여 아슬아슬하게 성공하였다. 기내 유리창으로 가까이에 조그마한 섬이 눈에 들어왔다.

비상구 문이 모두 열리며 구명보트가 펼쳐지고 승객들은 혼비백산 된 채 승무원들의 도움을 받으며 구명조끼를 걸치고 비행기를 탈출하였다. 구사일생이었다. 밤중 아닌 것이 정말 다행이란 생각이 들었다.

보트에 인원이 채워지는대로 여러 보트가 섬을 향해 저어 갔다. 침몰하는 비행기에서 멀리 탈출하기 위해 부상자들 외에는 모두 열심히 손으로라도 물살을 해쳤다. 얼마 안 있어 비행기는 커다란 소용돌이 물결을 이루며 바다 속으로 가라 앉아 버렸다.

이틀 후 –

섬에는 다행히도 열대 과일이 풍성했으며, 산에서 내려오는 옅은 실개천이 있었다. 당장 급한 굶주림은 없었으나, 노인들과 아이들은 곧 병들 것 같았다.

모두들 기다리는 구조선이나 구조 비행기는 아직 나타나지 않았다. 늦은 오후가 되자 모두들 오늘도 구조 연락이 없어 지친 몸과 마음으로 휴식을 취하려 잠자리를 일찍 찾았다. 꿈속에서 대철은 자신이 로빈슨 크루소가 되었다는 생각이 들었다.

새벽 2시경 되었을까, 갑자기 총소리가 들리면서 아랍어 고함소리에 잠이 깼다. 소말리아 해적들이었다. 횃불을 켜고 들이닥친 그들은 연방

총으로 위협하면서 자신들의 배에 얼른 올라타게 하였다. 배가 크지 않아 노인과 어린애들은 남겨 두고 잔병이 없는 성인 남자들만 재빨리 확인한 후 태웠다. 허공에다 몇 번 총질한 후 그들은 섬을 떠났다. 해적들은 물건이나 돈, 보석을 약탈하러 온 것이 아니었다. 인질을 잡아 랜섬(몸값)을 얻어낼 심산이었다.

한밤 잠자는 중에 기습적으로 순식간에 일어난 일이라 건장한 남자들도 꼼짝없이 당하고 말았다.

불현듯 대철은 3년 전 민향과 함께 갔던 용하다는 점쟁이의 말, '바다 건너가 죽을 것이라는 예언'이 생각났다. '아… 살아 나갈 수 있을까? 이렇게 생을 마감하는 것인가? … 좋은 일 많이 못한 것이 아쉽네. 아직 할 일들이 너무 많은데….'

배 안에서 해적들에게 저항하고 격투하던 태국의 전직 UFC 선수 출신 승객 한 명이 총에 맞아 중상을 입었다. 항구 수도 모가디슈에 도착했을 때, 그는 출혈이 심해 운명하였다.

13. 그렇게 밖에…

아라비아반도의 이슬람 민족이 들어와서 건국한 소말리아는 열강들의 외침을 받아 성쇠를 거듭하며 많은 침탈을 당하였는데, 지난 세기 후반 유엔의 도움으로 비로소 독립하였다. 그 후 흔히 후진국에서 그러하듯 몇 차례의 군사 정변과 내전을 겪으며 민생은 더욱 피폐하게 되었다. 해안선과 산맥이 인도양을 따라 길게 남쪽으로 뻗어 있으며, 국토의 많은 부분이 초원이나 산림지대이고 농경지는 2퍼센트에 불과하다. 그뿐만 아니라 가뭄이나 홍수, 먼지, 폭풍 등 자연재해도 빈번한 나라이다.

수용소에는 이미 먼저 도착한 인질들이 많았다. 대철이 감금되고 첫째 날 밤이 되었다. 자리가 바뀌면 쉽게 잠을 이루지 못하는 대철은 오지 않는 잠을 청하다 겨우 눈을 붙였다. 역사는 밤에 이뤄진다 했던가. 한참 자고 있는 데. 갑자기 방이 약간 밝아지면서 횃불을 들고 누가 들어오는 것이었다.

그는 못 알아들을 말을 크게 지껄이며, 자는 인질들을 군화발로 얼굴이고 가슴이고 막 차면서 깨웠다. 자리에서 일어나라는 것 같았다. 대부분이 힘들어 하면서 일어나자 모두를 자리에 반듯이 횡·열로 서게 하였다. 그에게서 역겨운 술 냄새가 코를 찌를 지경이었다. 말이 통하지 않으니 그는 맨 왼쪽 사람부터 있는 힘을 다해 복부를 가격(加擊)하는 것이었다.

복부를 강타 당할 때마다 비명소리를 질렀으며, 맞은 사람은 뒤로 넘어져 신음하고 있었다. 그중 네 번째 사람은 기절한 것인지 아무 신음소리도 없었다. 이제 일곱 사람 다음은 대철 차례였다.

그때 어둠 속으로 누군가가 대철 옆으로 다가와 입막음 시늉을 하며 팔을 붙들고 소리 없이 반대 방향의 다른 문으로 데리고 나갔다. 복도 구석을 지나자 그 남자가 속삭였다.

"혹시 유대철 님 아니세요?"

대철은 깜짝 놀랐다. 아닌 밤중에 홍두깨라더니, 이런 곳에서 이런 야심하고 살벌한 밤에 내 이름을 부르다니.

"맞습니다만, 누구신지? 한국 분이신가 봐요."

"예, 제가 잘 봤군요. 저 민행복이 아빠예요. 4년 전 트럭이 브레이크 파열로 고장나 건널목으로 질주해 올 때, 대철 님이 구해주신 건널목의 그 초등학생 행복이가 제 아들이에요."

까마득히 잊어버린 일이었는데, 여기서 다시 이야기가 되다니.

"아, 기억나요. 그때 크게 다칠 뻔 했던 초등학생 말이군요. 아, 그런데 어떻게 여기서 만나게 됐죠? 저처럼 인질로 붙잡혔나요?"

"예, 저는 원양 어선 타고 조업하던 중 이곳에 인질로 끌려 왔어요. 벌써 10개월 되었어요. 대철 님은 어떻게 해서 오게 되었어요?"

다음날 오후, 행복이 아빠가 대철이를 찾아 왔다.

"언제 풀려 나갈지는 모르지만, 있는 동안은 안전하게 머물러야지요. 어저께 밤 행패 부리던 부소누를 평소에 조심하시고 될 수 있으면, 마주치지 않도록 하세요. 성깔이 아주 괴팍하여 저도 한 번 호되게 구타당한 적 있는데, 어느 날 밤에 어디서 술을 구해다 마시고 잔뜩 취해서 못 알아들을 말로 고함치며 닥치는 대로 주먹질 발질 해대는 거예요. 옛날 권투 선수 출신이라 샌드백 치듯 사람 복부를 강타해요. 그리고는 다음날 아무 것도 기억 못해요. 아주 위험한 사람이에요.

이곳에서 만일 크게 다치면 대책이 없어요. 아파하며 나가는 날까지 혼자 버텨야 해요. 상황이 좋아야 겨우 병원에 갈 수 있어요. 그 외 다른 사람은 괜찮아요. 특히 다히르라는 청년이 있는데 제일 선량해요. 저에게서 영어 배우고 있어요. 저 하고도 친한대요. 다음에 소개해드릴게요. 한국 가면 한 번 초대한다고까지 했어요. 필요한 약이나 조그마한 필요 물품을 살짝 얘기하면 돈은 좀 들지만, 몰래 어떻게든 시간이 걸리지만 구해다 줘요. 제일 믿을 만하고 협조적이에요. 몸이 약해서 가끔 아파 들어 누워 있는 때가 있지만요."

통역은 소말리아를 자주 방문했던 행복이 아빠가 맡았다. 그는 풀려 나갈 수 있었으나, 현찰이 많다는 소문이 난 한국의 원양 어업 회사 소속이었기 때문에 붙들려 있었다. 회사 측에서도 적절하게 해결해야, 소말리아를 비롯한 아프리카 근해 여러 나라들과의 관계에서 미래의 원양 어업에 다른 장애나 어려움을 막을 수 있기 때문에 무작정 탈출만 하는 것이 최선의 방책이 아니라고 지침을 내린 상태였다. 원만한 해결과 함께 인도양 수산 자원에 대한 고급 정보를 두루 두루 얻기 위해 머물게 되었다.

그날 밤 이런 저런 상념에 사로잡히면서 얼마 전 인질로 잡혀 왔다는 미국 사람과 타지에서 온 이들과 내일은 얘기를 해 보리라 생각하며 대철은 낮은 베개 높이 베고 잠을 청했다.

"아, 참, 큰일 났죠? 언제나 나갈 수 있을런지!"

"미국에서 오셨나요?"

"예, 유럽에 들렀다 인도에 국제회의가 있어 가던 길에 여객선에 해적이 들어와 이렇게 잡혔어요."

"그들이 원하는 것은 결국 몸값이겠죠?"

"그것도 높은 금액으로 말예요. 이런 소말리아 해적들이 왜 생기는지 생각해 봤어요?"

제임스 교수는 담쟁이덩굴이 제일 많이 덮인 아이비리그의 어느 대학 역사학 교수이다. 유럽에 국제 학술회의 발제 강연하고 그 후 배편으로 인도로 가던 나이가 꽤나 들어 보이는 노교수였다. 해적들에게 나포되는 바람에 초기에는 몹시 긴장하였으나, 어쩔 수 없이 새로운 상황에 적응해 간다고 하였다.

옆에서 가만히 듣고 있던 이가 두 사람에게 눈짓을 하며 건물 뒤로 가

자고 했다. 그는 엘로이 대사인데 외교사절로 나오기 전 그리스 대학 국제 외교학과 교수였다. 그 역시 세계 역사에 관심이 많았다. 인질로 잡혀온 지 얼마 되지 않아 아직 기력이 좋았다. 세 사람은 건물 뒤 모여 낡은 의자와 큰 바위, 궤짝 위에 아무렇게나 앉았다.

엘로이 대사가 말문을 열었다.

"건물 밖에서 말하면 좀 나은데, 안에서 대화하다 발각되면 괜히 곤란해져요."

제임스 교수가 말했다.

"왜 이렇게 인류가 서로 증오하며 살아야 하는지 생각해봤어요? 가만히 생각해보면 좀 어처구니없는 일이에요. 또 전쟁은 얼마나 많이 해 왔는지…."

담소

대철 역시 공감하며 말했다.

"교수님, 역사를 자세히 공부한 것은 아니지만, 인류 역사 안에 전쟁이 너무 많았어요. 한 사람의 경력이나 이력서를 작성할 때, 그 사람의 과거 행적이 어디서 무엇을 했는지 중요한 내용이 기록되어 어떻게 생애를 살아 왔는지 파악하게 되는데, 인류 역사를 한 사람의 과거사로 고찰한다면 늘 싸움이 끊이질 않았네요. 가까운 이웃이든 먼 이웃이든, 여러 이웃끼리 든 한 이웃끼리 든 말이죠."

"그래요, 마음 아픈 일이며 안타까운 일이에요. 분명히 모두들 오순도

순 함께 어울려 행복하게 잘 살 수 있었을텐데…."

잠시 침묵이 흐른 후 제임스 교수가 계속했다.

"거시(巨視)가 아닌 미세(微細)역사를 봐도 우리 인간은 별로 중요하지 않은 것에 너무 많은 애착을 갖다 부었어요. 심지어 목숨까지도 건단 말이죠. 웃지 못 할 코미디라 하지 않을 수 없어요. 그 가운데서 무죄한 이들을 처참하게 죽이는 것이 폭력이고 전쟁이야. 한 사람의 광기로 수천만 명 이상 사상자가 발생할 수 있고, 끔찍한 비극을 초래할 수 있어.

세계 인종들을 가만히 바라보면 흑인 황인 백인 모두 참 아름답고 더 바라보고 싶어요. 들기로는 피부가 가장 부드럽고 촉감이 제일 편안한 인종이 흑인이라고 해요. 갓난 유아들이 가장 모성애를 잘 느낄 수 있는 첫 번 감각은 흑인이 뛰어나다고 하네요.

그렇게 아름다운 사람들이 서로 미워하고 울고 싸우고 괴롭히고 죽이고 심지어 대량 학살까지… 그 선하고 아름다운 사람들에게 결코 어울리지 않는 행동들이었어. 그런데 그런 실수를 기나긴 역사 안에서 너무나 빈번히 저질렀던 거야. 정말 너무도 안타까운 일이 아닐 수 없어요.

마태오 리치가 명나라를 여행할 때, 유럽은 영주들이 영토를 확장하기 위해 혈족 간에도 잔혹한 칼부림을 서슴지 않던 시기였어요. 유럽과는 대조적으로 명나라에는 황제가 대신들과 상의하여 국정을 평화롭게 시행하고, 서당을 두어 자라나는 2세들을 올바로 가르쳐 자연과 벗이 되어 풍류와 시정(詩情)의 멋을 알도록 가르치는 것을 유심히 보면서, 마태오 리치는 큰 감동을 받게 되지요.

유혈 낭자한 분위기와 자연의 풍류를 노래하는 분위기, 너무나 대조적이지 않는가 말이야. 동양의 평온하고 유유자적한 예술적 문명의 멋을 보았던 거지. 이러한 나라를 훗날 서구 열강들과 일본은 무력을 앞세워 강점하기 시작했던 거야.

사실 1·2차의 끔찍한 대살육을 경험한 직후 서구에서는 서구의 사상과 문명으로는 세계에 진정한 평화와 정의가 지켜질 수 없다고 하면서 동양 사상을 받아들여야 한다는 시도가 없지 않았어요. 하지만 동양에서도 서양 못지않게 잔혹한 전쟁이 오랫동안 계속되던 시기도 있었으며, 무엇보다 인간 목숨을 가볍게 여기고 임금을 위해서라면 하나 밖에 없는 목숨을 희생하는 결과가 최고의 미덕인양 칭송되던 때가 있었어.

동서양을 합하여 통사(通史)적인 관점에서 고려한다면, 전쟁을 통한 해결이나 그 시도는 거시적인 안목으로 보아 여전히 미성숙하고 유아기적인 과정을 아직 못 벗어났다고 밖에 할 수 없는 것이야. 정말 보잘것없고 아무 가치도 없는 사소한 것에 귀중한 목숨을 거는 어리석고 미숙한 경우 중 하나가 전쟁과 분쟁, 갈등과 증오 같은 것이지. 한 편에서 어리석게 나오니 다른 쪽도 똑같이 어리석게 대응할 수밖에…."

대철은 민향의 말을 떠올리며 말했다.

"참으로 뼈아픈 얘기가 아닐 수 없어요. 인간이 자연계 안에서 포식 계열에서 최상위의 자리가 맞는 것인지. 어휴, 인간이란 참 어리석고 가련하기도 해요."

"여튼 인류 역사는 대단히 다양하고 변화무쌍하여 씨줄과 날줄이 복합적으로 얽히고설키어 개인이든 공동체든 그 역사의 과오를 잊어버리면, 그 때문에 또 다시 역사의 심판과 아픔을 반복하여 당할 수 있다는 것이지. 그래서 역사는 오래된 미래로서 '다가오는 미래를 여는 열쇠'라는 말도 있어요."

역사의 시기 년도까지 기억하는 제임스 교수가 계속했다.

"또 다른 얘기인데, 1393년 경 체코에 하누슈라는 교수가 있었어요. 그가 고생 끝에 천문시계를 만들게 됐지. 그 시계에는 사계절에 해당하는 해의 위치, 매일 매일 달의 모양, 하루 24시간 표식 등 당시로는 최첨단 시계였어. 두 번째 제작을 위한 자금을 귀족들은 주지 않았으나, 프라하 시에서 자금을 모아 주겠다고 나선 거야.

마침내 그 교수는 천문시계를 당시 시청 건물에 부착할 수 있게 되었고 누구나 볼 수 있게 되었지. 그러자 다른 귀족들도 자금 비용을 두 배로 줄 테니 자기 마을에도 제작해 달라고 부탁하는 거야. 이 주문 부탁을 받고 다른 천문시계를 제작하던 중, 시의회에서 이 교수에게 훌륭한 업적을 이뤘다고 큰 상(賞)을 하사하겠다는 거야. 그래서 그 교수는 상을 받으러 시청에 갔지.

시청 문을 막 들어서는 순간 호위병 군인 두 사람이 하누슈 교수의 양팔을 붙잡고 또 다른 군인은 시벌겋게 달군 쇠를 가지고 그 교수 눈을 찔렀어. 그러면서 시외회 사람들이 하는 말이 이제 더 이상 천문시계를 만들지 말라고 엄명을 내리는 거야.

하누슈 교수는 너무나 억울해서 보복을 하게 되는데, 마지막 소원이라며 자신이 만든 천문시계를 만지게 해 달라는 거야.

그래서 그를 천문시계 있는 탑에 넣어주자, 그가 무엇을 만져 그때부터 천문시계가 멈춰버리는 거지. 어떤 부속이나 장치를 만졌는지는 몰라. 결국 그 당시 유럽 전역의 뛰어난 시계 수리공이 다 모여 재가동을 시도했으나 할 수 없었어. 무려 600년 동안… 결국 1948년 경 비로소 현대 기술자들이 고장 난 천문시계를 작동하도록 고칠 수 있었어요.

훌륭한 소질과 기능을 갖춘 중요한 역할을 겨우 인간적 사소한 욕심으로 매장 시켰던 거야.

마찬가지로 전쟁과 폭력으로 인하여 훌륭한 인물이 될 사람들을 얼마나 많이 살해하고 핍박하였는가 말이야. 인류 역사의 커다란 손실들이야.

1488년 포르투칼 항해사 바스쿠 다 가마에 의해 발견된 희망봉, 그러나 아프리카인들은 희망봉이 발견된 이후 백인들의 흑인 포획이 본격화되었다 하여 그것을 절망봉이라 불러요. 사랑하던 가족들과 생이별하여 먼 다른 대륙으로 잡혀가고 온갖 모진 고통을 당하는 노예가 된다는 것, 너무나 마음 아픈 얘기야. 미주 대륙에 끌려간 수만 당시 인구로 960만이나 되니 애환이 얼마나 크겠어. 나중에는 아시아인들에게도 그렇게 불리게 되었어."

역사의 먹구름

영화를 좋아하는 대철이 기억을 더듬어 말했다.

"영화 「하얀 리본」에서는 제1차 세계 대전 전의 시대 상황을 잘 묘사하고 있어요. 1913년 독일의 한 마을에서 누군가 쳐 놓은 줄에 걸려 의사가 낙마 사고를 당하고, 농부의 아내가 남작의 헛간에서 일하다 추락사하며, 남작의 어린 아들이 폭행당하는 사건이 일어나요. 이어 발생하는 원인모를 화재 등등 끔찍한 사건이 발생하면서 온 마을 주민들은 두려움과 공포에 휩싸이게 돼요.

그런데 이런 사건들은 마을에 만연한 악의와 억압과 통제, 폭력성 등으로 점철되어 있기 때문이었어요. 마을의 남작은 소작인들과의 관계에서 강압적인 지배관계에 있으며, 관리인은 자신의 아들들을 물리적 폭력으로 다스리며, 목사는 자식들에게 순결을 강요하며 하얀 리본을 달게 하면서 죄의식과 두려움을 주입하려 해요. 그러니 순진해 보이던 아이들에게서 억압과 폭력과 뒤틀린 악의는 어른들의 어둡고 타락한 정신을 보여 주고 있는 것이죠.

이러한 일들은 결국 그 나라 독일에서 곧 일어날 사건들을 보여주고 있는 것이에요. 마침내 영화 후반부에 제1차 세계 대전의 발발을 알리는 소식과 함께, 폭력과 광분이 어떻게 인류 역사 안으로 표출되는지 보여 주는 것이죠."

한숨을 내쉬며 엘로이 대사가 말했다.

"가르침을 저버리고 세상에 아첨한다[곡학아세(曲學阿世)]는 말처럼 일삼는 패악한 계층이 지도층으로 군림하면, 국가가 절단 나고 국민은 고통 속에 빠지게 돼요. 개인 혹은 집단의 유익이나 명예를 위해 나라와 민족을 등지고 사악한 행위를 했던 경우가 두 번의 세계 대전을 비롯하여 인류 역사 안에 적잖게 발견되는 게 사실이야. 통제 안 된 과욕(過慾)이 합리적 이성을 압제하는 거지.

인간은 약하고 모순된 존재이지만 이런 중대한 과실(過失)로 인하여 수많은 사람들이 괴로움을 당하거나 힘들어 하고 결국 자신도 결국 불행해지고 말아.

특히 인류 역사의 여러 과정 중 이런 탐욕으로 야기되는 제일 힘든 시기가 나라와 민족 간 서로 적이 되어 전쟁을 할 때야. 물론 정의를 위해서는 전쟁을 해야 하지만, 불필요한 전쟁만 방지하거나 피할 수 있으면, 인류는 아쉬운 대로 보다 나은 세계사(史)를 펼칠 수 있어요. 세계적 질병이나 자연 재해의 경우 오히려 어려운 상황을 극복하기 위해 상호 도움을 주며 국가와 민족 사이 더욱 단합하게 만들지."

군대 복무 중에 들은 얘기가 대철은 생각났다.

"손무가 전쟁의 잔인함과 비극성을 너무나 잘 알았기에, 그러한 전쟁을 방지하고 피하고 없애기 위해 역설적으로 전쟁하는 법, 손자병법을 제작한 것이라 알려져 있지요. 워낙 병법이 뛰어나 나폴레옹도 자주 읽었다고 전해져요. 그러나 손무는 전쟁하지 않고 이기는 것이 최고의 전략이라고 일컫고 있어요. 동서고금을 막론하고 전쟁이야 말로 인류 공공의 가장 끔찍한 적이었어요."

엘로이 대사가 이어 받았다.

"전쟁이 발발하면 국민들이 헐벗고 시달리며 많은 고통이 수반돼요. 전쟁의 잔인함과 참혹함, 쓰라림과 고달픔을 전후 세대들은 잘 몰라. 전쟁으로 인간은 동물 중에서도 최하급 짐승처럼 지저분하고 보잘 것 없는 존재로 전락(轉落)하고 말지.

인간은 좀 더 현명해져야 했어요. 아름답고 훌륭한 능력을 갖추고 있으면서도 전쟁과 대립을 그렇게 많이 할 정도로, 우리 인간은 그 만큼 무지했던 거죠. 예리하게 갈은 도끼를 자기 발등 위에 자기 손으로 내려쳤던 거예요… 그것도 무서운 완력으로 말이죠."

"맞아요. 너무 비참했어요."

약간 억양을 높이면서 대철이 말했다.

"그런데 이런 실수를 반복하고 있는 것이 문제인 것 같아요. 역사의 어느 시점을 기준으로 관찰해도 독재자나 집단이기주의자, 그 아류(亞流)들이 없는 때가 없잖아요. 이런 것이 2천 년대의 현금(現今), 여전하다는 것이 웃지 못 할 코미디 아니겠어요. 인간 의식 수준이 자기만 알고 소탐대실하며, 폭넓은 대승적 지평에 대한 의식은 아직 무르익지 않았다는 거죠. 넓고 멀리 길게 생각하고 인류 전체를 바라 볼 수 있어야 진정 이 시대가 필요로 하는 리더라 할 수 있을 텐데요."

대철의 역사 진단에 약간 상기된 듯 제임스 교수가 설명했다.

"전쟁의 원인을 살펴보면, 정치학적으로는 국제시스템과 관계국간 정책 선택의 종합적 귀결로서 진실된 정당방위가 아니라면, 모든 전쟁은 애국과 국익이라는 미명하에 권력자나 집단의 끔찍한 탐욕과 이기심이 저변에 숨겨져 있는 거야. 더 많은 영토와 에너지 등을 확보하기 위하여 도륙도 불사(不辭)하는 몽매함과 야만성이 전쟁에서 잘 드러나지.

마치 침탈하여 빼앗지 않으면 자신들이 무능하거나 무엇인가 크게 잘못이나 하고 있는 듯 착각하고 전쟁을 발발하게 하는데, 사실 더 어리석은 실책을 자초하는 셈이지. 그렇게 해서 얻는 것이 무엇인데, 훗날 역사가들의 엄중한 심판으로 후대 인류 역사 내내 무지의 소산으로 전쟁을 치러 많은 귀중한 인명을 잃었다고 혹평을 피하지 못할 것이고 그 후손들은 성씨를 부끄러워 할 것이야.

호주를 지상의 별장이라 할 만큼 아름답고 살기 좋은 곳이라 하는 사람도 있어. 그렇게 좋은 곳에서 원주민들에게 저지른 정책은 끔찍했어. 원주민 무리들을 약화 내지는 해체 시키려 어린 아이들을 부모로부터 별리시키고는 다른 집에 입양시키거나 고아원에 보냈던 거야. 고아원에서는 좋은 관리인도 있었지만, 대다수는 아주 잔혹하기까지 했다는군.

심지어 전기총으로 고문하기도 했대. 아이가 울부짖으며 엄마에게 보내 달라고 애원하는데도 말이야. 철부지 아이들을 통제하기 위해서라지만, 어른이 된 원주민들의 기억은 잔인한 처우였다고 고발하고 있어. 오늘날에는 미소하지만 원주민들을 위한 학교와 복지를 마련하려 힘쓰고 있다고는 하는데, 여전히 차별이 극심하다고 하소연 하고 있어.

백호주의를 비롯한 인종차별은 스스로 인간이면서도 인간에 대한 식견이 유치했던 거지. 원주민이나 유색인종에 대한 차별은 북미대륙이든 남아프리카든 지역별로 잔재가 남아 있기도 한데, 원주민이나 유색인종도 당연히 인류 행복 발전을 위해서 훌륭하고 뛰어난 기여를 할 수 있는 잠재력과 그 가능성이 백인 못지않은데 말이야.

지도층을 잘못 만나 전 국민이 고통 받게 되는 경우가 역사 안에 적지 않았어. 일본 군국주의 수뇌부는 온 국민을 전쟁의 소용돌이 속으로 휘몰아 넣었지. 사실 일본의 보통사람들은 다른 나라 사람들과 같이 부지런하고 착하며 깔끔하고 친절한 국민성을 가졌어. 지도층의 탐욕스런 선동적인 세뇌로 죽음의 전쟁 광풍으로 국민을 내몰았던 거야. 전장에서의 죽음이 최고의 가치인양 말이야.

게다가 인명을 경시하는 풍조가 덧붙어 천왕에게 충성한다는 명분아래 카미카제라는 것을 개발하여 피아(彼我)의 수많은 젊은 오빠, 아빠, 아들을 전선에서 이슬처럼 사라지게 했어. 카미카제 공격에 20대(代)의 젊은이 5,000명이 희생되고 2,483대의 전투기가 투입 되었으나, 성공한 전투기는 244대 뿐이며, 미 항모는 단 한 척도 침몰 시키지 못했으니 결국 일본 군부의 최후 발악에 불과한 실패였어.

특히 이 카미카제 전술은 생명의 가치를 여지없이 짓뭉게 버렸던 거야. 그 조종사들이 죽을 땐 훈련받은 대로 천황 만세하며 죽지 않고, "오까상(어머니)" 하며 죽어갔다고 참전 용사가 전했어. 그들은 안타까운 시대의 젊어서 애처로운 제물이었어.

이 카미카제를 그대로 모방하여 중동 지역에서 어린 미소년과 아녀자까지 동원하여 많은 사람을 인간 폭탄으로 대두하게 해. 인내심을 갖고 대화와 협상을 꾸준히 시도하는 것이 아니라 분신(焚身)과 같은 극단적 행동으로 의사 표시하는 일이 만연하게 되었어."

대철은 전쟁 얘기를 하면서 마음 속 깊이 자리 잡은 민향이 떠오르면서 함께 이 자리에 있지 않다는 것이 한편으로는 아주 다행스럽게 느껴졌다.

"9.11 테러와 전쟁에서 보듯 최상 가치와 명분을 위한다는 구실 아래 얼마나 많은 사람들을 희생 제물로 내몰았으며, 선의의 많은 사람들 목숨을 폭연(爆煙) 속에 날려 버렸는지. 악화(惡貨)는 양화를 구축한다더니, 참으로 끔찍한 인간 폭탄을 보고 배워 21세기 오늘날에도 여전히 인간폭탄을 제조하여 터트리고 있어. 얼마든지 서로 대화하고 양보하여 상호 더 큰 유익함을 획득할 수 있을 터인데, 그것을 못하고 근절되어야 할 가장 나쁜 방식으로 문제를 해결하려 하니 기가 차는 일이 아닐 수 없는 거지.

이제는 그런 인간 폭탄이 필요 없는 세상으로 변화시켜 가야 해. 앞서 가는 이른바 유산(有産) 국가들은 최빈국을 비롯한 무산 국가들을 위해 더불어 살아가는 지구 마을을 형성하도록 하지 않으면 안돼요. 왜냐면 집단이든 개인이든 소외당하고 억눌린 상황이 두 번 다시 야기되어서는 진정한 인류 평화는 멀어지기 때문이지.

유태인 대학살이 있기 전 20세기 첫 해 이미 영국도 아프리카 보어인 중 비전투원 21만 명을 강제수용소에 넣어 아주 열악한 처우와 운영으로 2만 명을 죽게 하였으며, 소련은 굴라그라고 하는 정치범 강제 노동수용소를 갖고 있었지. 그러나 인명을 남녀노소 구분 없이 연거푸 집행한 초대량 살상은 나치스가 유일해. 지금까지 인류 역사 어디에도 수백만에 이르는 산업적 대량 학살은 없었어."

야욕

대철이 물었다.

"아프리카 무슨 사람들이라고요?"

"아, 보어인들. 아프리카 남단에서 다이아몬드와 금광을 발견한 영국은 먼저 와서 식민국을 부리고 있던 네덜란드계 보어인들에게 전쟁을 일으키는데, 소위 보어 전쟁이라 하지. 아프리카 땅에서 유럽인들이 금맥을 놓고 전쟁을 하는 거야. 영국은 보어인들의 주둔 지역을 완전 초토화 시키고는 영국 자치령 아래로 편입을 해 버려. 그 후에 흑백 갈등, 아파르트헤이트 인종차별 등 백 년 넘게 여러 갈등을 겪고서 겨우 독립을 내어 주지.

보어 전쟁은 1차 대전 이전의 십 여 년 역사 가운데 가장 치열하고 규모가 큰 전쟁으로서 금에 눈 먼 야수(野獸)같은 두 나라가 잔혹하게 남의 나라 안방에서 처참하게 싸운 전형적인 어둠의 한 장면이야.

그런 유럽 두 나라 후손들이 피식민국 후손들 앞에서 어떻게 얼굴을 들수 있겠어. 그렇게 전쟁을 하여 강탈해온 금 가지고 문화와 신사도(紳士道)를 표방하고, 예술적 품위를 내세운다 한들 그것이 진정 무슨 숭고한 의미와 아름다운 가치가 되겠는가 말이야. 결국 아프리카인들의 순박한 피와뼈저린 절규였던 것을.

문화와 예술, 자유와 낭만의 나라, 프랑스에서도 1940년 6월 나치스가파리를 점령하자 어린이, 노인, 임산부를 포함 무려 1,500만 명이 집단으로 피난길에 올랐어. 그 행렬위로 독일 전투기들이 무차별 난사를 해댔지. 전쟁에는 여유와 낭만, 인권과 존경이 없는 거야. 오직 동물적 본능과괴물스런 잔혹함만 폭풍 속의 노도(怒濤)처럼 넘실댈 뿐이야.

아프리카 중서부 연안의 어느 작은 나라 경우 이름은 밝히고 싶지 않은데, 다이아몬드가 대량 발굴되면서 서로 그 다이아몬드를 더 많이 확보하겠다고 하는 바람에 오히려 내란이 일어났어. 여기에 설상가상으로 열강들도 개입하고 전쟁이 격화되면서 수많은 인명이 살상되었어. 소위 다이아몬드의 저주라고까지 말하는데, 인간 탐욕이 저지른 대표적인 케이스야. 탐욕이 결국 모든 화를 부르는 것이 사실이야."

우울한 기분으로 엘로이 대사가 말했다.

"지구 동편 서편 모두를 광란의 전쟁 불가마니 속으로 집어넣었던 세계 대전, 그것을 통해 인간의 탐욕과 함께 인간의 끔찍하고 위험한 어리석음도 함께 보게 돼요. 인간들의 행동 가운데 전격적(blitz) 폭력과 같은 공격은 방어할 기회도 주지 않고 급작스럽게 발생하는데, 상대방에게 많은 충격과 피해를 입히고 때로는 생명까지 앗아가지. 이런 공격적 폭력은 나치스가 좋아 했는데, 바로 맹수를 비롯한 짐승들이 먹이 사냥할 때 사용하는 방법이야.

아쉽게도 인류 역사 안에서도 마찬가지로 수없이 저질러진 끔찍한 행위였어. 인간은 얼마든지 대화로 협의하고 감정과 생각을 전달할 수 있는데 말야. 같은 인간으로서 피해를 당한 당사자 입장에서는 그 아픔이 어떠하겠는가 말이야.

명석한 두뇌를 가진 인간이 짐승과 다를 바 없이 그 후회스런 짓거리를 당하기도 하고 가해하기도 하면서 역사의 굴곡마다 점철(點綴)시켜 놓았어. 그 희생당한 피해자의 아픔과 슬픔, 눈물과 비탄은 두고두고 후회스러운 것 아닌가 말이야. 조금만 넓게 생각하고 무엇이 더 바람직한 것인지 깨달았더라면 겪지 않아도 될 비극이었는데 말이야. 몹시 안타까운 일이야.

순진한 백성들을 억압하거나 핍박할 때 대부분의 경우 비슷하게 적용되는 규칙이 있어. 나치스의 경우를 예로 들어 보자구. 무엇보다도 허위 사실 유포 또는 기만(欺瞞)이야. 독일 군인들은 유럽 각지에 살고 있는 유태인들에게 유태인들만을 위한 주거 도시를 건립하니 재산을 가져가기 쉽게 작고 가벼운 고가품으로 바꾸라고 권유해. 저항을 줄이고 쉽게 순종하도록 유도하는 것이지.

반강제적으로 고가(高價) 짐을 들고 나선 유태인들과 붙잡혀 온 유태인들을 열차로 대량 이동시켜. 이 때 열차는 화물칸이고 화장실도 없으며 변기통만 제공된 가운데 길게는 2~3일을 꼬박 갇힌 채로 이송돼. 눈치 빠른 유태인은 죽음의 전조를 느끼기 시작하지만 이미 늦었어.

화물 열차로 수송해온 유태인들을 멀리서 왔으니 목욕부터 하라고 하면서 큰 방에 옷을 벗고 들어가게 하고는 철문을 닫아 잠그고, 청산가스를 살포하기 시작하는 거야. 유대 민족을 지구상에서 말살하겠다는 거지. 십오 분 쯤 후 죽은 유태인이 남긴 보석이나 재물은 저절로 독일 사람들의 몫으로 차지하게 되는 거야.

한참 전쟁 중에는 아우슈비츠에 유태인이 매일 수천 명씩 도착했다고 기록되어 있어. 그러니 독일 군인들이 매일 청산가리 종류 독가스를 엄청나게 소모했던 거야. 연합국 측에서 독일군에게 독가스 사용하면 독일 사람들에게도 독가스로 보복하겠다고 엄포를 놓았는데도 말이지.

게다가 나치스는 이동이 불가능한 유태인들의 살상(殺傷)을 위해 또한 유태인 한 사람이라도 더 없애기 위해 독가스 트럭을 운용했어. 밀폐된 탑차 같은 큰 트럭 뒤 칸에 유태인들을 승탑(乘搭)하게 하고는 가스관이 있는 곳으로 싣고 와서 독가스를 주입하고 시체소각장에 와서 다른 유태인들에게 시체를 내려 소각하라고 시켰어.

독일 민족의 근면하고 치밀하며 섬세한 아름다운 근성이 세상에! 사람을 보다 쉽게 보다 많이 죽이려는 목적에 고도로 정밀하게 발휘되었던 거야. 그 최고에 가까운 지성을 그렇게 최악의 목적에 최대한으로 오용하였던 거지.

강제 포로수용소의 책임을 맡고 있던 나치 장교들의 가정을 방문했다면, 거기에는 분명 독일에서 가장 우수한 교육기관에서 받은 학위증들이 있었을 것이야. 그리고 피아노 위에는 당시 세계적으로 유명한 작곡가들이 쓴 고상하고 아름다운 고전 음악의 악보들도 발견할 수 있었을 것이구. 또한 그들의 서재에는 문화사에 길이 빛날 위대한 작가들의 주옥같은 작품들 역시 꽂혀 있었을 거야.

그러나 그들에게는 아리안족 제국만 생각했지, 다른 인간 존중 사상이 결여 되었으며 인간을 낸 하늘 그 하늘의 뜻을 잊었던 거였어. 인간이 하늘을 잊어버리거나 무시하거나 외면하기 시작하면, 인간 본성에 숨어 있던 야만성 혹은 잔인함이 발휘되고 활개 치며 통제하기 힘들어지고 인간이기를 상호 포기하는 거지."

엘로이 대사뿐 아니라 대철도 우울하게 얘기를 들으며, 수 십 년 전에도 괴롭히던 침략국들이 그 얘기를 듣고 있는 지금의 사람들도 괴롭히고 있다고 느껴졌다.

"제2차 세계 대전 때 그랬다더군, 어떤 지역을 낮 시간에 폭탄으로 초토화 범벅을 만들어 놓고, 그 나치스 공군 장교 조종사는 저녁에 본대(本隊)로 돌아가 집으로 퇴근하여 옆집이나 친척, 지인 집 파티 같은 곳에 초대 받아 석찬을 들게 되는 경우도 평소 현상이야. 그러면서 오늘 실행한 폭격을 자랑스러이 무용담으로 떠들어 대지. 이어 지역 음악회에 관람 갔다가 늦게 귀가하여 다음날 공습계획을 구상하며 잠자리에 들었다더군.

사실 음악회에 가 있는 동안 그 공군 조종사의 폭격으로 죽은 이들의 가족들과 중·부상당한 이들은 화염에 쌓인 채 엄청난 고통의 시간을 겪고 있거나 죽은 사람도 생기는 거야. 같은 인간으로서 정말 못 할 짓이고 이것이 전쟁의 쓰라린 아픔이며 못 봐 줄 일 아니겠어, 하늘로부터 받은 인간의 명석한 두뇌로 그렇게 밖에 못했을까? 온갖 방법과 기술로 오랫동안 살륙을 연구하다니, 어처구니없는 바보짓거리고 하등 동물보다 못한 패착이야. 제1차 세계 대전 때도 그랬지만, 조그마한 것 얻으려다 더 귀중한 평화와 생명과 행복을 잃거나 훼손되게 만들었지.

이렇게 되어 소박하고 선량하며 순박한 이들이 왜 그렇게 되는 지도 모른 채 얼마나 많이 희생되었던가 말이야. 전쟁의 참혹성은 점입가경 상상을 초월하지. 전대미문의 사디스트적인 나치즘은 잔혹한 무식(無識)의 극치를 보여주었어. 그들은 남녀노소 구분 없이 유태인이면 무조건 희생시켜 시신을 삶아 나온 기름으로 비누를 만들어 팔고, 머리카락은 부드럽게 모아 푹신한 베개 쿠션으로 시장에 내놓았으며, 인간 뼈는 잘게 부숴 비옥한 비료라고 하며 돈을 받고 나눠 주었지.

심지어 나치스는 아리안 종족 번식 프로그램으로써, 우성인자를 보유한 남성, 특히 군인들을 시켜 유부녀, 과부 등 가임여성에게서 여성들 의사(意思)와 관계없이 아리안 2세를 얻게 하여 우수 아리안 종자를 확산 시키려고도 했어.

아시아에서도 마찬가지였어. 삼천 병력으로 구성된 일본 731부대의 생체 실험은 너무나 잔인해서 십대 아이를 포함하여 건강한 사람의 복부를 마취 없이 그냥 개복(開腹)하고 내장을 실험한다고 하나씩 도려내거나, 남녀노소 구분 없이 세균을 주입하여 어떤 것이 얼마나 빨리 어떻게 죽게 하는지를 실험 하는 등등 인간을 같은 인간으로 가 아닌 하나의 통나무 마루타로 보고 별별 실험을 다 했던 거야.

또한 중국 난징에서 추축국 일본은 중국인 갓난 아기를 그 엄마에게서 빼앗아 엄마 보는 앞에서 그 애를 공중으로 던져 누가 먼저 총으로 맞출 수 있는지 시합을 하였고, 중국인 백 명의 목을 어느 누가 먼저 베는지 내기를 했어…. 이렇게 하여 무려 30만 명의 무고한 목숨이 살해당했어. 이렇게 죽어간 사람들의 유골 수천 수백 구가 발견된 자리에 난징대학살 기념관이 건립되어 있지. 그런 만행을 당시 일본인들이 홍보교육용으로 사진 또는 영사기로 남겼는데, 중국인들이 주도적으로 그 자료들을 확보하게 되어 후대에 알려지게 됐어.

　이외에도 햇볕을 못 보고 무려 6개월 동안 땅 속에 숨어 있어야 했던 군인과 100킬로 넘던 건장한 몸이 31킬로가 되도록 장기간 못 먹고 고통 받다 죽어간 포로들, 전장 터에서 피 흘리며 죽어갈 때 고향집 친어머니를 찾던 어린 사병들… 등등 상상하기조차 싫은 고통 속에 죽어간 이들의 애환은 과연 누가 위로하고 보상해 줄 수 있겠는가 말이야."

14. 어쩜, 그럴 수가!

잔혹성

제임스 교수가 언성을 높였다.

"히틀러, 욕먹어도 싸지 싸! 하일 히틀러? 웃기는 스파게티야! 그 이름 때문에 얼마나 많은 사람들이 자기의 인생과 행복을 **빼앗기고** 목숨까지 잃었는가 말이야. 그러니 그 이후의 독재자들을 내가 얼마나 매스꺼워 하는지 알겠지. 이름만 들어도 구토할 것 같아.

오늘날에도 그 같은 놈들 때문에 또 얼마나 많은 사람들이 현재 이 순간 고통 속에 귀중한 인생을 강요당하고 있는가 말야. 물론 자유민주주의 사회에서도 골치 아픈 문제아들 있지만, 대다수 자유세계의 사람들이 고생하는 것은 아니야. 독재자들 아래 고통 받아 신음하는 사람들이 훨씬 더 많지. 그 귀한 두뇌로 생각하는 것이 겨우 그런 고생시키는 것이란 말인가? 분명 인간은 더 잘 할 수 있을 텐데 말이야. 암, 그렇구 말구.

만일 히틀러가 인간 존엄성을 알았더라면, 끔직한 2차 대전은 일어나지 않았을 수도 있었을 거야. 히틀러 자신이 시험대상이 되어 남근이 잘려져서도 소변이 잘 나오는지 테스트 당하고, 남근 없는 벌거숭이 모습으로 다른 시험대상자와 함께 차렷 자세로 사진 찍혀져 아우슈비츠에서 볼 수 있듯 전 세계의 후대 관광객들에게 전시되는 그런 것을 상상이라도 해봤을까? 당하는 사람의 처절함과 모욕감을 조금이라도 생각했다면, 그런 잔인한 실험을 시행하지는 않았을 것이야. 어떻게 온 유럽 대륙과 전 세계가 전쟁의 광적인 소용돌이 안에서 그렇게 몸서리치는 고통과 비극을 당했는가 말이야.

아니, 오히려 히틀러가 생각을 고쳐먹었더라면… 비교할 바는 아니지만, 영국의 대처 수상 집권 초기 영국 경제가 나빠져서 어떤 학자는 주장하기를 이때 잘못했으면 영국이 선진국 대열에서 밀려날 수도 있었을 정도였다는군. 그렇게 계속 하강 국면으로 악화될 뻔 했는데, 카리스마 강력한 대처가 영국을 살려 냈어. 영국 사상 최장기 집권의 총리가 될 만큼 지지도가 높았던 인물이었어. 아직 이르긴 하지만, 결국 후대에서도 높은 긍정적 평가를 받으며 정계에서 물러날 수 있었지.”

피곤함을 느끼면서 대철은 별안간 자신의 입이 심심하다고 여겨졌다. 간식거리라도 있으면 좋으련만….

“히틀러도 제1차 세계 대전 이후 패망한 독일을 재건하는데 혁혁한 공을 세우고 국민을 단합하는 것으로써 독일 발전의 국내외적 굳건한 기틀을 마련하고 유럽에서 모범적이며 살고 싶은 나라로 남아 유럽 대륙 발전에도 더욱 기여하면서 정계에서 물러났더라면, 좋았을걸. 그러면 2차 대전의 엄청난 비극도 없었을 것이고 그 자신도 역사에 명예롭게 진정한 독일의 지도자라는 이름을 남길 수 있었을 것이었어.

인간 안에 잠재한 잔혹성을 전쟁은 거침없이 드러나게 하고 있어. 러시아인과 독일인이 서로 땅을 뺏고 빼앗길 때마다 서로의 더 심한 잔혹 근성을 보여 주기 위해 상대방의 포로들을 잡아 오면, 포로들의 손, 발, 눈 등을 한 번에 하나씩 제거하는 만행을 서로 과시하였던 거야. 전쟁 포로 대우를 위한 제네바 협약 같은 것은 안중에도 없었어요.

상호 전투 중에는 포탄에 맞거나 하여 자신의 배가 갈라져 자신의 내장이 피범벅 되어 쏟아져 나와 있는 것을 스스로 보며 죽어가기도 하였지. 아름답고 낭만적인 음악을 들으면서 향긋한 꽃내음과 함께 조용히 흐르는 시냇물을 바라보며 사랑하는 이들과 더불어 와인 잔 같은 것을 기울고서 인생의 기쁨과 보람을 향유해야 할 인간이 서로를 그렇게 죽여 왔던 것이 전쟁이야.

인류 역사의 많은 부분이 포연(砲煙)으로 뒤덮였던 전쟁의 역사였어. 누구는 그러더군, 전쟁이 있어 문명과 기술이 발달해 왔다고. 맞는 말이라고 생각해? 그 사람은 전쟁의 반인륜적 요소와 그 잔악함을 전혀 모르거나 간과하고 있는 거야. 전쟁하지 않고도 선의의 경쟁으로 얼마든지 의술과 여러 다양하고 유익한 기술들이 발달해 왔잖아? 왜 지독히 어리석게도 그런 커다란 희생과 고통을 겪으면서 발달해야 해? 그러지 않아도 얼마든지 발달할 수 있을 뿐 아니라, 전쟁 없이도 인간사에는 힘들고 어려운 일이 부지기수인데 말야."

좀 지쳤는지 옆에 있던 물을 잠시 마신 후 제임스 교수가 계속했다.

"제2차 세계 대전 중 사망한 민간인과 군인 모두 7천 8백만 이상 심지어 1억 명이라고 하는 통계가 있는데, 그 중 4,900만이 민간인이고 전체의 40%가 러시아인들이었어. 러시아인들은 전투 외에도 추위와 기아, 질병 등으로 가장 많은 사상자가 나온 것이야. 그들 한 사람 한 사람이 모두 각자 고유하고 독특한 역사를 가진 우주라고 할 수 있는바, 그렇게 많은 사람들이 아픔과 회한(悔恨) 속에 죽어갔다는 것은 참으로 뼈아픈 일이 아닐 수 없네.

생각해 보라고. 그 죽은 러시아 사람들 가운데는 톨스토이, 도스토엡스키, 푸시킨, 차이콥스키, 솔제니친, 파스테르나크 같은 훌륭한 인물들을 계승할 이가 한 사람도 없었을까 말이야."

그러자 대철은 일전에 성탄 방학 중 잠시 들렀던 독일에서 만난 할머니가 생각났다. 남편은 제2차 세계 대전 중 러시아 전선에서 전사했고, 아버지를 쏙 빼닮은 장남은 종전 1개월 남겨두고 베를린에서 폭격을 당해 잃었다. 할머니를 만나던 그때에도 생전의 아들 모습이 눈에 선하다고 했다. 전후(戰後) 안정을 어느 정도 찾았을 때, 남편과 아들이 전사한 지점에 직접 가서 꽃을 두고 왔다. 비록 전쟁을 일으킨 추축국 국민이지만 그 할머니, 그 가족과 나치스는 도대체 무슨 관계란 말인가? 그저 전쟁 도발국에 속한 어느 평범한, 단란했던 한 가정이었던 죄뿐이었다.

행복하고 단란한 가정을 무자비하게 일순간에 파괴하는 전쟁, 아름다운 행복이 꽃필 수 있을 수많은 가정을 무참히 짓밟아 버리는 그 무지막지함이라니… 공격자 자신은 가정에서 태어나지 않았는가 말이다. 결손가

정도, 상처 받은 가정도, 소년 소녀 가장(家長)의 가정도 가정은 가정이다. 인간의 최초 최종 보금자리라고 할 가정을 전쟁은 철저히 무너뜨린다.

비극

제임스는 계속했다.

"독일 할아버지들에게 해서는 안 되는 질문들이 있어. 그것은 그들의 아픈 곳을 다시 뒤집는 것과 같기 때문인데, 바로 다음의 질문이야. '할아버지는 제2차 세계 대전 중 어디에서 무엇을 하셨나요?' 이런 질문은 상대방에 대해 누가 인간임을 더 많이 포기하고 어느 편이 더 상대를 두렵고 무섭게 만드는가 하며, 서로 무한 경쟁하는 그 살육 짓거리를 다시 헤집는 것이야. 그런 짓거리에 무슨 인간의 가치와 행복, 아름다움과 숭고함이 있겠어?

어느 비오는 날 아우슈비츠 수용소를 방문한 독일 총리 빌리 브란트는 그래서 젖은 땅에 무릎 꿇을 수밖에 없었던 거지. 꿇은 무릎 젖는 것으로 독일군의 그 가혹했던 참상을 다 갚을 수는 없지만, 용서를 청하는 총리의 그 모습이 인류 역사를 성찰하게 만드는 것이지."

얘기를 들으며 대철은 잠시 멀리 수평선 위를 나르는 물새들을 바라보면서 민향에게서 들은 것을 기억했다. 민향이 할아버지도 6.25때 전사하셨다. 원래 선천적으로 한쪽 귀가 난청이라 가지 않아도 되었는데, 스스로 자원입대하여 왜관 어디 다부동 전투라든가 하는 데서 장렬하게 산화하셨다지. 가곡 비목의 가사는 전쟁의 아픔과 쓰라림을 잘 나타내고 있어. 모든 군인들에게는 '먼 옛날 초동친구 두고 온 하늘가'를 마음속 깊이

다 간직하고 있다구. 그들은 단지 '이제 전쟁이 끝났으니 고향으로 돌아가게.' 그 한 마디를 간절히 듣고 싶었던 거야.

전쟁이란 그것으로도 아픔의 비극인데, 더구나 같은 동족끼리 무슨 짓이야, 김씨, 박씨, 이씨들이 서로 형제지간이면서 마주보고 총을 쏘고 칼질을 했던 거야. 동족의 피를 흘리게 하는 무력으로 적화통일 하겠다는 그 발상부터 엄청난 비극의 시작이었어.

인간 생명을 빼앗고 짓누르는 전쟁 그 자체가 이미 몸과 마음이 아픈 일인데 말야. 같은 동족 아니라도 전쟁은 똑같은 사람으로서 할 짓이 아냐. 우리 한 사람 한 사람 모두는 각자 누군가의 사랑받는 대상이면서, 한 가족과 각기 속한 어떤 공동체의 중요한 구성원이며 주인공이 될 존재들인데… 어쩜, 그럴수가!

최고의 영장류라고 하지만, 생각해 낸다는 것이 겨우 고작, 사람 죽이는 것이었어. 오랜 역사 안에서 또한 제1 · 2차 세계 대전을 통해서 드러난 인간의 잔인성, 수천 명을 거리낌 없이 살해하고, 어린 아이까지 포함한 유태인 600만 명에 이르도록 순차적으로 가스실에서 매번 단 20분 만에 거침없이 대량으로 거듭 죽일 수 있었던 인간, 사실 동물계에서 어느 동물도 같은 종족끼리 그렇게 많이 처참하게 죽이지 않아. 오직 탐욕의 화신이라고 하는 우리 인간만이 더 많이 차지하려고 그렇게 끔직한 살육을 같은 종(種)이면서 서로 일삼아 왔어.

대철이 여기까지 상념에 젖을 때, 잠시 침묵 속에 머물던 엘로이 대사가 다시 시작했다.

"제1차 세계 대전에 참전했던 레마르크는 자신의 저작물에서 다음과 같이 진술하고 있어요. '비로소 나는 알게 되었다. … 용서해 주게, 전우여 너무 늦게 이 사실을 알게 되었다. 왜 그들은 우리에게 당신이 우리와 마찬가지로 당신의 어머니가 걱정하고, 똑같이 죽음에 대해 공포감을 가지고 있고, 똑같이 죽고 고통스러워하는 불쌍한 사람이라는 것을 말해 주지 않는 걸까? 용서해 주게, 전우여, 당신이 어떻게 우리의 적이 될 수 있겠는가?'

적이라 하는 그도 어느 가정과 사회 공동체의 한 구성원으로서 사회와 인류를 위해 좋은 일을 많이 할 수 있었을 지도 모르는데 말이야, 무엇보다도 생명 그 자체로 존중 받아야 하는 것인데, 수려한 산자수명(山紫水明) 자연 경관 안에서 생각해 내는 것이 겨우 총질이라니, 모든 인류는 평화롭고 안정되게 살아야 하는데 말야. 반인류 범죄가 따로 없어, 바로 이런 것 아니겠느냐 말야.

생각해 봐. 한 가정에 큰 애였던 사람이 사고든 질병이든 요절하게 되면, 그 부모의 슬픔과 아쉬움은 얼마나 크겠는가 말야. 세월이 흐른 뒤에도 아쉬움이 남아, 그 애가 살아 있었다면 지금쯤 무슨 무슨 일을 하거나, 어떤 직위에서 한참 일하고 있을 텐데 하며 손자도 몇이나 났을 테고… 하면서 몹시 아쉬워하게 되지. 먼저 떠나가고 사라져간 지인(知人)들에 대해서도 누구나 아쉬움과 그리움 가득 느끼지 않을 수 없어.

나아가 세계 인류의 입장도 비슷하다고 느껴져. 함께 살아 있었다면 이런 저런 좋은 일도 같이 하며, 종종 만날 때 느끼는 반가움과 기쁨도 나누며 인생 여정을 동행할 수 있었을 텐데. 그 쓸쓸한 빈자리는 다른 누구도 대신할 수 없는 것이야. 살아 있었던 그 사람만이 피울 수 있었던 고유하고 아름다우며 순수한 그 만의 향기였기 때문이지."

다시 제임스 교수가 시작했다.

"일본 얘기를 좀 하지. 과거 일본의 경우도 장장 700년간 무사(武士)시대를 지내면서 젊은 장정들이 많이 살해되었어. 그 한 사람 한 사람 검(劍)대신 당시 통용되던 붓이나 농기구, 그물 같은 것을 손에 들었더라면 일본 사회를 위해 좋은 일도 많이 할 수 있었을 터이고, 인류 전체를 위해서도 좋은 일을 많이 했을 텐데 말이야.

그렇게 오랜 내전으로 남성들이 많이 죽어 인구가 줄어들자, 풍신수길은 여성들이 외출하여 남성을 만나면 임신하도록 하라는 왕명을 내리지. 아기 아빠를 알 수 없게 되자 아기가 임신된 곳의 지형을 그 아기 성(姓)으로 작명하게 되었다는 설(說)이 있어. 그래서 일본 성씨는 들밭이나 나무 아래 강가 등 자연을 이름에 많이 넣게 되었으며, 그 성씨 종류가 무려 10만 개 이상이라고 해. 여튼 이처럼 오랜 내전과 파벌싸움으로 인하여 나라 전체가 심각한 후유증을 겪게 된 것은 사실이었어.

이 같은 전국시대(戰國時代)를 겪으면서 인간 사이의 적대적 관계를 많이 체험한 후 그 여파로 오늘날에도 일본 식탁에서는 젓가락을 놓을 때, 뾰족한 부분이 상대방을 향하지 않도록 한다고 그러네. 혹시 상대방이 젓가락 때문에 적대 감정으로 오해할까 조심한다는 거지.

그렇게 긴 시간 계속 되던 무사시대를 종식시킨 풍신수길이 살아생전에 권모술수나 지략을 번득이면서도, 검으로 또한 얼마나 많은 사람을 죽였는지 어렵지 않게 짐작이 가는데 자신의 임종 때 남긴 말은 뜻밖에도 모든 것이 한낱 꿈이었다고 고백해요.

아니, 그러면 서로 살육을 일삼았던 그 행동하며, 정작 명을 달리한 그 희생자들은 왜 삶을 꽃피우지 못하고 피 묻은 장도(長刀)아래 사라져 가게 했단 말인가. 그에게는 한 여름 밤의 꿈처럼 느껴질지 몰라도 죽어간 그 수많은 사람들에게는 뭐냐 하는 것이야.

왜 함께 잘 지내지 못하고, 서로 피를 못 봐서 안달하며, 말도 안 되는 명분을 그렇게 지어내어 보복하고 복수하곤 뒤이은 후손들마저 또 증오하고 복수한다고 피를 부르며, 거듭되는 악순환 속에 죽어가야만 했던가 말이야."

심심한 입을 느끼면서 영화에서나 보던 말아 피는 잎사귀 담배를 대철은 생각해 냈다.

"마흔 번의 대승을 거두었던 나폴레옹도 결국 죽음에 임박해서는, 부디 후손들은 자신처럼 전쟁의 소용돌이 속이 아니라 평화롭게 살기를 간절히 염원한다고 고백하였어요. 승자(勝者)였지만 행복하지는 않다는 것을 드러낸 것이지.

제2차 세계 대전 후 처칠에게 기자가 질문했어. 그러자 처칠도 대답하길, '제2차 세계 대전은 하지 않았어도 될 정말 불필요한 전쟁이었어. 괜히 수많은 순박한 생명들을 고통 속에 죽게 하였어요.'

만약 제1·2차 세계 대전이 없었더라면 아마도 인류 문화 문명의 발전은 바다 속과 우주 개발에 훨씬 많은 진전이 이뤄졌을 것이며, 모두가 보다 행복한 인류 공동체에 더욱 가까이 진전될 수 있었을 것이라고 생각돼.

서양의 총질이나 동양의 칼질이나 길게 멀리 인류사(史)를 크게 눈뜨고 보면, 마치 철부지 동네 꼬마 아이들이 조그마한 손을 가지고 서로 자기

주먹이 더 세다며 뽐내는 것과 도대체 무엇이 다른 것일까? 같은 동네 아이들이 친구로서 친하게 지내며 서로 친구집을 방문하고 언니나 오빠도 만나면서 그림책이나 동화책, 장난감 같은 것 구경도하고 어머니가 만들어 주는 간식도 먹으며 같이 놀면서 아름답고 정겨운 추억을 쌓아 나간다면, 바람직한 유년기를 보낸다고 할 수 있을 거야.

마찬가지로 장성한 어른이 되어 이루어낸 역사에도 전쟁이나 살육이나 노략질 같은 폭력 없는 장년기를 가꿀 수 있었다면 훌륭한 역사와 전통을 일구어 냈다고 할 수 있었을 텐데 말이야. 어떻게 보면 철부지 어린애보다 못한 오점(汚點)과 과오 투성이의 과거(過去)를 만들었다고 밖에 할 수 없어.

어른이 되어 동향(同鄉), 동기, 동료, 이웃이든 진실한 우정을 간직할 수 있고, 뒤이어 태어난 2세들도 부모 세대를 본받아 좋고 귀한 우정의 추억사(史)를 연이어 엮어 갈 수 있다면 더욱 살 맛 나는 푸른 행성이 될 수 있을 것이야. 우리 인생 여정들이 그렇게 엮어 나가야 되는 거 아닐까 여겨져.

침략 전쟁에서 이겼다고 환호하다가 세월이 흐르고 상황이 역전되어 사필귀정이 되면서, 천심과 같은 민심의 항거와 저항을 받게 되며 몰락해 가는 침략국을 역사의 교훈 안에서 적지 않게 보아 왔어."

대철은 마음 속 한편으로, 역사 안의 그 흔한 격렬한 전쟁 중이 아닌 이즈음에 함께 담소할 수 있음이 얼마나 다행스러운 일인가 하며 잠깐 안도(安堵)의 숨을 내셨다.

"우리는 전쟁을 하여 정복하거나 탈취하지 않아도 행복할 수 있어. 전쟁을 함으로써 결국 더 불행해지지. 행복한 승자는 없어. 인간 안의 아름다움과 선함을 통해 더구나 서로 사랑함으로써 진정한 행복과 생명의 최고 가치를 향유할 수 있는 것이지. 불필요하고 피비린내 나는 도륙과 폭력으로 가해자나 피해자나 모두 슬퍼하거나 양심의 가책을 느끼며, 고귀하게 주어진 생을 헛살아서는 안 되는 것이야.

두 번의 세계 대전은 결국 식민 종주국들의 총포를 가지고 하는 힘겨루기 시합이었다고 하겠어. 피식민국을 누가 더 많이 정복하는가, 누가 더 많이 착취하는가, 판가름하는 내기였어. 이것은 인간의 길이 아닌 정글의 원리에 따르는 약육강식을 추앙하는 것에 불과한 거지.

영토와 자원을 선점하려는 제국주의적인 그런 시도가 지양되고 넘어서야 하는 거야. 많은 아량을 베풀어서 넓게 보면 히틀러도 당시에 만연했던 식민주의적 제국주의 세계 시류(時流)와 왜곡된 가치관의 조산물(造産物)이라고 할 수 있지. 물론 그 잔혹성은 엄중히 지탄 받아야 하지만….

둘이 싸운다는 것은 어떻게 보면 둘이 똑같이 생각하는 수준이니까 싸울 수밖에 없는 거야. 어린아이들이 별거 아닌 것, 예를 들면 크림으로 붙인 두 개 비스킷 샌드를 나눴을 때 크림이 좀 더 묻은 쪽 비스킷을 서로 먹겠다고 양보 없이 싸우는 것과, 나라 간의 분쟁이나 갈등으로 서로 죽이고 파괴하는 것과 무엇이 다를까?

서로 양보하거나 타협하여 다음에 그 보상으로 더 많은 혜택을 손해 본

측에게 베풀어 주게 되면, 불필요한 갈등과 분쟁을 미연에 방지하여 전체적으로 발생할 수 있는 큰 손실과 파국을 피할 수 있지 않겠는가 말일세.

유구한 인류 역사를 하루라고 생각해 보자. 그런데 그 하루가 아침에 일어나 세숫물 때문에 마당에서 옆집 사람과 실랑이를 하고 조반을 먹고 출근하다가 이웃집 여자와 부딪쳐 서로 욕하고 전철을 탔어. 또 전철 안에서 빈자리에 서로 먼저 앉겠다고 하다가 노인네한테 뺨을 맞았어. 뿐만 아니야, 점심시간에 점심 잘 먹고 오다가 지나가는 승용차에 충돌해서 골반을 다쳐 병원으로 가게 되었어. 문제는 아직 안 끝났어, 병원에서 무슨 이유에서인지 서로 받아 주지 않겠다는 거야. 화가 잔뜩 난 나머지, 병원의사에게 앰뷸런스 안에 있는 비상용 쇠의자를 집어 던졌어. 결국 그 의사 안면을 피투성이로 만들었지 뭔가.

이렇게 하루를 마감한다면 당사자의 기분과 느낌, 그날 하루 일진(日辰)은 어떠하다고 생각되니? 우리 인류 역사는 이보다 훨씬 더해. 수많은 사람들을 행복과 보람의 길로 이끌기 보다는 대립과 갈등, 폭력과 유혈의 비극으로 점철된 인생사(史)였어. 인간이 하루하루를 그렇게 산다면 천년을 산다고 하여도 무슨 의미가 있겠는가? 인간이 참 어리석게 살아온 거야. 얼마든지 행복하게 잘 살 수 있는 것인데, 그것을 못했어. 모두들 오손 도손 양보할 것은 양보하고 용서할 것은 용서하면서 궁극적으로 더 크고 중요한 것, 곧 모두의 행복과 평화를 얻었어야지. 쯧쯧…."

인류 모두가 이런 가치관을 가지고 평화의 중요성을 인식한다면 얼마나 좋을까 하고 대철은 아쉬움을 느꼈다.

"인류 역사 흐름 속 온갖 풍상을 다 겪어온 인류, 이제는 좀 나아져야 하지 않을까. 원시인들은 조그만 양고기 조각 하나 가지고 싸웠을 거야. 때로는 죽이기도 했을 것이며… 생각해 보면, 아주 사소한 것인데 그것 때문에 살인까지 저지르는 것이 인간이었어. 원시인들이 그랬다고 우리도 그래야만 할 이유는 없고, 오히려 우리는 더욱 현명하게 그런 지엽적 모순을 극복해야 하지 않을까 생각해야지.

그래서 인류 역사 안에 펼쳐진 수많은 전쟁과 슬픔과 눈물, 이제 우리 인류는 그만하면 되었다고, 그 정도면 너무나 충분하다고, 서로의 가슴에 못을 박는 일을 그렇게 많이 저질렀으면 이제는 좀 달라져야 하지 않겠느냐고, 하늘이 내려 주신 그 좋은 두뇌를 가지고 겨우 고작 전쟁이나 하며 살아온 어리석음을 이제는 좀 벗어나자고, 뛰어난 지력을 이제는 좀 좋은 일과 아름답고 선한 것에 사용하며 그 가치를 북돋아 보자고 생각해 봐야 하지 않을까?

불을 발견하기 전의 인류는 어둠 속에 머물렀다가 불을 발견하면서 새로운 시대를 맞이하게 된 것처럼, 인류가 진정한 지구촌 평화를 발견하기 전까지 여전히 분쟁과 갈등, 폭력과 전쟁의 어둠을 벗어나지 못하는 것이지. 그 좋은 뛰어난 지성의 두뇌를 보유하고도 역사 안에서 고작 사람 죽이는 재주와 기술 따위에 대부분 많이 사용하다니. 그 지성이 아깝고 안타까운 심정을 금할 수 없어.

인류가 노예제도에서 해방되듯 이제는 전쟁에서도 해방되어야 하는 것이야. 인간은 유구한 역사 내내 폭력과 전쟁을 일삼았으나, 사람보다 빠르고 힘센 맹수들은 그날 배만 채워지면 아무리 옆에 먹잇감이 다가와도 공격하지 않고, 아프리카 푸른 초원 위로 얼룩말들이 떼를 지어 유유자적하게 풀을 뜯고 있는 모습은 동종(同種) 상잔을 수없이 저지른 인간보다 더 평화롭게 역사를 지나왔다고 하지 않을 수 없어. 만물의 수뇌(首腦)라는 인간처럼 대량 살상하지는 않았어. 만물의 수뇌가 도대체 무슨 의미인지!"

음악에 조예가 깊은 엘로이 대사가 이야기 했다.

"음악계에 악성(樂聖)이라고 하는 베토벤은 한때 나폴레옹을 아주 존경했어요. 그를 위해 작곡한 것이 영웅 교향곡이지. 그런데 나폴레옹이 황제가 되었다는 소식을 접하고는 그도 역사에 나타났다 사라진 권력욕의 화신(化身)에 불과하다는 것을 깨닫고, 교향곡 제목을 고쳐 '영웅 – 어느 위인을 기리며'라고 하여 나폴레옹의 이름을 삭제했어. 진정 민중을 생각하고 세계를 위해 헌신하는 모습이 아니라서 크게 실망했다는 것이지.

아인슈타인, 그 천재가 이해 못 하겠다고 한 것이 있어. 히틀러가 폴란드를 침공하면서 전쟁을 일으켰다는 소식을 전해 듣고 한 첫마디 말인데, '참 알 수 없군, 돌아버리겠는걸. 전쟁이란 지극히 어리석고 무식한 짓이며 비이성적인 것이고 잔혹하고 비참하며 대단히 후회스러운 것으로, 우리 인간이 마음과 몸에 있어 저질러서는 안 될 가장 쓰라린 실수인 것이야.'

세계 대전이 발발했다는 소식을 접하고 헨리 포드 역시 어이가 없다는 표정으로, 전쟁은 어리석고 무모하고 낭비적이며 인간 사이에 벌어지는 쓸데없는 소모적 짓거리라고 비난한 적이 있어.

이처럼 전쟁과 폭력은 많은 지식인들이 주장하듯 그것은 어리석은 짓이야. 진실된 정당방위, 자기 방어를 위한 것이라면 타당성 있으나 무엇을 탈취하고 빼앗아 나의 혹은 집단의 이기심을 충족시키기 위하여 저지른 전쟁과 폭력이라면, 그것은 비판받아 마땅하고 궁극적으로 근절되어야 하는 짓이야.

백 번 만 번 양보하여 진정으로 전쟁과 폭력이 목적을 성취하여 어떤 것을 쟁취하거나 노획하였다 하여도 그것이 재물이든 지형이나 영토이든, 적군이나 상대방의 커다란 희생과 상처를 입히는 것은 물론이지만 아군이나 우군에게도 때로는 적지 않은 지울 수 없는 아픔과 슬픔을… 그렇게 남길 수밖에 없는 것이지."

위험 경고

이때 캐더린 ENN 기자가 여성들도 세탁을 다 했다며 들어 왔다. 인류 역사에 발발한 전쟁에 대해 자유 토론을 하고 있다고 대략 설명해 주었다. 역시 기자는 입담이 좋았다.

"전쟁의 후유증은 승전국이라 하여도 끔찍한 거예요. 제1·2차 세계대전 후에도 그러했지만, 명분 없던 전쟁인 이라크전 후에도 승전국이라 할 수 있는 미국의 참전군인들 가운데는 공기 맑고 경관 좋은 하와이에서조차도 정신적 고통을 앓거나 지금도 총포소리를 듣고 있다고 하소연하는 제대 군인들이 있어요. 더구나 패전국인 경우는 말도 못할 정도지요.

그러니까 중요한 사실은 전쟁과 폭력으로 얻은 것보다 결과적으로는 잃거나 상실된 것이 더욱 많다는 사실이죠. 전쟁과 폭력을 일삼아 온 역사속의 많은 정복자와 가해자들을 보아도, 그 주동자 혹은 우두머리는 그 추종자들과 함께 인류 역사가 계속되는 한 끊임없이 지탄받고 인류 역사를 역행시키고 퇴보시킨 장본인들로 낙인찍히고 말았어요.

그러니 그 후손과 후족(後族)들의 가슴에 태어나면서부터 인류 역사 끝날 때까지 짊어져야 할 불명예와 악명의 족쇄를 메게 하는 짓이죠. 전후 독일과 오지리에서 히틀러라는 성씨가 현저히 사라졌다 하잖아요.

글쎄, 어느 조상이 자기 후손에게 선천적인 질병 같은 아픔과 낙인을 물려주고 싶어 하겠어? 결국 전쟁주의자나 폭력 옹호가들은 자기 코앞만 볼 줄 알았지, 자기 머리 뒤를 생각 못한 어리석음을 저지른 셈이 되지요.

과연 모두가 행복하고 평화롭게 전쟁 걱정 없이 살 수는 없을까? 소위 전쟁 원리, 경쟁 원리라는 것이, 우군이 100명 정도 혹은 100억 정도 피해와 손실을 입으면서 적군이나 경쟁자에게는 그 백배가 되는 10,000 명의 손실이나 1조 원의 피해를 입힐 수 있다면 승산이 있다고 판단하는 것이래요.

그런데 문제는 그 우군의 피해자 100명이나 100억의 손실 안에 나의 가족이나 나의 재산이 포함된다면 어떨까요? 그래도 왜곡된 애국심으로 동의하고 기뻐할 수 있을 것인가? 하는 점이지요. 즉 경쟁자나 적군에게 피해와 손실을 야기하기 위해서는 우리 측에도 누군가는 희생해야 하며 그 사람이 나의 아버지, 남편, 오빠, 자식이 될 수 있다는 것이고, 무엇보다도 피아(彼我)간 죽은 사람들 중에 아인슈타인이나, 피카소, 레오나르도 다빈치, 쇼팽 등등의 훌륭한 인물이 있었다면, 어찌되는 것인가요?

결국 전쟁으로 인한 피해는 종국적으로 인류 역사의 성숙과 만개(滿開)를 더욱 늦어지게 한다는 것이며, 그 막대한 후유증은 또 어떻게 치유할 것인가? 하는 점이에요. 또한 행복했어야 할 한 사람 한 사람 평범한 사람들이 상실하고 빼앗긴 그 목숨과 겪은 고통과 아픔은 도대체 누가 보상해 줄 것인가 말이에요."

엘로이 대사가 멀리 바다를 잠깐 보고는 말했다.

"어떤 승전(勝戰)이든 아군의 피해는 있기 마련이지요. 다만 그 규모가 얼마나 작은가 하는 것이 관건이지. 일전에 읽은 동양의 오자(吳子)서 병법에도 다섯 번 전쟁에 이기면 그 나라가 버티기 어렵다고 기록되어 있는데, 승전하였다 하여도 그 피해와 후유증이 너무 심각하다는 것을 말하고 있어. 그러니 전쟁은 회피해야 한다는 것을 가르치고 있지.

선동과 기만, 오류와 망상으로 인민을 내몰고 간 공산주의와, 순수 아리안 혈통 우생(優生)주의를 주장한 나치즘과, 그럴싸한 동양평화론을 기치(旗幟)로 하여 자국민은 물론 이웃 나라들을 전란의 불가마로 몰아넣은 일본 도죠 군국주의, 이 모든 것의 공통점은 살육과 폭력으로 목적을 달성하려 했다는 것이야. 인류 미래에 있어서도 어떠한 정치적 사회적 이념과 사상이 발현하더라도 그것이 경제 · 정치 · 군사 · 환경 등의 영역에서 양민을 괴롭히고 생명을 위협하는 폭력을 수반하는 것이라면 반드시 잘못된 것이기에 회피해야 할 것이며, 결국 역사의 준엄한 심판을 피해갈 수 없을 것이에요.

또한 인류는 전쟁을 야기할 수 있는 집단 위험성을 배제 못하는데, 소위 위험한 실행(risky shift)이라는 것이지요. 어떤 실책이나 오류가 다분한 결정을 다수가 집단적으로 실행함으로써, 그 결과의 책임을 집단이 나눠 갖게 하여 개인의 문책은 줄어든다는 오판(誤判)으로 위험한 결행을 무릅쓰게 할 수 있어. 이를 방지하기 위해 지도층의 깨어있는 지성이 중요한 것이지."

제임스 교수가 입을 열었다.

"동서고금을 막론하고 집단 기득권을 빼앗기지 않으려고 저질렀던 많은 악행이 선량한 사람들을 수없이 죽음과 고통의 질곡으로 빠트린 것이 사실이야. 그러니 깨어 움직이는 양심 의식이 얼마나 지도층과 일반 대중 속에 살아 있느냐 하는 것이 그 국가와 민족의 운명, 나아가 세계 인류 역사에 무엇보다 긴요하다 하지 않을 수 없어요."

생각이 일치한다는 듯 얼른 엘로이 대사가 말했다.

"그래서 집단 오류(group error)라는 것을 가정할 수 있는데요. 한번은 스위스 항공사 CEO는 회사의 확장 프로젝트를 과거 경험에 비추어 아주 낙관적으로 여겼어. 이 안건에 대해 다른 임원들도 100% 동의하게 되었지. 문제는 그 팽창 계획이 위험할 수 있다는 예상을 스테프진의 그 누구도 생각하지 못했다는 거야. 결국 무리수를 둔 그 항공사는 구제 금융을 신청하게 되었지. 죠지 워싱튼의 말처럼 구성원의 100%가 동의하는 결정이라면 그것은 위험할 수도 있고 진정한 민주주의가 아닐 수도 있다는 거지.

항공기 사고를 조사해 보면, 많은 경우 기장의 그릇된 판단을 부기장이나 다른 파일롯이 지적하지 못하고 안일하게 동조하였기 때문이라고 알려졌어. 이것은 비행기 추락사고 때만이 아니라 개인, 가정, 기업, 사회, 국가 등 인간의 여러 개체와 집단 안에서 발생한 일이야. 누군가 견제해주거나 평가해주든지 최초의 사소한 잘못이라도 지적해 주지 않으면, 그 누구든 또 그 무엇이든 나락에 떨어질 수 있다는 것이지.

비슷한 경우인데 이름만 대면 누구나 금방 알 수 있는 서구의 어느 자동차 회사는 오랫동안 사내에서 부정적 용어, 예컨대 결함, 불일치, 위험,

어긋남 같은 말을 일체 못하게 했어. 6년 후 결국 세계적으로 1,200만대의 차량 리콜 조치와 함께 자동차 업계 최고 금액인 3,500만 달러 벌금까지 부과 되었어. 상처를 더 키워 악화시키고, 호미로 막을 수 있는 것을 가래로도 못 막고 온 집안이 나서게 된 사례야.

누구도 완전한 사람이 없기 때문에, 언론의 자유로운 소통과 비판 정신이 그래서 중요한 것이야. 반대 의견이 필요하고 토론과 때론 격렬한 논쟁이 있어야 실수와 후회를 줄일 수 있는 것이야. 정치, 경제, 문화, 예술, 의학 등등 인간이 추구하고 활동하는 모든 영역에 해당되는 얘기야. 혼자 잘났다고 하는 독불장군으로는 발전할 수도, 기여할 수도 없어."

다시 제임스 교수가 말하기 시작했다.

"그렇게 많은 일반 독일인들과 지성인들이 동시대에 있었음에도 어떻게 그들조차 히틀러의 비정상적인 광기에 휩쓸리게 되고 심지어 그 광분에 목숨까지 바칠 수 있었는가 말이야? 다수 또는 전체의 이름으로 가해지는 폭력에 대해 날카로운 저항 정신을 각 개인은 갖추도록 노력해야 한다고 생각해. 그러니 누가 아무에게 때리거나 몸을 치는 폭력을 행사하면 왜 때리느냐, 왜 치느냐 라고 반문해야 나라가 발전하고 평화를 지킬 수 있다는 것이지.

다른 한편 결코 잊어서는 안 될 것이 하나 있어요. 분명히 말하지만, 전쟁을 잊어버리고 군대를 해산해야 한다는 뜻이 아니야. 전쟁을 무시하는 자 평화를 잃는 법이야. 중국 고서(古書)에 천하가 태평해도 전쟁을 잊어서는 결코 아니 되며 전쟁을 잊으면 위기에 봉착한다는 말이 있고, 로마 속담에도 '평화를 원한다면, 전쟁을 준비하라'는 말이 있어. 견물생심이라는 말이 있듯 국가든 개인이든 상대가 힘이 없고 방어력이 약하든지 하면 기만(欺瞞)할 수 있고, 게다가 전의(戰意)가 없어 보이면 인간 심리가 약육강식의 야욕을 쉽게 가지고 폭력을 범할 수 있어. 그런 미혹을 풍겨, 상호 불상사를 초래해서는 안 된다는 거야.

마치 우리가 전염병이나 중대 질병에 대해서는 항상 긴장하고 조심해야 하듯, 무력 충돌 역시 국가 간 득실의 긴장 관계 속에서 늘 조심해야 하는 것 아니겠어. 치안을 위해 경찰력이 늘 주택가 가운데 있어야 하듯 말이지.”

이런 얘기를 듣자 대철은 마음속으로 생각했다.

일본이 서구의 총포와 과학 기술을 먼저 전수받았다는 이점(利點)을 생각하고 힘없는 조선을 임진란과 한말(韓末), 두 번이나 크게 침탈하였던 것이라 할 수 있다. 그래서 도산 안창호는 ‘대한국인이여, 힘을 기르소서’ 하고 외쳤던 것이다. 기본적인 국력과 힘을 갖추고 있을 때, 대화와 협상이 가능해 지는 것일 게다.

외교 학자인 엘로이 대사가 버튼을 이어 받았다.

“스위스만이 간직한 힘이 있었던 거지. 히틀러가 그렇게 유럽을 불량배처럼 휩쓸고 다녔어도 스위스는 침략하지 않고 오히려 불가침 하겠다고 통보까지 하였어. 물론 스위스는 히틀러가 필요했던 기축 화폐를 사용한 이점도 작용했지만 무엇보다 오랜 역사적 전통의 용병 경험과 알프스 산악 지역에서의 게릴라전 위협, 이탈리아 파시즘과의 인력과 물자 통로 차단 경고 등을 통해 나치스의 침공을 막을 수 있었어요. 히틀러가 유럽 전역을 장악하면서 프랑스보다 작은 스위스에 왜 욕심이 없었겠어.

알프스의 소녀 하이디와 요들송 등으로 낭만적이고 평화롭게 보이는 스위스이지만 뛰어난 상무(常武)정신으로 미사일 기지와 대·중포의 격납고, 차세대 전투기, 민병제도 등등 늘 국방력을 유지하면서 이웃나라에 침략의 유혹을 주지 않도록 하고 있지. 또 다른 중립국인 스웨덴도 마찬가지야. 전쟁은 인간이 저지른 최대의 실책이기 때문에 반복하지 않으려면 방지와 예방 조치를 결코 잊어서는 안 되는 것이야.

한때 스위스처럼 네덜란드와 벨기에가 중립국을 선포한 적이 있었어. 그러나 힘없는 종이 조약만으로는 나치스의 침략을 막을 수 없었던 거야. 힘없는 어린 꽃사슴이 오랫동안 굶주린 재규어, 표범이 달려오는데 낭떠러지를 향해 도망가는 처지였지.

이처럼 최소한의 힘은 보유하고 있어야 하지만, 상호 협의된 공감된 평화 의식 안에서 이웃 국가 끼리든 여러 국가 간 집단적 체제이든 국방 지출을 다함께 점차 줄여 가는 예지(叡智)가 필요해요. 이미 전쟁의 역사는 이제 임계(臨界)점에 거의 다다랐다 할 수 있을 것이야. 전쟁 수단과 도구가 과거에는 상상도 못할 만큼 오늘날 가공할 끔직한 폭발력과 파괴력으로 워낙 극단적으로 발달했기 때문에… 그야말로 아무 승자(勝者) 없는 파괴전이 되어 인류 문명 문화가 몰락할 수밖에 없게 되었어. 이것은 내 얘기가 아니고 군사 전문가와 물리학자들이 환기시키는 '위험 경고'라고 하더군.

더구나 21세기 이후에는 인류 역사 초유의 가공할 핵이나 중성자탄이 조그만 007가방이나 보잘 것 없는 쇼핑백 안에 구겨진 신문지로 둘러 싸들고 다닐 수도 있는 세상이 되어 가고 있어. 누군가가 피해망상에 사로

잡혀 극단적인 행동을 하게 된다면, 사람들이 밀집된 번화가 러시아워 때나 특히 많이 모여 있는 군중 가운데서 엄청난 위력의 최첨단 소형 초강력 폭탄을 쉽게 터트릴 수 있다는 거지. 그것도 히로시마 때보다 훨씬 강력한 것으로 말야. 서구의 민간인들이 저지르는 총기 살인 사건들이 이따금 발생하여 우리를 슬프게 하거나 경악시키는 경우가 적지 않듯이.

전쟁은 폭탄을 계속 끔찍한 수준으로 발전시키며 인류의 생명을 더욱더 노리고 있어. 그런 노력과 투입되는 집착을 인류 사회의 어둡고 괴로운 난제 해결에 쏟아 부을 수 있으면 좋으련만… 성냥불이나 촛불을 가지고 신나게 놀다보면 결국 화상을 입을 수밖에 없다는 것을 알아야 해."

15. 너무 아쉬워!

손실

"옛날 얘기만 했는데, 최근 얘기도 해볼게요."

제임스 교수의 말이었다.

"한 기밀문서에 따르면 1961년 1월 노스캐롤라이나주 골즈버로 공군 기지에서 출발한 폭격기 B-52가 비행 중 기체 결함으로 꼬리 부분에 싣고 있던 'MARK 39' 수소폭탄 2발이 지상으로 떨어졌어. 한 발은 노스캐롤라 이나 패로 들판에 떨어졌으며, 다른 한 발은 파이크빌 목초지에서 발견됐지. 이 수소탄은 한 발당 4Mt(TNT 400만t)으로 폭발했다면 수도 워싱턴을 포함해 볼티모어, 필라델피아, 뉴욕까지 영향을 미치고, 수만 명의 목숨을 앗아갈 수 있는 초대형 참사를 일으켰을 것이야. 이 폭탄에는 4개의 안전장치가 장착돼 있지만 이중 최후 한 개 장치인 저전압 차단기만 제대로 작동되어 대참사를 막은 거지. 그 후 8년 뒤 연구원 파커 F 존스는 '간단한 발전 기술을 기반으로 한 저전압 스위치 한 개가 미국과 대참사 사이에 있었다.'고 하면서 'MARK 39는 B-52의 공중대기 임무에 적합한 안전성을 갖추지 못했다.'고 결론지었어."

"아니, 그게 사실이에요? 큰일 날 뻔 했네요. 제임스 교수님 계신 곳과 멀지 않았죠?"

제임스 교수가 잘 알고 있다는 듯 눈을 반짝이며 말했다.

"그래요. 우리 인간은 당장 코앞의 이익만 바라보고 행동하다 보이지 않는 거시적이며 더 크고 중요한 가치와 유익을 상실하는 경우가 너무 많았어요.

지난 세기 공산주의의 태동으로 오랫동안 열·냉전의 시기가 있었어요. 자녀들은 태어나서 보니까 무신론이나 열전(熱戰)의 유산이 아무 연관 없는 자신에게도 불어 닥친 거죠. 어쩔 도리 없이 부모 때의 괴로웠던 상황을 그대로 물려받아, 한숨과 신음 속에 생애를 마감한 경우가 다반사였어요.

오늘날도 마찬가지죠. 비록 전쟁 중인 나라는 아니라 하여도 인간 품위와 존엄성이 무시되고 억압받는 시대 상황을 자녀 대(代)에서도 고스란히 물려'입어야'되는 경우가 많아. 이것은 고쳐야 돼요. 악순환의 고리를 끊어버리고 다함께 새롭게 상호 인권을 존중하면서 행복을 추구해야 돼. 눈에 넣어도 아프지 않을 사랑스러운 자녀들에게 불신이 만연하고 뼈아픈 현실이나 감당하기 어려운 비극의 실제 상황을 물려 줘야 한다고 생각해 봐요. 우리는 눈앞만 보고 너무도 나 혼자만 생각하면서 살아온 거예요.

설상가상으로 배부른 자는 또 다른 새로운 자극을 찾아요. 사냥을 좋아하던 사람들이 늘 진부하게 짐승만 대상으로 하다가 사람을 목표물로 바꾼 경우가 있었어. 지금은 없어졌기를 바라는데, 젊은 남자들을 납치해서 먹을 것도 주지 않고 힘을 뺏고는 가혹하게 폭행한 뒤 마침내 어느 날 밤 깊은 산속에서 풀어줘. 다시 붙잡히면 죽인다는 위협을 하면서 멀리 달아나라고 하지. 그들은 지친 몸이지만 있는 힘을 다해 숲속으로 달아나.

그러면 사냥개와 총을 든 사냥꾼들이 100미터 뒤에서 추격하며 총을 쏘아. 운이 좋아 달아나면 살겠지만 그렇지 않으면 인간 사냥감으로 사살되어 숲속 동물들의 먹이가 되고 말아.

결과적으로 배부른 이들의 유희를 위한 한낱 노리개감으로 귀중한 생명을 살해하게 된 것이지.

사람 심리가 공을 사면 밖에 나가 차고 싶고, 새 옷을 얻으면 입고서 사람들에게 자랑하고 싶고, 돈을 많이 벌면 막 쓰고 싶고, 신무기를 획득하거나 개발하면 실전에 사용하여 효과를 느끼고 싶어 해. 순박한 아이들에게조차 장난감 총을 선물하면 그날부터 싫증날 때까지 보는 사람을 보기만 하면 총소리를 모방하며 총질을 해 대요.

북반구의 어느 분리주의자들은 어떻게 하다가 정교한 미사일을 소유하게 됐어. 결국 비행 중인 민항기를 적군 수송기로 오인하면서 미사일을 발사하게 되고, 전혀 이해(利害)관계가 없는 10여개국 300여명의 무고한 탑승객 전원을 살상해. 분리주의자들의 폭력 분쟁 사태가 죄 없는 민간인 목숨을 앗아간 것이 아닌가 말야.

전쟁은 사람을 죽이기 위해 온갖 가능한 방법과 수단을 가리지 않고 무지막지하게 다 사용해요. 순박한 젊은이들에게 온갖 감언이설로 현혹하고 합리화하여 물리적 폭력은 물론 사상과 가치관을 공격적으로 만들어 이웃과 세계와의 관계를 역사퇴행의 방향으로 가게 할 수도 있다는 거야. 일종의 침략을 위한 쿠데타를 예비하거나, 궁극적으로 정복과 권력 찬탈을 위한 야욕을 채우려 하는 방향으로 어떤 그럴 듯한 명분을 앞세워 지역이나 세계를 오도(誤導)하게 되는 거지.

그 젊은 군인들 가운데는 군무(軍務) 이외의 일, 예컨대 과학, 예술, 의학, 문학, 음악, 스포츠, 법학, 경제학 등등 세계사에 뛰어나고 독특한 자질을 간직한 채 활짝 꽃피우지 못하고 있는 이들이 있을 것이야. 그들에게 기회가 주어진다면 그들도 인류 역사에 훌륭한 업적을 남길 수 있었을 텐데, 너무 아쉬워! 인류가 아직 전쟁이라는 질병에서 헤어나지 못하고 있기 때문에, 총칼을 들고 화약 냄새와 포연 뒤에 숨어 있어야 하는 거야.

한 가지 예로 당대의 위대한 과학자이며 수학자인 아르키메데스 역시 자기 방에서 과학적 연구를 골몰히 하던 중이었는데 포에니 전쟁으로 철없는 로마 병졸들이 들어와 그들의 칼에 목숨을 잃었어. 엄청난 인력과 재능의 손실인 것이지.

인간의 이성과 판단이 살아 있다면, 이제는 전쟁의 악순환을 끊고 극복해야 돼. 항상 무기를 갖추어 싸우고 전쟁하는 것을 운명처럼 당연한 것으로 여기는 고정 관념을 버리고 불필요하고 과도한 국방 예산을 나라마다 상호 협의 하에 감축해 가는 슬기를 이제는 함께 모아서 실천해 가야 하지 않을까 생각해. 터무니없이 사람을 죽이는데 귀중한 혈세를 엄청나게 낭비한다는 것은 국가간 민족간 너무 어리석고 마음 아픈 일이라 하지 않을 수 없어. 그렇다고 무기를 당장 손에서 놓자는 말은 절대 아니야. 단계와 과정이 있어요."

감정에 휘말리지 않도록 애쓰며 대철이 차분히 입을 열었다.

"지금까지 인류가 역사를 전쟁과 대립으로 범벅이 되게 했으니, 하루 아침에 전쟁이 없게 하기는 어려울 것 같아요. 그러니 기본 치안을 위한 정도로만 유지하는 무장 축약(縮弱)까지는 점진적이며 순차적인 여러 단계가 필요하겠네요, UN 또는 제3국과 함께 상호 무력 감축 확인이 단계별로 병행되어야 할 것 같아요. 교수님."

인질로서의 삶이 온 몸과 마음을 쇠락하게 하는 것은 사실인가 보다며 대철은 생각하였다. 왜냐면 제임스 교수의 말에 차분히 응대하면서도 마음속으로는 담배용으로 쓸 수 있는 나뭇잎은 어떤 것이 좋을까 하며, 언급하고 있는 말과 다른 생각을 쫓고 있음을 깨달았기 때문이었다.

평화 의식(意識)

"군축 단계를 상호 굳건한 신뢰감 위에 기술적, 현실적으로 정밀하게 서로 감시하고 확인해 가야 하겠지만, 제일 중요한 것은 양방 상호 국민들의 의식이 주도적으로 평화를 간절히 목말라하고 그 중요성을 확신하고 있는가 하는 점이야.

국민 대다수의 여론과 관심이 평화 의식에 깨어 있지 않으면 소수라 하여도 호전적, 민족주의적, 패권주의적, 제국주의적, 정복(征服)선호적 과격한 급진파 집단들이 국정을 주도하면서 심하면 비밀리에라도 무력을 증강시키며 전쟁을 준비할 수도 있다는 거야. 매스컴을 이용하거나 권력을 장악하거나 분위기를 선동하며 온 나라를 전쟁의 도가니로 몰아갈 수도 있다는 거지. 그들에 의해 우연찮게 야기된 미소한 분쟁이 누구도 예상 못한 대규모 전쟁으로 확대될 수도 있어.

이런 까닭에 평화와 안정의 중요성과 그 다행스러움에 대한 범세계민적 공감된 인식과 또한 그 같은 생명의 문화와 평화 코드, 평화 트렌드가 사회의식 저변에 확고하고 널리 풍성하게 펼쳐지며 깊이 뿌리내릴 필요가 있는 것이야. 어떤 한 개인만의 평화애착주의는 세계 평화와 안정에 크게 도움을 못 줘. 대다수 지구민의 의식과 상식, 가치관과 문화가 평화와 안정을 향해 있어야 하고 그 평화에 젖어 있어야 해.

진정 우리가 깨달아야 하는 것은, 마치 어느 주권국의 한 변방에서 폭력 사태나 대량 살상 사건이 발생하면, 그 나라 전체가 다 함께 거국적으로 필요한 대응 조치를 취하듯이 해야 해. 마찬가지로 지구상 어느 한 편에서 국지전이라도 발생하면, 강 건너 불 보듯 할 것 아니라 세계적으로 책임진 정의로운 기관의 공적인 권한 주도하에 함께 해결책을 강구해야 될 것이야."

잠시 평화로운 수평선을 멀리 바라보던 대철이 마음을 추스르면서 의연한 자세로 다시 말을 이었다.

"사실 1차, 2차의 세계 대전 후 또 거대한 전쟁이 이념에 의해서든, 영토 갈등이든, 첨예한 국익 분쟁이든, 발생하지 않는다는 보장이 없어요. 제3차와 그 차후의 세계 대전을 막기 위해서는 각 나라마다 어느 정도의, 전쟁을 막기 위한 긴장과 경각성을 유지할 필요가 있다 하겠어요."

고개를 끄덕이던 엘로이 대사가 입을 열었다.

"확실히 인간이란 선과 악의 중간에 위치하여 선택을 해야 하는 존재인 것이야. 과연 어느 쪽이 각자 생을 마무리 할 때 또는 손자 손녀에게 자신의 행적이 알려졌을 때 후회 없는 삶이 될 수 있는가? 하는 것은 자기 자신의 책임이지.

누구든지 찻길 건널목을 건널 때 어느 정도 긴장을 하고서 건너야지 정신을 다른 곳에 두고서 건너다간 큰 사고를 당할 수 있듯, 인류 역사가 보여준 우리 인간의 잘못된 선택을 거듭하여 범하지 않도록 사전에 미리 경계하고 방지하기 위하여 늘 의식 있는 지성과 예민함을 견지할 필요가 다분히 있는 것이지.

아무리 생각해 봐도 인간 심리상 군대가 완전히 사라지기는 힘들 것으로 보이지만, 국가 간 상호 엄밀한 협의와 필요시 더욱 강화된 상호 감시를 하면서 군축을 시작하는 거야. 기대할 수 있는 바는 궁극적으로 최소한의 군대 혹은 경찰력 정도의 무장으로 축소하고 줄여 나간다면 그만큼 완전한 평화의 길에 보다 가까이 다가서는 것이라 할 수 있을 것이야.

단계별로 무장이 감소되는 단계 중에, 아마도 평화를 향해 전진하는 선한 세계민에게 악한 마음으로 악용하려는 세력들이 자생할 수도 있겠지. 그러므로 양방과 제3의 무력 감시단이 상호 방문하며 전체 무력 수준과 정도를 파악한 뒤 상호 감시 아래 여러 과정과 단계를 거쳐 점진적으로 무력 감축 및 해체 프로젝트를 실행해 가야 할 것이야. 그 무기와 군대의 예산을 의학 연구와 빈곤한 소외계층들 복지를 위한 방향으로 지출을 늘리도록 하면서 평화의 혜택을 공감하도록 해야겠지.

그러면서 중요한 것은 인류가 서로를 위하는 의식과 정신을 보편화 하도록 변화 되어야 할 거예요. 각 개인이 체험하며 보유한 인류관이 인류 상호간 우애를 돈독히 하며 서로가 상호 필요로 하는 존재라는 인식을 더욱 분명하게 갖춰나갈 때, 평화는 더욱 건실하고 튼튼히 자라나기 시작하겠지요.

보다 성숙한 자국의 민주주의 발전과 함께 자유 언론도 협력하여 감사 기관과 더불어 감시자 역할을 지탱해 가도록 해야 돼. 그리하여 군축으로 남는 예산과 에너지를 과학 기술 개발과 복지 예산으로 변용(變容)하고 증액시켜 보다 바람직한 국가와 정부로 거듭날 수 있어야 할 것이야. 그때에 자국 국민들도 보다 성숙한 자긍심을 견지할 수 있게 되겠지요."

기자 근성을 충만히 드러내는 지적인 캐더린 기자가 말했다.

"궁극적으로 인간이란 발끝에서부터 머리끝까지 또한 그 내면까지 욕망 집합체라 할 수 있어요. 추우면 따뜻한 것을 찾아야 하고, 목마르면 무얼 좀 마셔야 할 뿐 아니라 나아가 더 시원하거나 더 달콤하거나 결국 5가지 맛이 나는 오미자처럼 독특한 맛이 나는 것을 선호하는 등 새롭고 편하고 자극적인 것을 찾아요. 그뿐 아니라 마음 내면에서도 인정받기 원하고 소속감을 느끼기 좋아하고 칭찬 없으면 섭섭해 하는 등, 신체의 욕구 외에도 안에서도 끝없이 욕망하고 있어. 끝없는 이기적 탐욕은 결국 후회할 정도가 아니라 파탄, 파멸로 빠트리게 만들어요.

자기 자신이 자신을 제일 잘 알잖아요. 그러니 어느 정도에서 만족할 수 있어야 진정 행복을 느끼고 생명을 기쁘게 영위할 수 있게 되는 거야. 오히려 다른 이들을 위하는 보다 고상하다 할 수 있는 의욕을 발휘하는 거예요. 이왕이면 현존하는 인류 전체 뿐 아니라 장차 태어날 후손에게도 도움이 되거나 사표(師表)가 될 수 있는 방향으로 낮이나 밤이나 줄기차게 연구하면, 조금씩 개선되어 다음 세대들에게 자랑스러운 인류 상황을 물려줄 수 있지 않겠어요?

모든 인류가 차츰 군비를 줄여 가면서 평화의 중요성에 대한 인식을 넓혀가야 할 것이야. 이것은 쉬운 일이 아니며 동반 평화 의식을 분명 악용하는 미성숙하고 국수주의적인 이기적 집단이 자생할 수 있겠지. 그동안 자신들은 소외되고 억압당해 왔다면서, 자신들도 세계 역사의 주도권을 상당 기간 향유한 뒤에 세계 평화를 논하자고 할지도 몰라. 그들은 테러를 일으키며, 모든 평화 논의를 거부할 수도 있는 거야. 이런 경우 적절히 테러에 응징하며 평화 의식을 고취시키거나 평화 교육을 통해 전(全)지구적으로 확대해 나가야 할 것이에요."

다들 약간 지쳐가는 듯하자 제임스 교수가 마무리 지으려는 듯 목소리를 낮추었다.

"가장 추천할 만한 방법은… 글쎄, 부익부 빈익빈 세태(世態)를 하루 속히 극복하는 일이야. 인류에게 당면한 최고의 숙제인 것이지. 인류 역사에 나타난 수많은 갈등과 전쟁, 심지어 제국주의와 공산주의도 이것 때문에 생겨난 것이야. 어떻게 보면 이념과 신념의 명분으로 전쟁한다지만, 그 이면에는 많은 경우 결국 밥그릇 싸움이라 할 수 있어.

우리 인간의 궁극적 삶의 모드(modus vivendi)는 함께 나눠 먹으며 사는 평화이기에 전쟁은 어울리지도 적합하지도 않는 것이야. 고대 역사 안에서는 자고 나면 또는 시간만 나면 약탈이나 전쟁 혹은 그것을 방지하기 위한 대책과 조치를 세우는 것에 하루해가 저물었어. 인권이나 존엄성 같은 것은 생각도 못했지.

차츰 인간 지성이 열리기 시작하면서 전쟁과 보복, 반복되는 살육 이런 따위는 결코 행복의 길이 아니라는 것을 체험하면서 점차 평화의 중요성을 인지하게 되었어. 내가 누구를 무력으로 정복하면, 언젠가 나도 정복당한다는 것이지. 칼부림의 상황이나 분위기를 조성하여 그 안에서 머물면 언젠가 나도 피해자가 될 수 있기 때문에 그런 상황을 평화의 분위기로 변화시키는 것이 필요한 것이야. 이런 사실을 생각하게 된 것은 두 번의 엄청난 세계 대전을 겪고 나서야 겨우 조금씩 각성하기 시작한 것 같아.

상대와 나 모두 똑같이 평범하고 귀중한 한 인간으로서 가족이 있으며, 평화와 안정을 필요로 하고 사랑받기를 원하며, 그 속에서 우리 후손들도 행복하게 살아가기를 간절히 바라고 갈망하고 있는 것이 사실이야.

하늘이 자연을 통해 우리 인간에게 하사하는 선물은 세상의 그 어떤 인조(人造) 명품보다 소중하고 의미가 있는 것 아니겠어요? 무엇 하나 아쉬울 것 없는 눈부시게 아름다운 해변, 대단히 맑고 신선한 공기와 살랑살랑 불어오는 실바람, 친구와 함께 맨발이라도 담그고 앉아 도란도란 담소라도 나누고 싶은 찬찬히 흐르는 실개천 물가… 표현이 부족할 정도로 경외스럽고 환상적인 이 같은 자연 속에서 우리 인류는 얼마나 많은 전쟁과 폭력 등으로 모든 것을 더럽히며 악화시키면서 살아 왔던가, 생각해보면 너무너무 가슴 아픈 일이야. 너무도 어리석었던 짓거리를 다반사로 저질렀던 거야.

나아가 혹자는 인류 미래의 예견되는 갈등과 분쟁은 지금까지 저질러 왔던 이데올로기 혹은 영토 강점 차원이 아니라, 종교 또는 생존 필수 자원의 불균형과 고갈로 인하여 야기될 것으로 생각한다고 해. 그러니 피하기 어렵고 더욱 첨예하며 죽어 가면서도 순교자인양, 조국의 영웅인양 자기 합리화하면서 인류 청사(靑史)를 붉게 물들일지 모른다는 거지.

아름다운 자연 경관처럼 부디 이제부터의 인류 미래사는 좀 아름답게 펼쳐지기를 간절히 간절히 바라는 바야. 인간이 하늘로부터 받은 두뇌로 얼마든지 아름답고 행복을 느끼게 하는 세상으로 변화 발전시킬 수 있어요. 아름답고 바람직한 인류 역사, 결코 불가능한 것이 아니야. 찾으면 길이 있어. 미국에서 서부 활극이 난무할 땐, 매일 많은 사람이 쉽게 흉탄에 목숨을 잃었지만 명오가 개선된 오늘날은 분명 그때와는 다르게 변화되었잖아.

역사 안에 나타난 여러 과학 기술과 각종 다양한 정책 구상들 봐봐. 인간 두뇌가 얼마나 영민(英敏)하고 섬세한지. 그 뛰어난 지력으로 자신만 혹은 자기 집단만 위하려는 그릇된 욕구가 강하면 온 세계에 불행을 자초하는 거야. 그러나 인류가 분명하고 확고한 의지만 있으면 옛 선조들이 갈망하며 살고 싶었던 그런 만민 행복의 미래사를 구현할 수 있을 것이야. 아무렴 할 수 있구 말구. 반드시 그렇게 되어야 해."

제임스 교수를 비롯한 외교 사절과 기자와의 대담은 많은 것을 생각하게 해 준다고 느끼며 대철은 어떤 희열과 기쁨이 가슴 속에 넘치는 것을 알았다.

잠시 침묵이 흐르는데, 부소누 목소리가 크게 들렸다 사라졌다. 웬일로 낮에 나타난 거지? 다들 불안해하는데 제임스 교수가 오늘 이만하자고 하여 다들 자기 원하는 곳으로 흩어졌다.

그날 밤 부소누가 만취 중에 몸을 가누지 못 하면서도 또다시 들어와 소리쳤다.

"내 맘에 안 들면… 다들 죽어, 내 특기는 도끼 던지는 기술이야. 명중률 90%이며 맞추기 대회에서 최우수상을 받았어. 각자 알아서들 기라고. 고향에 돌아가는 것은 둘째 문제고, 끔직한 고통 속에 죽게 할 수도 있어. 너희들 소말리아 전갈이 몸 파먹어 가는 고통을 맛보게 할 수 있어. 그러니 알아서들 해. 전갈은 천 마리 이상 구해났으니까.

또 너희들 랜섬은 내 손에 달랑 몇 푼만 들어와. 나하고는 크게 관계없어. 모두 상부에 전달되고 말아. 너희 죽음은 탈출하려 하는 것 사실했다 하면 아무 문제없어. 전체가 달아나 잃는 것보다 인질 한 둘이 죽어 큰 손실 줄이는 것이 낫다는 얘기야. 으… 꺼억."

"…"

16. 필요한 라이벌

"모두 잘 들어."

호사다마라 했던가! 새벽 3시쯤 되었을까, 부소누가 술냄새를 풍기며 모두를 깨워놓고, 다음과 같이 엄포를 놓는 것이었다.

"나는 너희가 웃는 것, 좋아해 하는 것, 잘 되는 것, 기뻐하는 것, 안심 해 하는 것 등등 이런 꼬락서니는 절대 못 본다. 내 앞에서 그런 것은 결코 용납할 수 없다. 왜 그런지 이유는 가진 놈 나라에서 온 너희가 더 잘 알 것이다.

두 사람 이상 모여서 잡담하는 것은 탈출을 모의하는 것으로 간주한다. 이런 사람에게는 음식을 주지 않겠다. 우리 민족들의 배고픔을 너희들도 느껴봐야 한다. 특히 둘 이상 모여서 낄낄대면 즉시 면상에 주먹이 날아간다. 그 결과나 후유증은 모두 너희들의 몫이다. 나의 잘못이 아니라 지시를 따르지 않은 너희들의 탓이다. 꺼윽⋯."

행복이 아빠가 그래도 대철이를 안심시켜 주었다. 부소누가 술이 깨면 대부분 잊어버린다고. 그러나 아주 드물게 생각해 내는 때도 있으니 일단은 조심해야 한다는 것이다.

대철은 제임스 교수를 만나는 것이 이제는 좀 어렵겠다고 생각했다. 그러나 다행히 세탁하는 날은 인질들이 세탁에 전념하는 줄 알고 감시가 느슨해졌다. 그들도 힘이 드는 일이라 어디론가 가서 심기를 재충전하고 오는 듯했다.

이곳에서 인질로 버티면서 살아야 하는 대철에게 유일한 기쁨이며 위로인 제임스 교수와의 만남은 세탁 후 건물 뒤에서 이뤄졌다. 몰래 숨어서 하기 때문에 위험하기도 하지만 필요하고 가치 있는 일이라고 대철은 확신하였다.

대철이 영국에서 석사학위를 받았다는 얘기를 들은 제임스 교수는 며칠 후 세 사람을 더 데려왔다. 베네딕이라는 호주 사람을 데려왔는데 그는 시드니대학 사회과학부 교수였다. 어떻게 인질이 되었는지 자세히 설명하지는 않았지만, 그도 이미 3개월 넘게 버티고 있다고 했다. 또한 루카스 외과 전문의와 데오 누샤 변호사를 소개했다. 루카스는 로마대학병원에서 일하고 데오 누샤는 국제 통상 조정 전문가라고 했는데, 두 사람은 이탈리아인이면서 부부였다. 함께 휴가를 왔다가 얼마 전 인질이 되었다고 했다. 이들은 모두 기꺼이 합류하였다.

"베네딕 교수님은 인류 사회의 경쟁 체제에 대해서 어떤 생각을 갖고 계세요? 경쟁이 어떤 경우 지나칠 때 분쟁으로 악화될 수도 있었거든요. 특히 경제적, 상업적, 지리 영토적 입지에서 상대 국가와 부딪히다 결국 패권이나 이득권 싸움으로 번지면서 인접 국가끼리도 이해에 따라 편이 갈라지며 큰 싸움이 되는 비극도 있었어요."

제임스 교수가 대철에게 베네딕 교수를 소개한 후 단도직입적으로 질문 공세를 시작했다.

베네딕 교수가 차분히 입을 열었다.

"모든 생명체는 어쩔 수 없이 경쟁이 있으므로 더욱 발전하는 것이 사실이지요. 경쟁이 없어지면 전체가 하향평준화 되는 것은 불을 보듯 뻔해요. 허나 경쟁으로 인하여 뒤에 처진 구성원은 발전하기 위해 힘쓰고 선두 그룹은 위치를 지키기 위해 노력하게 만들어. 선의의 경쟁은 유수(有數)의 뛰어난 걸출들을 낳아 인류 발전에 기여하게도 할 수 있을 것이야. 그러나 문제는 극단적, 무조건적 경쟁을 허락해서는 비극이 생길 수밖에 없어요.

대결하는 갈등 의식 구조 속에서 증오와 혐오심의 잔불은 항상 잠재되어 있는 것이지. 엄하고 살벌하고 가혹한 생존 경쟁의 정글이 아니라 함께 노력하며 공정한 선의의 경쟁을 힘쓰는 인간 사회가 될 수는 없을까, 하는 것이 관건이지요."

약간 피곤한 몸 컨디션에도 불구하고 대철이 끼어들었다.

"평소 인간은 최선을 다하려하지 않기 때문에, 라이벌이 있음으로써 자극을 받고 상호 필요한 존재가 되어 더욱 노력하게 되죠."

엘로이 대사도 비슷한 생각이었다.

"경쟁 동반자 없으면 혼자서 무슨 맛이겠어요? 외롭기도 하고 단조롭기도 하겠지요…. 좀 복잡하지만 함께 다양하게, 또 어쩌면 그것이 다복(多福)한 것이라 할 수 있겠는데, 이런 사람도 보고 또 저렇게 생각하며 사는 사람도 보고… 세상의 다양(多樣)스럽고 풍요로움도 느끼면서… 어느 한 우물 안에서만 갇혀 생을 살다 마감하는 것이 아니라 넓고 아름답고 귀한 좋은 것들을 많이 느끼고 알게 되면, 우리 짧은 인생도 더욱 가치로워지는 것 아니겠어요. 경쟁을 하고 시합이나 경주(競走)를 하더라도 함께 같은 목표를 향해 힘쓰고 노력한다는 것, 의미 있다고 생각돼요."

"엘로이 대사님 말씀이 맞아요. 실용주의가 나타난 이후 효율성, 효율성 하는데, 무한경쟁과 적자생존 구조가 빈부격차를 심화시키고, 심각한 경제적 불평등을 초래하는 이 상황에서 과연 이러한 결과가 바람직한 것이며 효율성 높은 결과인지 되돌아 볼 필요가 있다고 봐요. 코앞의 작은 이익 찾다가 더 귀한 가치를 놓치는 것은 아닌지, 깊이 고민해 봐야 할 것 같아요.

동양 고전에 처음에는 떠나지 않고, 도중에는 깨닫지 못하고, 결국에는 빠져 죽는다는 초이불거 중이불각 종이익언(初而不去 中而不覺 終而溺焉)라는 말이 있어요. 그것은 바로 절제되지 않는 탐욕은 결국 화를 자초한다는 말이죠. 이것은 동서고금의 오래된 법리(法理)예요. 통제되지 않으면 탐욕은 점점 부풀어 오르는 눈덩이가 되어 파멸의 나락으로 추락하고 말지. 예외가 없어요."

대철이가 덧붙였다.

언성을 약간 높이며 베네딕 교수가 말했다.

"그러나 불필요한 소모적 경쟁은 지양해야 해요. 물론 경쟁 구도를 무조건 나쁘게만 볼 것이 아니라 선순환의 측면을 고려할 때, 인류 문명 발달의 촉진제 역할도 있다 하겠어. 그러나 지나친 것은 부족한 것보다 못한 것처럼 경쟁도 지나치게 강조하거나 강요만 해서는 오히려 역효과를 초래할 것이며, 궁극적으로 왜 경쟁을 하는지 그 목표를 항상 염두에 두고 노력해야 할 것이야.

경쟁 관계라 하여도 우호적일 때는 또한 상호 배려하는 분위기에서는 아주 멋진 모습이 연출되지. 예컨대 마라톤 경주에서 결승 골인지점 약 10km 앞에서 1·2등 후보 두 선수가 상대방을 의식하면서 나란히 발도 맞추며 달리는 장면은 마라톤 경주가 선사하는 또 하나의 압권이라 할 수 있지.

분명 경쟁은 관료주의 배격, 복지부동 퇴치, 잠재 능력 발휘 등등 좋은 점이 있어요. 경쟁의 장점이야. 경쟁은 필요한 것이나 건전하고 정의롭게 긴장관계를 유지하도록 해야 할 것이야."

가만히 듣고만 있던 루카스 전문의도 한 마디 거들었다.

"경쟁을 하더라도 선의로 경쟁해야지. 공정한 경쟁, 올바른 경쟁, 정의로운 경쟁이 보장될 때 장기적으로 새로운 문명과 기술의 시스템이 확보되면서 증산(增産)과 개선은 성취될 수 있겠지요, 베네딕 교수님?"

"네. 경쟁의 영어 competition은 라틴어 com(함께)과 petitio(찾다, 구하다)에서 유래된 용어로, 곧 함께 찾고 구한다는 뜻이죠. 궁극적으로 필요한 것을 협동하여 찾는다는 의미로서, 상대를 헐뜯고 짓밟으려 해서는 결코 끝이 좋을 수가 없어. 상대에게 대해 무조건 이기려 노력하는 것이라기보다 상대방과 함께 필요하고 요망되는 것을 구하고 획득하려 힘쓰는 것이라 할 수 있지. 곧 선의의 맞수, 우호적 대결자가 되어야 한다는 것이야. 공의롭고 우호적이면서 혼자만 1등이 아니라, 더불어 공선(共先)하며 함께 공진(共進)해 가고자 하는 인식이 어릴 때부터 교육되어 습관이 되어야 하겠지요.

동시에 자기 자신의 모든 것을 쏟아 붓는 경쟁을 거치는 과정에서 실력을 쌓아가야 인류 전체의 수준과 단계를 상승시킬 수 있는 것이지.

한때 대다수 사람들이 사회적 다원주의를 옹호하던 때가 있었어. 종의 기원을 쓴 다윈의 이론, 적자생존 개념을 일반 사회와 세계 안에 적응하려는 것이지. 곧 경쟁에서 적응하고 이겨낼 수 있는 자가 세상을 지배하고 살아남는다는 얘긴데, 어떻게 생각해요?"

"아니 그러면 소위 능력 없는 사람이나 뒤떨어지는 사람은 사람이 아닌가요? 웃기네요."

대철이 먼저 답했다.

배타적 경쟁?

그러자 데오 누샤 변호사가 말을 시작했다. "우리 인생사(事)에 승자의 저주라는 것이 있어요. 쉽게 말하자면, 경매에서 가격 경쟁이 과열되어 최종 낙찰 가격이 터무니없이 높아져 개인 또는 기업이 원하는 것을 얻기는 하지. 허나, 결국 경제적으로는 패배자가 되거나 기업 경영에 적자가 나거나 도산하게 되는 경우가 종종 있었어. 이동통신의 주파수 소유권이나 석유 회사의 석유 매장지 구입 경우가 그랬지.

이와 마찬가지로 인류 역사 안에서 상대방에 대해 승리하거나 잠식(蠶食)해 내었다하여 반드시 좋은 것이 아니라, 오히려 차후 긴 세월 속에서 커다란 상처를 떠안게 되고 그 후유증으로 오랜 세월 괴로움을 겪게 될 수 있지.

포드가 자동차를 만들겠다고 했을 때, 제일 기뻐한 곳은 경쟁 상대 기업이었어요. 자동차 산업은 아주 불확실한 사업이기 때문에 곧 도산할 거라고 했어. 이런 비난 조짐이 일자, 포드는 최대한 저렴하며 모두가 이용할 수 있는 차를 생각하게 되었고 마침내 대중화에 성공하지. 사회 전체를 고려하면서 일반 군중을 염두에 둔 전략이 사업도 성공하게 했던 거야. 경쟁 기업 덕분에 더 좋은 묘안을 발견한 것이지. 경쟁을 하더라도 사회 공익에 이바지 할 수 있도록 노력하는 것이 성공 비결의 한 가지 아니겠어. 비록 히틀러에게 얼마간 기부한 것은 최대의 실책이었다고 말했지만 말예요."

성실하고 순박한 캐더린 기자가 자신의 가치관을 조용하게 말했다.

"경쟁의 가치는 필요하고 존중되어야 하며, 선의의 경쟁도 필요하고 경쟁의 무대와 집단 속에 있다는 사실이 또 하나의 행복일 수 있지요. 아마 인류의 경쟁 구도 역시 세상 마지막 날까지 계속 될 것이겠지만, 문제는 경쟁조차 할 수 없는 소외되고 그냥 죽지 못해 연명해야 하는 집단이 있다는 사실이죠. 경쟁으로써 인간이 얻을 수 있는 결실을 어렵고 고통 속에 있는 이들과 나눠야 해. 더 많이, 더 신속히, 더 적합한 방법으로 더 많은 사람들과 함께 말이에요.

그렇게 되면, 경쟁에서 뒤떨어져도 패배의식에 젖지 않고, 상호 배려하고 상대의 장점을 발견하고 칭찬하며 존중할 줄 알고 상대 의견을 귀담아 경청할 수 있어야 하는 것이지요? 베네딕 교수님."

"네. 앞으로의 후대에서는 개인 경쟁보다 이제는 팀 정신 별로 성장해 가도록 기회를 주고 교육시킬 필요가 있다고 생각해요. 어느 학교에서는 팀 정신을 양성하기 위해서 그룹을 20명씩 나누고, 그룹별로 20문제를 주고 20명 전원이 협력하여 함께 문제를 풀도록 함으로써 팀 정신의 협동심을 키워가는 교육 방법을 사용해요. 이 방법은 서로를 상호(相互) 짓눌러야 하는 라이벌로 여기도록 하는 것이 아니라, 나의 인생 여정에 도움을 주는 없어서는 안 될 동반자로 이해하고 받아들이게 하지.

80억 인구가 서로를 필요로 하는 존재로 서고 돕고 동고동락하며 살게 될 때, 지구촌의 역사는 보다 나은 생활 지평으로 개선해 갈 수 있을 것이야.

인류가 생존을 원한다면 현재 사고방식을 바꿔야 한다고 아인슈타인이 말했어. 무작정 하는 경쟁이나 절제 없는 무한 경쟁은 결국 승자 없는 패자만 양산 할 뿐이며, 피곤하고 쓰라린 인류사(事)만 눈덩어리처럼 커져 갈 뿐인 것을 알아야 해요."

대철이 말을 이었다.

"진보와 보수 극단적 대립보다 동양사상가인 원효의 화쟁(和諍)사상과 서양의 아리스토텔레스 및 사서(四書)의 중용사상이 양극단 모두를 아우르는 해결책이 되리라 생각해요."

차분히 데오 누샤가 말했다.

"분명히 과거보다 훨씬 편리하고 가진 게 많아졌는데도 왜 그만큼 더 행복해지지 않을까? 케인즈는 탐욕과 끝없는 인간 경쟁을 제한적으로 활용하려 했으나, 오늘의 신자유주의적 자본주의자들은 그 같은 욕구와 경쟁을 무한히 활용하려 하며 세계 모든 문제의 만능 해결책으로 절대화하고 있어. 그러나 사실은 신자유주의가 사회적 불평등을 초래하고, 인간을 한낱 소모품으로 여기는 문화를 양산하며, 사회 계층을 더욱 차등화한 것이야.

약자가 강자에게 도움을 청하면 구걸이 되지만, 강자가 약자에게 베풀면 선행이 되고 나눔이 되어 세계 평화에 이바지하게 되는 것이지. 공존과 동행의 원리는 이처럼 강자에게 주도권이 있다 할 수 있어. 강자가 어떻게 나오느냐에 따라 인류 역사가 빛과 평화의 길로 가느냐 아니면 어둠과 분쟁이 세상 마지막 날까지 사라지지 않는 굴레의 역사만 되풀이 되느냐 하는 것이 결정되지요."

엘로이 대사가 이어 받았다.

"경쟁 시스템의 문제점은 경쟁이 사람을 피곤하게 한다는 것인데, 필요악이라 하지 않을 수 없어요. 왜 짐승 가운데는 어린 새끼를 절벽 같은 곳에서 성장 교육을 시키는지… 그 어린 새끼는 얼마나 힘들고 어렵겠어. 그러나 어미는 알아, 자신도 그 덕분에 이렇게 살아남았으며 그 시련의 교육이 필요하다는 것을.

그러나 더 큰 단점은 이 경쟁 시스템에서 실패하고 낙오하는 사람들에 대한 것인데, 중요한 것은 그들에게 재기의 기회가 제공되어야 한다는 것이야. 인간은 누구나 실수할 수 있는 존재이며, 또한 그 실수를 통해서 성장해 가는 존재이고 더욱 놀라운 발전을 가능하게 하는 존재이기 때문이지. 공정한 경쟁에서 탈락한 이들이 훗날 더 큰 빛을 인류 문화사에 제시한 경우가 적지 않아요.

결국 경쟁 구조에서 핵심적인 요소는 얼마나 그 공정성이 보장되는가 하는 것과 재기의 기회가 확보되는가 하는 점이지. 누구나 참여할 수 있는 기회가 균등하고 공평해야 하는 것이며 실기(失機) 이후에 다시 도전할 수 있는 기회 유무가 관건이야.

중요한 사실

그런데 여기서 중요한 사실이 한 가지 있어요. 인류가 서로 경쟁 관계 구조 안에 있지만 상호 협력적 경쟁 관계가 극단적 경쟁 관계보다 더 많은 결실을 얻고, 함께 먹을 파이를 더 크게 만들 수 있어요. 루카스 박사는 잘 알겠지만, 의과대에서 인체에 대한 새로운 의술이나 백신 등을 발명 또는 발견했을 때 NEJM 등의 의학 잡지에 발표하고, 일반 이공계에서도 새롭게 획득한 과학 정보나 기술을 사이언스, 네이처 등의 과학 잡지에 게재함으로써 같은 분야의 전문가들이 함께 인류지식의 경계선을 넓혀가듯 궁극적으로 각자 노력의 결실을 서로 공유함으로써 시너지 효과 아래 더욱 진보하게 되는 것 아니겠어요?"

루카스 의사가 예를 들어 말했다.

"의과 대학에서 의술은 사람의 생명을 살리는 중요한 지식이니까, 어떤 의학 기술이나 이론이 조금이라도 진전되거나 새롭게 발굴되었다면, 중요한 의학 연구 발표회 또는 권위 있는 의과대 학술지에 발표해요. 그리

고는 많은 의학도들에게서 질문 공세를 받아 업그레이드 해 가는데,

예컨대 우주 탐사의 경우도 나라마다 고비용의 우주선을 쏘아 올리는 것보다 각 나라에서 얻어 내고 축적된 우주 탐사 기술을 상호 공유하고 총체적으로 발전하도록 힘쓰는 것이 더욱 낫지 않을까 생각되기도 해. 앞선 기술을 보유했다하여 자국의 이익만을 생각하니 같은 절차를 시작하는 후발국가에서 똑같이 답습하는 것은 인류 재원의 낭비가 아닐까? 생각해요.

그러니 후발국은 선진국이 개척한 기존의 동일한 분야가 아닌 차별화된 분야와 새로운 영역에 자신의 능력과 재원을 투자하여, 인류 문명의 미답지에 대한 신기술을 연구개발해 가는 것이 인류 전체를 위해 훨씬 필요하며 자국을 위해서도 보다 효과적인 미래 정책일 것이야.

이렇게 성사되기 위해서는 인류 관계가 먼저 가족적인 환경으로 조성되어야 할 것이야. 바로 배타적 경쟁 관계가 아니라 협력적 포용적 경쟁 관계가 되어야 하겠지.

이렇게 되면 여기에 덧붙여 시너지 효과까지 성취할 수 있을 것으로 봐. 새로운 차원에서 여러 중지(衆智)를 모으면 마침내 기대 이상의 결실이 나타날 것이야.

물론 새롭게 창안하거나 발견 발명한 업적에 대해서는 상응하는 혜택이 돌아가도록 특허 프리미엄이나 상급(賞給)이 충분히 주어져야 독점적 비관용적 전유(專有)를 막을 수 있겠지요.”

듣고 있던 제임스 교수도 자신의 생각을 강조하여 차분히 말했다.

“누군가는 절대 평가보다 상대 평가를 해야 모든 구성원이 자기 역량

을 더욱 발휘하여 최선을 다하게 만들 수 있다고 하는데, 저는 상대 평가를 반대해요. 절대 평가의 목표와 기준점을 과거 지난 경우의 평가 기준보다 1.5배 정도 더 높이 책정하면 지난 번 경우보다 50%의 진전이 있게 되는 것이야. 어떤 실적이나 업적, 수익률 등이 50%씩 성장한다면 결코 못하는 것이 아니지.

그런데 절대 평가에서 더 중요한 점은 경쟁 구도가 협력 구도로 바뀔 수 있어. 상대평가로 인하여 만인에 대한 만인이 서로 이리떼와 같은 투쟁 관계가 아니라, 절대 평가를 함으로써 상호 의존하고 정보를 공유하며 함께 과제를 해결해 가는 상호 조력자 관계가 될 수 있도록 한다는 거야."

사회학자 베네딕이 설명했다.

"오늘날 자본주의 사회, 자유 민주주의 사회는 지나친 경쟁 시스템으로 모두 힘들어 하는 것이 사실이야. 어렵게 겨우 승리한 개인이나 집단이라 해도 가정생활 또는 자신의 건강 등이 크게 손상되거나 또한 낙오자 역시 소위 루저의 경우 세상 모든 기쁨과 희망이 다 무너지고 나락에 떨어진 양 좌절하는 모습을 많이 보이지. 과도한 경쟁은 결국 승자이든 패자이든 모두에게 잘못된 거라고 봐.

상대 평가를 불가피하게 꼭 해야 할 경우에는 최대한의 인원을 선별할 수 있도록 해야 할 거야. 극한 상대 평가는 사람을 계속 '이리에 대한 이리'의 투쟁으로만 서로 규정할 수밖에 없어. 조금 완화하여 비교적 많은 수의 상대적 첫 선별 후 그 인원 안에서 절대 평가를 적용하도록 하는 것이 차선책이 아닐까 해.

교육도 마찬가지. 루소를 교육학의 아버지라 하는데, 교육은 인간 삶과 함께 시작된다고 했어. 삶의 가시적인 것과 비가시적인 것 모두를 개선해 가는 것이 교육이야. 곧 인간의 존재 이유와 그 위상을 가르치고 연구하도록 되어야 교육 결실을 얻는 것이야. 고귀한 인간 존재 목적을 위해 상호 존경하고 서로 보호해 주어야 하는 존재 양태를 인식하도록 가르칠 필요가 있는 것이지.

쉽게 말해 인간 존중이야. 상대를 짓밟아 올라서고 무조건 1등 하도록 종용하는 것이 아니라, 인류 모두가 다 함께 행복하게 번영을 누리도록 하는 것이 교육의 목적이고 존재 이유 아니겠어요.

앞서도 잠시 언급되었듯 다윈은 경쟁 방식이 세상의 원리라고 했지만, 우리 모두는 개별체가 아니고 함께 공생해야 하는 하나의 유기체임을 깨달아야 해. 상호 서로를 필요로 하는 사회적 동물이라는 것, 그것은 우리가 각자이지만 함께 더 큰 생명 공동체, 인류체를 이루고 있으며 그 지체(肢體)라는 것이야.

어떤 성공한 영화감독이 모두들 갈망하는 비버리 힐즈로 고가의 집을 구해 마침내 이사했어. 짐꾼들이 돌아간 후 집안 로비에 앉아 있는데, 불현듯 밀려오는 고독감이 가슴속에 강하게 물결치면서 전혀 행복하지 않더라는 거야. 그곳으로 이사하면 모든 것이 잘되고 더 이상 바랄 것이 없을 줄 알았는데 말이야. 우리 인간이 인간일 수 있는 것은 서로가 서로에게 속해 있기 때문 아닐까?

경쟁이 심하면 하나의 고질병이 돼요. 사슴 떼가 순수 민주주의를 실천한다는 것 알아요? 풀이 많이 난 곳을 찾는다거나 시냇물을 마시러 간다거나, 무작정 혼자 행동하지 않고 대다수의 의사 표현을 기다렸다가 다른 의견의 소수 무리들도 마침내 대다수의 결정 따라 순종하며 행동하게 돼요. 경쟁만이 있는 것이 아니라, 협동과 존경이 자연계 안에도 많이 분포되어 있고 쉽게 발견할 수 있어요. 안 그래요, 루카스 의사 양반?"

"네. 우리 인류 모두의 행복과 미래와 존엄성 신장(伸張)을 위해서는 모든 인류가 적극 동참하는 소위 '브레인 스토밍'이라도 하면서 힘쓴다면, 인류의 당면한 많은 미해결의 장을 해결하는데 도움이 될 것이야. 예컨대 자연재해, 불치 및 희귀병, 고질적인 대립과 분쟁, 빈부격차, 자살, 무사안일주의, 소외, 폭력을 위한 폭력, 우주 개척, 허례허식, 고령화, 위선, 기만, 배금사상, 태만, 집단과 집단 간의 복잡한 갈등과 대립, 폭발적으로 증가하는 인류에게 필수 불가결한 식량 생산의 위기 등등 도전하고 해결해야 할 분야는 적지 않아요. 그런 각종 난제(難題)에 열쇠를 찾을 수 있지 않을까 생각해. 할 일이 많아서 좋죠? 심심하거나 우울증에 빠질 시간은 없을 거야.

좀 쉽게 생각해보자구. 수업 시간에 선생님이 어려운 수수께끼를 내면서 다음 수업 시간까지 풀어 오라고 했어. 그런데 그 문제가 너무 어려워 아무리 생각해도 풀 수가 없어. 학생들 수준에 비해 너무 복잡하고 난삽(難澁)한 문제였던거야. 학생들은 각자 집에 가서 저녁 식사를 하면서도 해결의 실마리를 전혀 못 찾는 거야. 그래서 몇몇 친한 친구들끼리 전화로 막 서로 의견을 물어 보는 거야. 한 열 명의 학생들이 서로 고민을 털어 놓으면서 머리를 짜내어도 못 푸는 거야. 아무튼 조그마한 약간의 힌트도 발견 못했어.

그러다가 잠들기 전, 좀 씻고 자려고 수도꼭지를 틀다가 갑자기 문제의 핵심이 새롭게 떠오르면서 중요한 힌트를 한 학생이 생각해 냈어. 그 학생은 얼른 수돗물을 잠그고, 다른 친구들에게 전화로 자신이 밝혀낸 첫 번째 힌트를 전하게 되었어. 그러자 다른 학생들도 그 힌트를 듣고 좋아라하면서 잠자리에서 일어나 또 다른 힌트를 찾아내는 거야. 또 그 힌트를 서로 나누고, 다른 친구들도 점차 수수께끼의 정답에 접근해 가면서 마침내 잠들 시간을 50분이나 넘기면서 그 어려웠던 수수께끼를 풀 수 있게 되었어.

우호적 선의의 경쟁관계가 성립되어 지속될 때, 인류 사회는 진정한 발전과 개선을 이룩할 수 있으며 살가운 맛 나는 지구촌 가족이 형성될 것이라고 봐요. 경쟁과 협력 어떻게 보면 서로 대립되는 것처럼 보이지만, 모든 인류가 서로를 위해 무엇이든, 규모가 크든 작든, 정직하고 진실 되게 봉사하고 도움을 주려고 노력한다면, 세상은 새롭게 펼쳐지고 역사는 바람직한 방향으로 전개될 수 있을 거야.

생각해 봐. 가족 안에 구성원이 되는 식구는 명오가 열리기 시작하는 어린 애부터 노부모까지 가족과 가정을 위해 하다못해 걸레를 빨든, 방의 티끌을 줍든, 이불 요 위에 떨어진 압침을 보고는 누가 시키지 않아도 줍게 될 거야. 또한 고사리 손으로 어쭙잖지만 할머니 어깨를 주물러 주려고 애쓰는 어린 손자나, 아무튼 가족은 대상이 무엇이 되든 관계없이 기회만 되면 가족을 위해 기여를 하고 도움이 되도록 노력해요. 이러한 가족 의식을 모든 인류가 서로를 위해 발휘한다면 분명 갈등과 분쟁은 사라질 거야."

루카스의 부인인 데오 누샤 변호사가 모성애를 가지고 생각을 이었다.

"이러한 생각들이 발전하면, 단순히 가족 구성원 차원을 넘어 서로가 서로에게 모성애 넘치는 어머니의 역할이 될 수 있을 것이에요. 어머니는 자녀들이나 조부모들의 식사는 물론 세탁과 청소, 심지어 상황이 요구하면 대소변도 받아내며 희생까지 아끼지 않는다는 것이야. 어머니는 왜 이 기적이지 않고 그렇게 희생을 할 수 있을까? 어머니는 당신 희생을 수반해도 가족이 사랑스럽고 가족 안에서 기쁨과 희망, 보람과 행복을 느끼기 때문이지. 어머니는 세상 어디에서도 가족 구성원을 대체할 만한 존재를 발견 못해. 어머니에게는 가족이 절대적이며 최고이고 전부인 것이지요.

그러니까 모든 인류가 서로에게 어머니처럼 된다는 것은 서로를 위해 희생하면서도 인류 가족 전체의 기쁨과 행복을 위해 모든 인류가 서로 힘쓰고 노력하며 과도한 경쟁 구도와 분쟁, 갈등, 편파, 소외 등 부정적 상황을 이겨낼 수 있을 거예요."

이때 갑자기 행복이 아빠가 황급히 들이 닥치며 부소누가 뉴질랜드 인질을 구타하고 있다고 했다. 대철 일행은 얼른 행복이 아빠와 함께 달려갔다. 그 인질은 부소누에게 농담 한 마디 한 것이 오해가 되고 화근이 되어 유혈이 낭자한 사건이 되었던 것이다. 연로한 베네딕 박사가 말려서 겨우 부소누를 진정 시켜 사건은 일단락되었다. 뉴질랜드 인질은 다히르가 어렵게 구해온 진통제를 먹고 안정을 취했으며, 루카스 전문의가 아쉬운 대로 응급조치를 해 주었다. 법보다 주먹이 앞선다고 나라와 나라 사이에서도 상호 존중하는 고양된 문화 관계를 맺고 유지하는 것이 불필요한 국력 소진을 피할 수 있을 것이다.

한동안 후 다시 모여 침묵을 느끼다가 캐더린 기자가 조용히 말했다.

"엄격하고 공정한 룰 안에서 선의(善意)의 경쟁은 유지되면서 그 결실은 공로가 있는 자는 적절한 보답과 상급이 있어야겠지만, 가능한 모든 인류에게 고루 전달되고 함께 혜택을 보도록 해야 할 것이야. 그렇게 되면 전 인류가 갈등과 분쟁도 피할 수 있을 뿐 아니라, 그 동안 역사 안에서 불필요하게 겪어야 했던 많은 악순환과 빈부격차, 인간소외 등등 어두운 모습들은 밝고 희망적인 후손에게 물려줄 만한 역사를 엮어 갈 수 있지 않을까 생각해요."

캐더린 기자의 피력이 마무리 될 즈음, 대철은 일전에 민향이 보내준 시가 떠올랐다. 장석주 시인의 '대추 한 알'이라는 시로 많은 산고(産苦) 끝에 결실이 여문다는 의미를 잘 제시하는 것 같았다.

어느덧 저무는 서편 하늘가에 노을이 붉게 흐르며 장관을 이루고 있었다.

17. 기술 문명

지성의 분신(分身)

부소누의 눈치와 동정을 예의 주시하면서 몇 사람이 모여 이야기를 나누는 것이 아무래도 건물 뒤보다는 조금 더 멀리 숲이 있는 곳이 나을 듯하다고 대철은 생각했다. 산보하러 다니는 것은 멀리 보초가 있는 울타리 부근까지만 가지 않으면, 인질들의 건강을 위해 오히려 권하는 일이었다.

숲속 한적한 곳에 자리를 잡고서, 아프리카 대륙의 열악한 상황을 평소 예민하게 느끼던 대철은 베네딕 박사를 비롯한 인질 몇 사람과 함께 인간 문명에 대해 거론하기로 하였다. 역사학자인 제임스 교수가 먼저 입을 열었다.

"오늘은 웃기는 얘기 한 토막하고 시작해요, 너무 천박한 얘기라고 욕하진 마시고. 베르사이유 궁전을 지은 루이 14세는 그 궁전을 너무나 아낀 나머지 궁전에 화장실은 어울리지 않는다고 생각하여 그 궁전 안에 화장실을 아예 짓지 말라고 해요. 그래서 무도회에 오천 명이나 되는 사람들이 모여 왔는데, 모두들 조그만 항아리를 넣은 주머니 하나씩 들고 왔어요. 무슨 용도의 항아리인지 알겠죠? 일보고 나면 그것을 그 안에 담아 들고 다녔던 거야. 그런데 몇몇 사람들의 실수로 그 항아리가 깨어질 때가 있었다는군. 한편에선 여성들의 향수와 화장품 냄새가 진동하는데, 다른 한편에선… 후후훗."

"히히힛, 어떡해…."

"자, 심기일전하여 시작해 봅시다. 인간이 불을 일찍이 발견하였으나 본격적으로 편리하게 사용할 수 있도록 성냥이 보편화 된 것은 17세기 이후가 되어서지. 인(燐)의 발견 후 황린 성냥이 나오고 19세기에 이르러 개량된 성냥이 개발되면서 인류는 불을 아주 편리하고 쉬우면서도 안전하게 사용할 수 있게 되었어. 그전에는 불씨를 잘 간수하기 위해 많은 어려움이 따랐지.

그러니 인류가 불을 발견하고서도 얼마나 많은 세월이 흐르고서야 제대로 불을 사용하게 되었는가 말이야. 이와 같이 우리가 지금 사용하는 많은 문명의 이기(利器)들도 가만히 생각해 보면 더욱 개선되고 이롭게 사용할 수 있는 방법을 고민해 볼 필요가 다분히 많다는 것이지.

옛날에는 땅을 디디는 발에 착용하던 것이 짚신이었어. 어떤 때는 짚신도 구하기 힘든 때가 있었어. 그런데 오늘날 인간 지능으로 과학 기술이 발달하면서 다른 분야도 발전했지만 아무리 가진 것 없고 가난해도 짚신 착용하는 이는 없어. 과학 기술 발달에 문제가 없는 것은 아니지만 지금도 빈곤하다하여 짚신을 다듬어 신고 다닌다면 글쎄, 유리조각이나 파상풍, 오물 등으로부터 편안하지는 않을 거야. 그 필요성을 못 느끼고 다 낡고 헤진 신발이라도 짚신보다는 낫다는 거지. 여하튼 과학 기술의 발전이 요긴함을 알 수 있어요."

이어서 캐더린 기자가 말하기 시작했다.

"넉넉한 뒤주에서 인심이 나온다고 과학 기술로 인한 생활 기본 조건의 개발과 증산은 인간 삶을 물질적으로 윤택하게 할 뿐 아니라 인간과 인간 사이의 심리적인 측면에서도 평안하게 하는 여력이 있음을 부인하지 못해요.

12세기 경 서적이 처음 나오게 되었을 때 서적 2권의 값이 큰 저택 가격과 맞먹었어요. 그래서 도서관에 비치한 책은 모두 쇠사슬로 매달아 공개했으며, 소장한 책이 1,000권 되면 최상위 도서관이 될 수 있었어. 그러다 훗날 인쇄술 발달과 함께 종이가 대량 생산되면서 책값이 떨어지면서 누구나 책을 쉽게 소장하게 되었어.

옷도 그래요. 오늘날 옷 입고 있지 않는 사람 거의 없어. 헤진 러닝셔츠이든 넝마 조각 기운 잡동사니 옷이든 아무리 문명과 멀리 떨어져 깊은 정글 같은 곳에서 생활하는 종족이라도, 대량 생산으로 나온 현대 의류 혜택 입지 않는 사람 거의 없다구. 이것은 아무리 사회가 모순되었다 해도, 문명의 발달로 처음 만들어져 편리했던 값비싼 제품이 점차 저렴하게 보급되어 보다 많은 사람들도 결국 혜택을 입게 되기 때문이에요."

책에서 읽은 것이 기억난 대철이 합류했다.

"기차가 처음 나왔을 때 기존의 말 수레 보다 효과가 없다고 비판이 들

끊었다고 하더군요. 그러나 오늘 날 말이 운송하는 것은 소수에 불과하지요. 비교가 안 되는 운송수단의 발달이죠. 또한 몇 십 년 전 전화기가 처음 나왔을 때, 금전적 여유가 있거나 꼭 필요한 사람들만 집 전화를 두었으나, 점차 전화기가 발달하고 대량 생산이 가능하면서 가격이 내려가고 대중화 되었어요."

베네딕 박사가 사회학적 관점에서 피력했다.

"이렇게 볼 때, 문명이기(文明利器)의 발달 연구는 특히 의료 기술과 신약제조 연구는 인류 생활수준을 향상시키고 불필요한 고통과 비극에서 벗어나는데 큰 기여를 할 수 있었어요. 물질문명을 인류의 공통적 선익을 위하는 목적으로 연구 개발하고 발달시키는 것이 중요한 것이야. 부지런히 물질문명을 향상시켜야 인류의 평균 생활수준을 개선할 수 있게 되지.

누군가 발명하거나 발견한 선한 업적은 결국 모든 인류에게 혜택을 주게 되어 있어. 그러니 장구한 세월의 흐름 속에 환경오염 되지 않는 거시적으로 축적되는 문명 발전은 인류 행복을 위해 필요한 거라고 생각해.

기술의 발달로 좋은 점 중 하나는 과거에는 해소 불가능 했던 난제가 조금씩 풀려간다는 것이지. 예컨대 버리고 처분해야할 엄청난 생활 쓰레기가 재활용되어 에너지원으로 탈바꿈할 수 있다는 것이야. 설치비용은 높지만 각종 쓰레기가 분쇄, 선별, 결집, 연소, 전환, 발전, 처리 등의 과정을 거쳐 고가의 에너지로 다시 태어나는 거지. 소각 때 나오는 환경유해물질은 환경 규정치의 10%수준으로 낮추고, 최종 산물인 재는 땅에 매립하여 모두 썩어 없어지게 한다는군.

또한 음식물 쓰레기 같은 유기성 폐기물을 두 달 정도 경과시키면 자동차 연료로 변화시킬 수 있는 바이오가스 활용 기술도 진척되고 있다고 해. 듣자니 어느 재활용 시설 공장에서는 대도시 인근에 자리하였지만, 기대치만큼 쓰레기가 나오지 않아 다른 도시의 쓰레기도 찾고 있다고 해. 한때는 넘치는 쓰레기로 온 도시가 몸살을 앓았었는데, 이제는 없어서 쓰레기 좀 구해 달라고 할 정도야. 도시마다 골치 아픈 쓰레기 문제를 과학 기술로 일거양득 효과를 얻게 되었어. 장기적으로 환경에 문제가 되지 않으면 대단히 소중한 문명의 이기가 되는 것이지. 기술 문명의 목적이 바로 이런 것 아니겠어요, 제임스 교수님."

"네. 인류의 과거 역사적으로 국제적 분쟁의 원인으로는 원시적인 초기에는 먹거리 확보로 시작하여 삶의 터전이 되는 대지 확장 문제, 보다 나은 수준의 생활을 위해 금을 비롯한 귀금속 확충을 위한 정복, 나아가 에너지를 더 많이 보유하려는 분쟁 등등으로 진행되어 왔어. 이제 세계 인구가 폭발적으로 증가하면서 또 다시 일반 생활을 위한 기본적인 문제, 곧 식량이나 물 같은 필수적인 것 확보가 점차 최고의 이슈가 될 수 있어요.

그러니 세계 분쟁과 갈등, 상호 증오와 분열 등의 어두운 상황을 극복하려면 과학 기술의 올바른 발전과 혁신이 중요하다 하지 않을 수 없는 것이야. 지금보다 인구가 폭발적으로 더욱 증가한다면, 선의(善意)의 나눔과 분배도 한계에 봉착하게 돼. 훌륭한 백신이 많은 질병의 불행을 극복할 수 있었듯, 식량 개발과 증산, 음용수 기술의 진전과 이전(移轉) 등 인류 전체의 미래가 행복해 질 수 있도록 다함께 진지하게 기술 문명의 발달과 활용을 고민할 필요가 있는 것이지."

세계 현실에 밝은 엘로이 대사가 첨언했다.

"파이를 더 크게 만들 수 있어야 한 사람도 빠짐없이 파이를 얻을 수 있는 것이죠. 조그만 파이 하나로 만 명이 나눌 수 없지만, 지금 크기의 만 배가 되는 파이라면 만 명이 다 함께 먹을 수 있지. 세계의 재화도 그 양과 질에 있어 개선하고 발전시켜야 할 이유가 여기 있는 거야.

조그만 피자로 정확하게 똑같이 분배하는 것보다는 더 크고 다양한 종류로 취향별로 선택하게 하면 만족도가 올라요. 마찬가지로 보다 훨씬 더 큰 다양한 재화와 자원을 각자 원하는 것을 필요한 만큼 적절하게 소유하도록 하는 것이 각자의 행복지수는 상승하는 것 아니겠어.

유수 같은 세월의 흐름 속에 개인이나 집단이 얻은 과학 기술은 물론 인류 문명 전체는 새로운 아이디어와 개선된 방향으로 꾸준히 혁신해가려고 노력하지 않으면 낙후될 수 있음을 과거 기라성 같은 기업과 저명인들의 몰락 사례에서 어렵지 않게 보아 알 수 있지. 같은 이치로 새로운 시대 표징을 깨닫지 못하면 도태되고 말아요. 시대 상황과 경향, 추세, 시류(時流)는 계속 진화되고 변화해 가는데 그것을 앞서 가며 선도하면 좋겠으나, 그렇지 못하다면 적어도 그 시류에 부응하며 따라는 가야 현상유지라도 할 수 있는 것이지."

평소 링컨을 존경한다는 데오 누샤 변호사가 말했다.

"링컨의 말이에요, 나무 베는데 한 시간이 주어진다면, 자신은 도끼를 예리하게 가는데 40분을 쓰겠다고 했어. 이 말은 인간이 동물과 다른 특성을 더욱 살리자는 거지. 도구와 기기를 사용할 줄 알아야 한다는 것이야. 자신만을 위해서가 아니라 더 좋은 목적을 위해 효과를 높이자는 거지.

기술이 한참 발달할 때는 그 기염(氣焰)이 폭발적이어서 미국의 경우만

해도 1860년부터 20세기 초 사이의 기간에는 특허 등록이 하루 평균 35개씩 이뤄지던 때가 있었어. 이 당시에 에디슨, 벨, 포드, 라이트 형제 등이 열정적으로 활동하였던 거지. 인간 두뇌의 창의성은 각성(覺醒)하여 눈뜨기만 하면 엄청난 가능성을 발휘하는 거야."

멀리 바다를 바라보던 루카스 박사가 이었다.

"과학 기술은 한계를 넘어서기 위해 존재하며, 그래서 항상 새로운 한계를 찾는다고 말할 수 있어요. 과학 발전사(史)를 보면 과학은 한계를 규정하고는 곧 이어 그 한계를 넘어서 새로운 한계를 찾으려 들지. 새로운 한계에 대한 도전의 역사라 할 수 있어.

기술 과학 문명의 발달은 궁극적으로 시간, 공간, 생태 등에서 오는 한계를 넘어서려 끝없이 노력하는 것이야. 라이트 형제는 공간 이용을 넓혔고, 토마스 에디슨은 시간 사용을 넓혔어요. 인간이 날 수 있게 되면서 공간의 한계를 극복하여 멀리 떨어져 있는 공간 거리(距離)의 간격을 좁힐 수 있었어. 에디슨은 전구를 발명함으로써 태양이 지고 난 이후에도 인간이 활동할 수 있는 시간을 확보하게 만들었으며, 뿐만 아니라 전력이라는 새로운 에너지를 인류가 사용할 수 있게 하였어.

또한 인터넷, 통신·교통수단은 공간 한계를, 영상 매체와 사진 등은 공간과 함께 시간 한계를, 망원경, 현미경, 컴퓨터 등 과학 기술은 시·공간과 함께 생태적 한계를 극복하려 힘쓰고 있는 것이라 하겠어. 새로운 문명 이기(利器)는 정약용의 실학사상에서처럼 인간 삶에 장기적으로 유익하게 하는 면이 분명 있기는 있지. 이처럼 과학 기술 문명의 발달은 시·공의 한계를 벗어날 수 있게 하였을 뿐 아니라, 인간 삶의 난제와 의학적

난맥상을 해소시키는 데에도 큰 역할을 하였어요."

엘로이 대사가 이었다.

"인간 두뇌는 무궁무진한 능력을 간직하고 있음으로 누구에게나 좋고 도움 되는 것을 만들어 꾸준히 개선·개량해 간다면, 전 인류가 보다 나은 세계를 이룩할 수 있다고 믿어요. 자연 재해와 질병으로 고통 받는 환우들을 하루 빨리 구제해야 할 것이며, 여러 올바른 문명의 이기를 널리 보편화시켜 함께 잘 사는 세계로 나아가야 하리라고 생각해."

다시 루카스 박사가 의학적 관점과 연관해서 설명했다.

"그러니까 현 시대가 요구하는 희귀 난치병 치료, 자연재해 회복과 복구, 생명유지에 필요한 의·식·주 증산(增産)과 발전 등등 필수적인 일에 과학기술 발전이 필요한 것이지. 특히 재활 로봇 의료기구 및 감각 신경을 전달하는 의족, 의수, 의안(義眼), 의체 개발, 대체 인조 장기 창안 및 이식 등등 의료 분야에서의 과학 기술 발전은 선·후천적으로 고통 중에 있는 환우들을 생각할 때 시급하다 하지 않을 수 없어.

또한 자연 연료를 찾아내는 것도 중요한데, 일반 나무는 300℃까지 가열할 수 있으나 건조시킨 소똥은 900℃까지 가능해. 더럽고 냄새난다고할 지 모르나 아프리카 풀밭 들판에서는 태울 수 있는 목재 땔감은 찾기 어렵고 정글에나 가야 있지만, 소똥은 들판 온 천지에 널려 있어. 그것도 바싹 말라버려 채집하기 좋으며, 활용 후에도 환경오염이 전혀 없단 말야. 가연 연료가 부족한 허허 벌판에서는 아주 긴요한 자원이 되지.

응용 기술도 새로운 아이디어 창출에 필요한 거야. 로봇이 앉았다 일어서고, 서서는 걷고 팔을 흔들고, 말소리를 내고, 진행 방향의 장애물이 있으면 돌아갈지 넘어갈지 판단하고 때로는 큰 글자를 인식하여 그에 따라 반응하는 등 행동 양태가 다양해. 우리는 이러한 로봇의 기능을 장애우나 환우들에게 적용할 수 있을 거야. 로봇의 행동 범주를 파악하여 각각의 행동 양식을 필요로 하는 장애우들에게 부착하거나, 아예 하반신이 전혀 없는 이들에게도 필요한 로봇의 하반신 부품 파트를 장착시켜 도움을 줄 수 있는 것이야.

이외 각종 인간 감각 기능 모두 여전히 월등히 향상 시킬 분야로서 두뇌, 신경계, 후각, 미각, 장력(掌力), 각력(脚力) 등을 들 수 있는데 장애우들에게는 시급하고 절실한 개발이라 하겠지.”

항구한 진보

시력이 약간 좋지 않은 대철이 말했다.

“극초미세 기술은 나라마다 경쟁적으로 개발하려 애쓰고 있어요. 천조분의 1초, 백만분의 1미리 파동을 통제하는 광섬유 레이저의 발달은 고출력 레이저 장비 생산을 가능케 하고 안과(眼科) 시술 등에서 초미세 조직을 섬세하게 절편 하는데 중요한 역할을 담당하고 있다네요. 그러니까 이름하여 울트라 마이크로 슈퍼 하이테크 같은 것이 중단 없이 개발되고 발전되어야 하겠어요. 베네딕 박사님.”

“맞아요. 뿐만 아니라 지금까지 수천° C까지만 가열하여 분출할 수 있었던 수소연료를 수백만° C인 제4의 물질 상태라고 하는 플라즈마 상태로 가열 분출하는 것이 가능하게 됨으로써 8~9개월 소요되던 화성까지의 여행이 30일 내 가능해졌어요. 나아가 빛 속도보다 3~4배 빠른 워프 버벌 방식을 발전 강화시켜 훨씬 더 빠른 이동을 가능하게 할 수도 있다고 해. 이것은 인류 삶의 공간 터전을 이곳 지구를 넘어 광활한 우주로 확장시키는 데 대단히 중요한 발전의 시작이라 하겠어요.

이밖에도 인공 조혈모세포 만들기, 수중(水中) 또는 우주 공간에서의 드론, 진공 이용 교통수단, 연속 산업 혁명, 순간 이동, 진공 이용 제조 기술, 일이 많고 바쁠 때 함께 나눠 일할 수 있는 여러 명의 멀티플 갱어(multiple ganger)의 가능성, 반(半)물질, 초(超)중력, 다중력 또는 무중력 물체, 우주 암흑 및 진공 에너지 활용, 필수 과거의 재현 프로그램, 다른 행성 간의 결합 및 정착, 초끈(superstring) 우주 이동, 중력 조정, 초(超)물질 등의 개발과 응용으로 인류 발전 과정의 장애와 한계를 극복해 갈 수 있지 않을까 하고 막연하지만 상상해 봐요.

과연 지구를 포함한 자연계 전체에는 우리가 개발해야 할 분야는 아직 엄청나요. 환경을 낙후시키지 않으면서 인간에게 장기적으로도 도움이 되는 자연 이용 방법은 다양한 아이디어를 필요로 하지.

예컨대 물이 부족한 사막지역에 바닷물의 소금기를 줄이거나 하여 음용수 또는 적어도 센물이 아닌 단물로 변화시켜 공급하는 일이라든지, 장마철 쉽게 볼 수 있는 번개 그것은 엄청난 에너지야. 뛰어난 축전 기술과 그 수용할 만한 대용량의 축전기를 산 위에나 장마가 잦은 지역에 설치하면 번개에서 거대한 에너지를 확보할 수 있을 텐데. 또한 폭풍우가 불어오면 대단한 강풍이 나무와 건물에 위협을 가하는데, 태풍 상습 지역에 어떤 강한 풍력발전기를 설치하든지 하여 에너지로 전환시킬 수 없어 아쉬워.

왜 아직 이런 응용 기술이 안 되는지 몰라… 뿐만 아니라 특히 첨단 뿌리 기술을 더욱 깊이 연구하여 인류 문명을 전 방위적 장족의 발전을 거듭하게 해야 할 터인데… 인류 미답의 발전 미개척 분야가 여전히 무궁무진하니 전문가들만 아니라 모두의 두뇌를 더욱 많이 활용해야 한다고 느껴져요."

데오 누샤 변호사가 이었다.

"제2차 세계 대전 중 영·미에서 선박 왕으로 알려진 H. 카이저가 유조선, 항모, 화물선 등 총 1,490척의 배를 건조할 수 있었던 것은 자신 능력에 대한 무한한 신뢰 때문이었다고 고백했어요. 이와 마찬가지로 우리 인류도 모두가 행복한 그러한 세계를 건설할 수 있다고 스스로 굳게 확신을 가질 필요가 있다고 봐. 대단한 지능을 가지고 엄청난 과학 기술발명을 하듯 인간 삶의 조직, 사고방식, 연대적 시스템, 가치관 등 모든 것을 인류 가족 행복에 초점을 맞출 수 있으리라 확신해.

사심 없는 연대성과 인간 중심의 윤리 의식을 견지하는 것이 중요하지. 그래서 선한 마음 위에 거시적 문명이 발달하면, 인류 행복을 가로막는 불필요한 긴장과 갈등에 에너지를 낭비하는 것은 어리석은 짓거리임을 더욱 분명하게 모두가 깨닫게 될 것이야. 어떤 점에서 인류 서로를 위하는 문화가 정착되는 가운데 기계 문명의 뛰어나고 획기적이며 바람직스런 발달은 아무 쓸모없는 전쟁과 분열을 막을 수 있으며, 세계 역사 진보에도 크게 기여할 수 있다는 것이야."

가만히 귀 기울여 열심히 듣던 루카스 박사가 입을 열었다.

"전 세계 인구가 약 80억 정도 되는데 이들 한 사람 한 사람 모두 각자 하늘로부터 부여 받은 소질과 재능을 최대한 발휘할 수 있다면, 지구촌의 더 많은 인구가 보다 양질의 문명을 기대할 수 있으리라 봐. 가까운 생활 주위 영역에서부터라도 시작할 수 있을 것 같아요.

예컨대 가로등의 활용에 대해서도 생각해보자구. 시골이나 한적한 거리의 가로등은 한 밤중부터 새벽 시간대 사이 특히 인적이 끊긴 한 겨울에 사람이나 자동차도 없는데 밤새 홀로 켜져 있는 경우가 많아. 물론 그 야경이 아름답게 보일 때도 있지만, 에너지 절약 차원에서 좋은 방책이 없을까?

우선 센서기를 가로등에 부착하는 거야. 자동차는 속도가 있으니 각각의 가로등 마다 약 2~3백 미터 전부터 센서기가 자동차를 감지하기 시작하면 그 때부터 미리 전등이 켜지게 되는 것이야. 물론 자동차가 지나가고 나면 자동으로 절약 모드로 돌아가 전등이 꺼지게 하여 에너지를 절약하게 되는 것으로 말이지.

여기서 덤으로 한밤중에 자동차의 과속을 통제할 수 있는 효과도 기대할 수 있어요. 또한 야간 과속으로 인한 교통사고도 줄일 수 있지 않을까 생각되네. 또한 작게는 졸음운전도 방지할 수 있지 않을까 해.

요즘 LED 전등은 옛 형광등과 달리 켜지는데 전력 소모가 더 많이 드는 것도 아니라고 하니 더욱 잘 됐지. 수력 발전소처럼 처음에 센서 설치 비용이 소용되겠지만, 에너지 절약으로 그 비용은 오래지 않아 충당할 수 있을 것이야. 고속도로의 경우는 높은 속도 때문에 더 이른 거리에 센서기를 설치해야 하겠지."

베네딕 교수가 이어 받았다.

"그런데 한 가지, 새로운 발명품은 장·단점을 함께 지니는 경우가 많아. 노벨은 오용과 남용 위험 가능성이 전혀 없는 것은 세상에 없다고 했어요. 자신은 그저 과학 기술이 부디 사람들에게 진정 유익하게 활용되기를 간절히 바랄 뿐이라고 했어. 오남용 및 과용으로 과학 기술이 발전되기 이전보다 못해져서는 안 된다는 얘기지.

그러니까 부작용이나 다른 피해를 야기하지 않는 지속 가능한 과학 발전과 에너지 개발을 향해 힘써야 하는 것이야. 혹여 그런 피해가 있다면 정말 최소한이 될 수 있도록 해야 하겠지. 예컨대 조력(潮力), 풍력, 태양광 같은 것은 화석연료 사용으로 인한 환경오염과 부작용을 최소한으로 줄인 경우라 할 수 있어.

궁극적으로 자연 환경을 손상시키지 않으면서 인류 모두에게 유익하고 장기적으로 필요한 항속(恒速)적 개발과 발전이 가능하도록 해야 돼. 자연의 라틴어는 NATARE(탄생하다)의 미래형 시제(NATURA)에서 생겨났어. 자연은 끊임없이 생성되고 순환하면서 생명을 보내주고 있지. 이러한 생명 순환의 고리가 끊어지지 않도록 잘 보존하고 장차 나타날 생명까지 아우를 줄 알아야 하는 것이 인간의 책임이라 하겠어.

이를 위해서도 역시 무엇이든 허용하는 너그러운 분위기와 상황이 중요해요. 문제가 될 만한 단점이나 약점을 기탄없이 상호 소통할 수 있는 여건이 중요해. 사실 어떤 조직이든 그 안에 신뢰, 열정, 의지가 있어야 그 조직은 적어도 살아남을 수 있어요. 근대 유럽 대륙의 산업 혁명 배경을 봐도 특허권 보호, 자본가들의 투자, 과학 기술 등 요소들이 작용했다고 하는데 이 저변에는 인간에 대한 존중과 신뢰가 있어 가능했던 거지요."

잠깐 생각하던 제임스 교수가 조용히 입을 열었다.

"영국의 엘리자베스 1세 치정 때를 봐도 하나의 중소국에 머물던 영국이 세계 강대국으로 도약할 수 있었던 배경에는 여왕의 지적인 겸허함과 백성의 자유를 존중해 주었기 때문이라 해도 과언이 아닐 것이야. 여왕이 관람하던 세익스피어 극에서 포악한 군주의 등장이 많았어도 허용하고 공감했어. 심지어 세익스피어가 햄릿 극에서 '약한 자여, 그대 이름은 여자'라는 대사를 여왕 면전에서 표출하게 하여 다른 이들이 여왕의 눈치를 살폈어도 여왕은 연극을 금지 시키지 않았어. 당시 전제 군주시대 다른 나라에서는 찾기 힘든 순간이었어요.

이러한 시대 상황이 영국을 큰 나라로 만들 수 있었던 거지.

과학 기술 문명의 발달에 있어서는 다양하며 거침없는 실험정신이 첫째가는 필수 조건이야. 하루아침에 완성품이 되지 않기 때문에 꾸준한 실험과 고민으로 완성도를 높일 수 있는 것이지.

이름 없는 장삼이사의 범상한 민초들과 미생들이 희생하여 인류 역사에 많은 공헌을 남기지만, 그렇다고 천재가 능력을 발휘하는 것을 막을 이유는 없는 거야. 천재는 그 나올 수 있는 시대적 사회적 상황이 갖춰줘야 하는 것이야. 천재는 분명 인류 문명사에 커다란 발자취와 흔적을 남기며 다른 사람이나 시대가 이루지 못한 훌륭한 기여를 하지.

그런데 그 천재를 발굴하지 못하거나 그 능력을 마음껏 발산하도록 하지 못하는 것이 문제였어. 오대양 육대주 어디서나 뛰어난 천재는 태어날 수 있어. 그러나 그가 능력을 방해 없이 발휘하여 인류에게 공헌하며 일생을 살 수 있도록 하였느냐 아니냐는 본인의 가치관과 함께 그 생태 여건과 사회적 상황이 결정해 주는 거지.

분명 천재는 보통 사람과 다른 점이 많아. 이탈리아에 위대한 예술가가 많이 나온 까닭 중 하나는, 소위 그 모나고 튈 줄 아는 우수한 '별종'(別種)들을 시대와 사회가 허락하고 인정하며 교육시켰다는 것이야. 예술가 뿐 아니라 내로라하는 과학 기술자들, 사실 당사자의 노력과 재능도 있었지만, 몸담고 있는 사회가 천재답게 만들었다고 할 수 있어.

점잖고 차분한 성품도 가치 있고 의미 있는 것이지만, 그렇지 못한 타고난 성품의 소유자도 사회적 법과 도덕의 울타리를 벗어나지 않는 한, 그 고유한 성향은 이해받고 인정되어야 하는 것 아닐까? 누구라도 자신과 다른 사람들을 이해하고 존중해 주려는 마음 씀씀이가 자리 잡아야 각자가 천부적으로 부여받은 소질과 역량을 마음껏 원 없이 꽃피어서 인류 모두에게 도움을 줄 수 있어야 하는 것 아니겠어?"

대철은 떠오르는 생각의 꼬리를 물고 계속 상상의 나래를 펼쳐갔다. 현재는 달에 도시를 건설하는 노하우가 어렵다고 느껴질지 모르지만, 지구에서 수중도시를 건설하면서 겪게 되는 시행착오가 훗날 우주 도시 건설과 우주 교통수단 개발에 많은 도움이 될 수도 있을 것이다.

지구와 중력이 6:1로 차이가 나는 달에서보다 일단 중력은 동일한 수중(水中)에서의 생존 방법을 알아낸다면, 그 다음 달에서의 생존도 가능해 질 것이며 달에서의 생존은 곧 모든 천체 우주에서의 인간 생존도 가능해 질 것이다. 달에서의 성공적 삶이 우주 전체 삶의 시금석이 되는 것이다.

또한 지난 세월 하다만 신 교수의 과제물, 몇 번 민향과 논의도 해보고 싶었지만 체면상 민향에게 물어 볼 수도 없었다. 요즘 들어 신 교수의 착안이 시공을 넘어 장차 태어날 후세대를 비롯한 모든 인류 사회에 꼭 필요하다는 느낌이 많이 들었다.

유사 이래 힘없고 가난한 이들이 너무 고생스럽게 살아왔으며, 수많은 괴롭힘을 겪었다고 생각이 미쳤다. 다음에 한 번 상세하게 생각해보리라. 대철은 여기까지 생각을 넓히다 밀려오는 졸음에 몸을 맡겼다.

열흘이 지났다. 어디서 시원한 바닷바람이 불쑥 자라난 머리카락을 흩날려 주었다. 힘들고 괴로운 구속된 인질 생활이지만 맑은 공기를 숨 쉴 수 있다는 것은 너무나 좋았으며, 커다란 위로가 되었다. 멀리서 두 여인이 다투는 소리가 들려왔다. 지난번처럼 이번에도 자기 물동이가 새는 바람에 다른 사람 것을 훔치다 발각된 모양이다.

대철은 생각에 생각을 계속하였다. 동서양 막론하고 오랜 세월 약육강식의 가치관 세태 속에 힘 없는 이들, 특히 여성에 대한 남성 우월주의 때문에 여성을 소유물의 하나로 치부한 것이 생각되었다. 중산 계급 이하의 풍족하지 못한 가정의 여성들, 특히 하인이나 종의 신분을 살아야 했던 여성들은 참으로 견디기 힘든 고난의 일생을 살아온 것이 사실이다. 우리 할머니들의 그 앞선 세대 역시 남존여비 사상으로 많은 아픔이 있어도 속앓이만 하면서 한숨 속에 생을 보내야 했던 경우가 너무 많았다. 더구나 선·후천적으로 장애우가 된 여인은 끔찍한 고통과 비탄 속에 사회생활도 못하고 하루해가 얼른 지기를 바라며 순간순간을 살았어야 했다고 전해진다.

불현듯 건물 쪽으로부터 발자국 소리를 크게 내며 누군가 다가왔다. 모두들 한마음으로 부소누가 아니길 바랬다. 낮 시간에 부소누가 나타난 경우는 별로 없는데… 다행스럽게 행복이 아빠였다. 모두들 안도의 한숨을 내쉬었다.

그러나 그는 숨을 크게 내쉬면서 황급히 말했다.

"부소누 부인이 자결했다고 합니다."

순간 모두들 충격을 받았다. 그 사연이 어떠하며 무슨 내용이든, 그러지 않아도 성격이 다혈질에 불같은 부소누인데 부인마저 죽었으니 그것도 안타깝게… 앞으로 또 얼마나 난폭하고 괴팍하게 인질들을 괴롭히게 될지 벌써부터 걱정이 태산같이 느껴진다. 오, 속히 이 생활이 끝나면 좋으련만… 항공사나 각국 정부 모두 손을 못 쓰고 있는 듯 해보여 답답하고 안타까울 뿐이었다.

이런 와중에… 가장 괴롭히는 부소누의 부인까지 비극적으로 죽어버렸으니… 그는 또 얼마나 술에 취해 와서 괴롭힐런지….

역사는 낮보다 밤을 선호한다고 했던가? 부소누 부인의 비극적 죽음 때문에 미칠 파장을 두려워하여 결심한 것이었을까? 그날 밤 인질 중 일본 출신 젊은이 두 사람이 밤에 배를 타고 탈출을 시도하다 해류를 잘못 알고 급류에 휩쓸려 한 명은 익사하고, 다른 한 명은 극적으로 구조되었다. 그러나 구조된 일본인에게 기다리는 것은 일벌백계의 가혹한 고문이었다. 고문 후유증으로 결국 그도 실신한 사람처럼 변해 버렸다.

부소누 부인의 비극적 소식으로 또 한 사람 충격을 받았다. 캐더린 기자였다. 이날 밤 캐더린 기자는 너무나 피곤한 몸에 충격적 소식을 접하고 심한 고열과 함께 트라우마에 빠졌다. 수용소 관리자들이 자가 치료하여 회복해야 한다고 주장하는 것을 겨우 설득하여, 다히르가 모는 낡은 짐차에 눕혀져 큰 병원으로 실려 갔다. 아무도 동승하지 말라는 금지령에, 사정 사정하여 데오 누샤 변호사 혼자만 캐더린 기자 병원 길에 동행했다. 여자로서 연약한 몸에 영양실조와 피곤에 겹쳐 그렇게 된 것 같았다. 심각한 질병은 아니어야 할 텐데….

18. 사람 사이 나라 사이

우분투(Ubuntu)

병원 실려 간 캐더린 기자는 장티푸스로 판명되었다. 목숨은 구하고 안정을 취하고 있다 했다. 스트레스가 많은 인질 생활에 면역력도 많이 떨어져 그런 큰 병에 감염된 것 같았다. 하루 속히 인질에서 풀려나기를 바랄 수밖에….

귀한 비가 내리는 날씨라서 숲으로 가지 않고 건물 옆 외양간 같은 곳에서 짚더미 같은 것을 잔뜩 깔아놓고 일행은 모여 앉았다.

"아프리카 말에 우분투(Ubuntu)라는 말이 있어요."

인질 수감 기간이 아직 짧아서인지 아직 건강을 잘 유지하고 있어 보이는 베네딕 교수가 잠시 뜸을 들이더니 계속 말했다.

"어느 인류학자가 한번은 아프리카 아이들에게 제일 먼저 돌아 들어온 사람에게 선물을 준다고 하며 선착순을 시켰더니, 모두들 우분투 노래를 부르며 발을 맞춰 함께 돌아 들어오는 거예요. 그리고 과일 선물도 조금씩 나눠서 다 함께 나눠 먹겠다고 해. 왜 그러느냐 하니, 누가 1등을 하면 2등 이하 다른 아이들은 과일 맛을 못 볼텐데 1등한 사람이 과연 마음 편하게 과일이 입에 들어가겠는가 하는 거야. 인간은 타인을 통해 완성된다는 우분투 정신은 이웃을 생각할 줄 아는 기본 마음가짐이지.

이를 테면 옆집에서는 빈곤해서 그런지 아니면 가족 성격들이 과격해서 그런지 부부가 늘 고함치며 싸우고, 아이들이 자주 가출하여 도박이나 마약하면서 경찰서에 자주 불려가서 항상 애들 야단치는 소리와 울음소리 그치지 않는데, 우리는 다른 집이라 하여 아무 일도 없는 듯 모른 체 한다? 부드럽고 연하며 살점 많은 갈비를 굽고 값비싸고 막 잡았다는 싱싱한 횟감을 주문하여 최고급 고가 포도주를 핑크빛 조명 아래 잔을 부딪히며 입에 댈 때, 과연 행복에 겨워하며 마실 수 있을까? 연신 옆집에서는 물건 부서지는 소리와 고함치는 소리가 들리며 울부짖는 소리가 들리는 데도…?

우리는 함께 행복해야 하는 것 아니겠어? 부족하고 미소하지만 그들의 문제를 조금이라도 덜어 주기 위해 도와주어야 하는 것 아니겠는가 말이야.

민족과 나라 사이에도 마찬가지로 함께 행복하게 살아 갈 수 있도록 해야 하지 않을까? 공간을 넘어 한 마음으로 연대하여 더불어 행복하게 사는 것이 인간다운 삶 아니겠는가 생각해. 그것이 진정 인류 행복의 길이라

믿어.

한번은 아프리카 어느 나라에서 이슬람 무장단체에 의해 십대 여학생 270명 유괴 사건이 발생하여 세 번 놀랐어. 십대 여학생을 유괴했다는 사실에 놀라고, 어디에 팔아 넘길 것이라는 말에 또 놀라고, 그런데 그 몸값이 일인당 12달러 정도라는 사실에 기겁을 할 수 밖에 없었어.

천하 만물의 최상위인 인간의 두뇌에서, 아름답고 훌륭한 것만을 생각해 내어도 못 다할 것인데, 겨우 통찰해 낸 것이 어린 여학생들 유괴 판매라니… 나중에 수감된 동료와의 맞교환으로 바뀌었지만 말이지. 어떻게 인간 판매를 생각해 내었을까. 그 당사자 여학생들과 그 가족들은 얼마나 아픔과 슬픔이 크겠는가 말이야."

불현듯 생각이 난 듯, 대철이 끼어들었다.

"난국 중에서도 인간의 순수한 선한 마음이 피어나는 아름다운 사례도 있었어요. 한국전쟁의 흥남 철수 작전 당시 미국의 빅토리호 선장 레너드 P.는 흥남 부두에서 피난민을 더 많이 싣기 위해, 배에 실었던 무기와 군사기기를 버리고 피난민 1만4천 명을 태워 부산까지 항해했어요. 이때 배 안에서 태어난 아기도 네댓 명이나 돼요."

베네딕 교수가 다시 목청을 높였다.

"어둠이 짙을수록 조그만 불빛이 더욱 빛나듯 평소에는 안보이지만, 어려울 때 진가(眞價)가 더욱 발휘되는 것이야. 결국 이 지구 위에서 살육을 위한 무기나 살상도구는 줄이고, 생명이 넘실거리는 행성이 되어야 하지 않겠어.

봄, 가을이 얼마나 좋은 지는 겨울, 여름을 겪어 보았기 때문이라 할 수 있어. 살을 애우고 뼛속으로 파고드는 듯한 강추위에 겨울의 매서움을 겪어 본 사람은 울긋불긋 아름다운 꽃의 향연이 눈부신 봄의 향기가 얼마나 향기로운 것인지 알게 돼요. 역시 푹푹 찌는 듯한 숯가마 더위에 푸르른 신록과 녹음방초가 다 뭐냐 하는 식으로 거저 이 더위만 가셔지기를 애태워 하며 여름을 지내본 사람이, 높은 하늘의 청명한 날씨와 신선한 청풍이 두 뺨을 스치는 가을의 넉넉함이 얼마나 좋은 것인지를 제대로 안다고 할 것이야.

유구한 역사 안에서 고통스럽고 모질고 쓰라린 비극의 정글을 헤쳐 나와 본 우리 인류이기에, 이제는 평화와 행복의 중요성을 깨닫고 보다 현명하고 슬기로운 방향과 길을 찾아 가야 하는 거야.

누군가 아픔이나 고통이 있다면 그것을 해결하고 극복하도록 함께 애써야 하는 것이 모든 인류의 공동 책임이며 선택해야 할 공생의 길인 것이야."

뭔가 잠시 생각하던 엘로이 대사가 입을 열었다.

"내가 속한 집단이나 단체, 곧 우리끼리만 호사(豪奢)하며 배불리 살려고 해서는 진정한 인류 행복은 언제나 요원(遼遠)할 수밖에 없고 또 그런 세상을 우리 손자 손녀들에게 넘겨 줄 수밖에 없는 것이에요. 장차 태어날 우리 손자 손녀들이 서로 싫어하며 싸우고 처절하게 피 흘리며 죽어가기를 원하는가 말이야? 죽어가면서도 증오심을 삭히지 못해 눈을 감지 못하는 그런 세상이 되기를 기대하는가 말이지.

프랑스의 샤를리 에브도 테러 사건을 볼 때 테러를 저지른 이슬람 과격파도 말할 것 없이 나쁘지만, 상대방이 싫어하는 표현을 게재하여 테러의 원인을 유발한 듯한 주간 풍자 신문업계도 잘못이 없다고는 할 수 없어요. 아무리 언론 출판의 자유가 보장되어야 한다고 하지만, 지칭 해당자가 분노할 수도 있을 내용을 공공연하게 표출하는 것은 누가 봐도 슬기롭고 장려할 만한 처사는 아니라고 봐. 나의 자유를 구가했을 때 다른 이에게 피해나 상처, 굴욕감이나 분노를 야기하는 행위는 회피하는 것이 기본적 도덕이고 예의라 할 것이야.

세계 식구 한 사람 한 사람 모두가 다소 약간 차이가 있어도, 다 함께 잘 살도록 모두 애써야 해. 역지사지란 말이 있듯, 고통 받는 이의 처지를 내가 그 입장이 되었다고 늘 생각해야 그들을 조금이라도 이해할 수 있는 것이야.

가만 생각해 보자구. 누구는 노예 시대에 노예로 태어나 모진 고생 다 겪으며 고통 중에 죽는 사람도 있고, 다른 누구는 너무나 좋은 곳에서 부모 잘 만나 금이야 옥이야 하며 안락하게 살다가 명을 다했다고 할 때, 노예로 살다 죽은 사람은 얼마나 쓰라리고 뼈 아픈 하루 하루를 살다가 아쉬움과 한숨 속에 살았겠는가 말야. 그들은 누가 보상하고 위로해 줄 것인가 한번 생각해봐.

더더구나 그 노예가 바로 나의 증조부나 돌아가신 어머니였다면, 또한 혹시 나의 손자 손녀 녀석이 또 그렇게 살아야 할 운명이라면, 이러한 인간 삶의 시스템에 문제가 없다고 할 수 있겠는가 말야. 앞서 사셨던 조상들도 노래 부르며 행복하게 생을 마치셨다고 전해 듣는 것하고, 그 반대인 경우하고 또한 우리 손자손녀들이 행복하기를 원하는지, 그 반대인지, 어느 쪽을 우리는 선택해야 하겠는가 말이야.

나만 배부르고 호위호식하며 등 따뜻하면 무슨 소용일까? 그것이 행복이 될 수 있는가 말야! 선하고 좋아하는 사람들과 함께 각자의 역할을 하면서 모두가 밝은 모습으로 기뻐하고 행복해 하며 평화롭게 공존하는 것이 더 중요한 것 아니겠어요?"

루카스 박사가 말을 이었다.

"승자독식(勝者獨食)은 하늘의 뜻이 결코 아니고, 승자 혹은 우수한 경쟁자에게는 적절한 혜택이 부여되어야 하지만, 최종 열등한 이들에게도 경쟁의 결실이 적지 않게 나눠져야 할 것이야.

사람과 사람, 나라와 나라 사이 그리고 계층과 인종 사이 차별이 있다면 그것은 무의미한 것이야. 그것은 소모적이며 낭비적이고 훌륭한 재원과 원동력을 사장(死藏)시키는 것에 불과해.

결국 이를 방지하기 위해서는 지구 가족의식을 심화시키며 상호 공존의 기술 또는 정책을 다양하게 개발해야 할 것이야."

운우지정(雲雨之情)

가만히 듣기만 하던 제임스 교수가 마침내 시작했다.

"세계를 하나로 일치시켜 가는 과정 중에는 경제, 예술, 스포츠 등 비정치적 요소가 주(主)가 되어야 하고, 마지막 단계가 정치적 타결이 되어야 할 거예요.

독재자 또는 독재 집단과 무리를 해체 또는 교체해야 하며, 적어도 권좌에서 하야하도록 해야 하고, 국가 간에 있어서 집단 국수주의 의식을 상호 공생, 협존(協存), 협생 정신으로 변화시켜야 하는 것은 인류 보편 행복을 위한 기초적 과정이지.

온 인류 가족이 상생 공생하는 평화와 화목의 가치와 고귀함을 함께 깊이 깨닫도록 하는 것이 미래 인류 역사에 중요한 요소라 하지 않을 수 없어요. 다양한 피부 빛깔의 아주 어린 아이들이 모두 해맑게 웃으며 아장아장 걸어 나오는 모습들을 보노라면, 이런 것이 평화의 산물이 아닐까 생각해.

다종족, 다문화, 다종교의 나라였던 유고슬라비아를 한번 고려해볼 필요가 있다고 봐. 당시 티토 원수는 크로아티아계, 슬로베니아계, 보스니아계, 세르비아계, 마케도니아계, 몬테네그로계 등 다양한 종족과 정교회, 가톨릭, 개신교, 유대교, 이슬람 등의 여러 종교와 중세 로마 문화와 오스만 튀르크의 문화, 현대 서구 문화 등 복잡한 가치관의 상황 안에 살고 있는 유고를 평화롭게 유지할 수 있었어. 이렇게 복합적인 나라도 찾기 힘들지.

그 안정의 비결은 출신이나 종족, 문화 등등의 배경이나 조건을 문제 삼지 않고, 그야말로 탕평책으로 고루고루 등용하여 정부와 사회의 고위직을 구성하며 어디에도 편파적이라는 불만이 나오지 않도록 하는데 정치의 첫 주안점을 두었다고 해. 21세기 오늘날처럼 복잡다단한 사회와 집단 공동체 안에서 타산지석으로 깊이 생각해 볼 교훈이라 하지 않을 수 없어. 물론 그의 부모도 다민족 출생에 성장 배경도 다양했던 점이 유리하게 작용했지만 말야.

우리 인간의 욕심은 끝이 없어요. 득롱망촉(得隴望蜀), 중국 역사에 농나라를 정복하고도 촉나라를 넘본 후한(後漢) 광무제처럼 나 자신 포함하여 인간이란 존재는 끝없는 욕망을 간직했어.

이러한 욕심을 부정적으로만 치부할 것이 아니라, 보다 의미 있고 보람을 느낄 수 있는 희망으로 승화시킬 필요가 있다고 봐요. 나 혼자만의 욕심을 만족시키려 할 것이 아니라, 다른 많은 사람의 바람과 소원을 채울 수 있도록 행동하는 것이 가치 있는 일이 아닐까 생각해. 그러니 다른 사람의 입장도 염려하며 마음에 담을 줄 아는 보다 숭고한 욕심을 갖추도록 힘쓸 일인 것이야.

그러니 세계 시민을 넘어 세계 가족, 세계 식구가 되어야 하는 거지. 우리 인류는 개별적 혼자가 아니라 서로 영향을 미치며 운명을 함께 나누는 가족 공동체인 것이야.”

얼굴 표정에 미소를 머금으면서 베네딕 교수가 말했다.

“공기 중에 약 1%가 아르곤인데 다른 원소와 반응성이 거의 없어 비활성 기체라고도 해요. 반응이 없기에 다른 기체로부터 물질을 보호하는 데 많이 사용되며, 우리가 호흡할 때 산소와 함께 우리 허파 안으로 들어왔다 나가지. 이렇게 보면 과거 알렉산드 대왕이 마신 아르곤을 지금 우리도 마시고 미래의 후손들도 마시게 될 것이야. 그래서 과학자는 모든 인류가 아르곤으로 연결되어 있다고도 말하지. 같은 감정과 이성을 간직하고 같은 지구 위에서 같은 아르곤을 나눠 마시는 공동체라는 거지.

수백 년 전 인간 평균수명은 불과 20~30살에 불과했으며, 태어난 아이 10명 중 3명은 1살도 되기 전에 사망하고, 절반 정도가 10살 이전에 죽었지. 여러 통계와 UN의 예측에 의하면 19세기까지도 평균수명은 35세였으며, 20세기 초 미국민의 평균 수명은 47세였는데, 의학의 발달과 질병치유의 개선으로 수명은 대폭 연장되기 시작했어. 지금의 추세로 보면 2095년 한국민의 평균 수명은 95세, 미국민은 88세라는 예상 통계가 있어. 여러 변수는 있지만 분명한 것은 수명이 점차 늘어난다는 것은 사실이야.

이것은 결국 인구수가 어느 시기 폭발적으로 증가할 수도 있다는 것이지. 자연 재화는 한정 되었기에 인구가 많아지면 문제가 증폭돼. 그러니 지금부터라도 공생 공존하는 방법을 배우고 익혀둘 필요가 다분히 있는 것이야.

이제 머지않은 미래에 중국보다 인구가 많은 공화국이 탄생할 거라는데, 페이스북 공화국이야. 여기서는 아무나 자기 견해를 펼칠 수 있어. 모두가 주인공이고 대통령이야. 문제는 한 사람의 실책이나 과실이 심각한 패착(敗着)이 될 수 있다는 사실이야. 개인의 의식과 행동이 중요한 책임을 떠안고 있다는 거지.

그런 가운데 과연 나라와 민족 마다 상호 방문하고 전 방위적인 교류를 하면서 서로 함께 동시대에 살아서 즐겁고 반가운 운우지정(雲雨之情)을 나누며 더불어 살아 갈 수는 절대 불가능한 것일까?"

루카스 전문의가 억양을 약간 올리며 말했다.

"비행기가 이륙과 착륙 직전에는 모든 승무원도 안전띠를 메고 자기 좌석에 착석해야 해요. 비행기가 사고 발생 순간에는 승무원이라 하여도 어디로 튀거나 부딪힐지는 아무도 모르기 때문이지. 마찬가지로 지구촌에 인위적이든 자연 재해이든 재앙이 닥치면, 안전한 사람은 아무도 없어. 모두가 예외 없이 피해자가 될 수 있는 것이지.

아프리카 속담 중에 '멀리 가려면 함께 가라'는 말이 있어. 함께 손잡고 가는 것이 결국 나의 울타리를 넘기 위한 방책이 되지.

이웃이나 집단 안에서 서로 증오하고 계속 적대시 하는 것은 마치 밤이 다 지나가고 서서히 새벽이 밝아오고 있는데, 자꾸만 불 피우기 위해 장작을 만든다고 생나무를 베고 있는 것과 같아. 밝은 태양이 떠오르면 싱그러운 나무와 그것이 어우러진 푸른 숲과 초원이 펼쳐진 아름답고 풍요로운 자연 경관이 드러날 텐데, 그 나무들을 연거푸 제거하고 있는 것과 마찬가지야. 안타까운 일이야.

한번 생각해봐, 네 옆에 있는 같은 사람으로서 그가 아파하고 어떤 고통으로 심신이 쓰라림을 당하고 있을 때, 너는 밥이 잘 넘어가고 잠이 잘 올 듯싶으니? 착하고 순박한 그야말로 평범하고 선한 옆 사람이 고통 받아 힘들게 하루하루 연명하며 겨우 살아가는데, 너는 아주 행복하고 평화롭게 웃으며, 마치 아무 일 없는 듯 모든 것이 지극히 정상인 듯 살아갈 수 있을 것 같아?

사람을 사랑하는 일은 매우 다양하고 그 한계가 없이 펼쳐질 수 있어요."

주제가 심화되면서 역사적 측면을 언급하지 않을 수 없다는 듯, 제임스 교수가 개입하였다.

"그리스에서 민주주의가 먼저 싹트게 된 것은 시대를 읽는 선각자들이 많았기 때문이라 하겠어요. 특히 솔론과 같은 현자는 농민들이 빚 때문에 다른 나라에 노예로 팔려가는 것을 막기 위해 노예가 되었던 사람들을 해방시키고 인신 담보의 대부를 금지시켰으며, 서민들에게 이 같은 불리한 일이 재발되지 않도록 하기 위해 소위 솔론의 개혁을 단행하였어.

일반인들도 배심원 회의에 참석할 수 있었고, 부유한 상류층은 권리가 제한되었지. 그 후 점차 시민들의 권한이 확고히 되었던 거야.

그리스 7대 현인 중 한 사람인 그 솔론은 '피해를 입지 않은 자가 피해자와 마찬가지로 분노할 때 평화가 구현된다.'고 했어. 다른 사람의 아픔과 슬픔을 나의 것으로 받아들일 수 있을 때, 세계의 정의와 평화가 가능하게 될 것이야.

내가 현재 그런 상황에 속하지 않는다 하여 무관심할 것이 아니라, 나의 실수든 외부의 실책이든 나에게도 그런 상황이 얼마든지 엄중하게 들이닥칠 수 있다는 불확실한 미래의 가능성이 사실 두렵지만, 인정해야 해. 그러니 지금 내가 그런 어려운 상황이 아니라 하여 나와 고통 받는 이들과는 무관하다고만 말할 수 없는 것이네. 같은 인간으로서 얼마든 나도 끔찍한 고통 상황을 직면할 수 있다는 거야.

그러니 저 고통 받는 이들처럼 나도 마찬가지로 같은 처지가 될 수 있다는 것을 잊지 말아야 할 것이며, 모두 다함께 더불어 공생 공존해야 하는 것이 얼마나 중요한 가 인식해야 할 것이야."

루카스 박사가 약간 상기된 얼굴로 말을 꺼냈다.

"나이팅게일을 백의의 천사라고 하며 많은 사람들이 칭송하였어. 왜 그렇지? 그것은 그녀가 크림 전쟁 때 아군, 적군 구분 않고 고통 받는 부상자들을 인간이라는 이유로 조건 없이 치료하고 돌봐준 그 인간 존중 정신 때문 아니겠어? 이러한 인간 경애 정신을 우리 모든 사람이 가질 수는 없는 것일까? 그러한 인간 경애심을 가진 다면 우리 인류 역사는 분명 새롭게 펼쳐질 텐데 말야. 나이팅게일 정신 같은 거창한 것을 거론하지 않더라도 인간이라는 이유 하나만으로 존중되고 보호 받고 사랑받아야 하는 것 아니겠는가 말일세.

인류 역사가 밝은 방향으로 나아가려면 이 같은 인간존중 사상이 우선 다함께 확고히 뇌리 속에 새겨져 삶 속에 구현되어야 한다고 봐. 함께 더불어 존중할 때, 세상의 온갖 구조 악은 치유될 수 있을 것이야."

협생(協生)

베네딕 박사가 말했다.

"늘 자연과 처절한 싸움을 벌여야 살아남는 가난한 농업국 스웨덴의 한손(P. A. Hanson)은, 우울한 갈등의 시대 중에도 복지 강국 스웨덴을 설계하고 있었어. 19~20세기 걸쳐 국민의 25%가 국외로 이민을 가던 나라였으나, 한 걸음씩 복지 정책을 추진하며 국민을 설득해 갔어요. 그리하여 마침내 50년 정도 경과 후 복지 대국의 기초가 자리 잡게 되었어. 물론 부자들은 엄청난 재산 누진세에 경악하였지만 말이야. 아울러 노동시장도 유연성을 허락하도록 하였어. 그렇게 노사 쌍방 양보를 얻어 내었지.

그는 지도층의 치우친 탐욕은 필연적으로 부패한다는 것을 알고 빈부 계층 모두의 양보를 얻어 내 쌍방을 살리고, 나라도 지켰던 거야. 없는 자보다 있는 자가 먼저 탐욕 절제하는 협생의 삶을 솔선수범해야 하는 것이야."

평소의 소유관(所有觀)을 대철이도 표출하였다.

"네, 교수님. 필요한 물건보다 더 많이 소유하는 것은 스스로 불행을 짊어지는 일이에요. 짐이 많으면 과부하가 발생해 앞으로 전진 할 수 없어요. 더 많이 소유하라고 요구하는 지금의 소비사회는 결국 더 혼란스럽게만 되어가는 역설을 보여주고 있는 것 같아요. 살아가는 것이 즐겁지 않다면, 그것은 가진 게 너무 많기 때문이 아닐까 해요. 꼭 필요한 것이 아니라면 다른 이들과 함께 나누는 삶도 의미 있는 일이에요."

산전수전 다 겪은 듯 베네딕 박사가 다시 말했다.

"소유물과 마음을 정리 정돈하여 심플한 삶을 영위하며 새로운 차원에서 단순함과 간단함을 즐기면서 살아갈 줄 알아야 할 것이야. 곧 평범하고 별 것 아닌 것에서도 보람과 즐거움을 발견하자는 것이지.

인간은 한갓 물질 생산의 도구로 전락하기 위해 또는 한순간의 소모품인양 취급받기 위해 태어난 것이 결단코 아니야. 예컨대 노인 부부가 낮에 각자 병원에 다녀와 진찰 결과를 서로 알려 주면서 저녁 밥상을 마주하고 서로 상대방이 아프면 큰일 난다고 다짐하며 상호 격려해주는 모습은, 꺼져가는 촛불 심지 같은, 그래서 어쩌지 못하는 인생 마지막 장의 운명 앞에서 서로를 위하는 배려의 따스함을 놓지 않으려 애쓰는 처절한 아름다움인 것이에요. 이런 마음들이 우리 모든 인류의 마음 안에 넘실거려야 되는 거 아닌가요?

빅터 프랭클 박사가 아우슈비츠 수용소에 있을 때, 놀라운 것을 체험했어요. 수감자들 가운데 마지막까지 살아남은 사람은 겉보기에는 나약하고 어수룩해 보여도 붉은 노을의 장엄함과 동료의 흥얼거리는 노래 소리, 들꽃 같은 아주 작은 것에 감탄하는 사람들, 그리고 극심한 굶주림 속에서도 병든 동료에게 자신의 음식을 기꺼이 나눠주던 사람들이었다고 해요. 즉, 사랑을 실천하는 사람만이 혹독한 시련 가운데서도 살아남을 수 있다는 거지."

언젠가 중국 고서에서 읽은 내용이 대철의 머리에 스쳐 떠올랐다. 당나라 시인 두목지(杜牧之)는 천하일통(一統)된 진시황의 진(秦)나라가 망한 것은 다른 외부세력이 아니라 사람들 사이에 서로 사랑이 없었기 때문이라고 읊었다. 맞는 지적이다.

과학 기술이 엄청나게 발달하여 저 태양 속 중심에까지 파고들어 점퍼스키 탈 수 있는 문명을 성취할 수 있다 한들, 인류끼리 여전히 서로 갈등하고 분쟁 중이라면 무슨 소용 있겠는가? 더 좋은 장소와 여건을 확보하기 위해 태양 속에서 서로 폭행하고 살육한다면 또 다른 불행만 거듭할 뿐 아니겠는가? 과연 100억 년 후 인류 후손에게도 증오심, 탐욕, 원한 등을 물려 줄 것인지 깊이 성찰해야 할 것이다.

잠시 다른 상념에 머물렀던 대철을 일깨운 것은 베네딕 박사였다.

"아인슈타인은 인간 생명에 대한 경외심이 각별했어요. 그에 따르면 개인의 생명이 나름 의미를 더욱 뚜렷하게 드러내는 때는 다른 생명체를 보다 고귀하고 아름답게 하는 데 도움을 줄때라고 했어. 이런 생명관의 천재에게 대량 학살의 전쟁은 도저히 묵인하거나 모른 채 할 수 있는 일이 아니었던 거야.

글로벌 불균형은 궁극적으로 금융 위기를 초래하게 되고, 만일 어느 한 편의 경제 블록이 파산하게 되면 그 여파는 세계의 모든 경제 영역에 때로는 심각하게 파급되기도 하지. 서로 상부상조 상리(相利) 협생해야 점진적으로 꾸준한 성장이 가능해 질 것이야.

어느 나라라고 말하지는 않겠지만, 13명 정원인 엘리베이터에 18명이 끼어 타면서 결국 엘리베이터가 추락한 사고가 났어. 아침 출근 시간이라 다들 바쁜 시간이긴 하지만, '나는 양보할 수 없어, 당신이 양보해야 해.' 라는 생각으로 버티다 하중을 견디지 못한 엘리베이터 연결선이 절단 되고, 결국 여성 한 명은 의식을 잃고 응급처치를 받았어.

이 여성은 시간이 급하지 않아 양보하여 내리고 싶었지만, 먼저 탔던 터라 안쪽에 있으니 다시 내리기가 힘들었다고 고백했어. 이처럼 선한 사람의 선한 의지조차 발휘되지 못하도록 하는 것은 구조적인 악이라 할 수 있어. 미꾸라지 한 마리가 흙탕물을 일으킨다고 하듯, 다함께 상대방을 생각할 줄 아는 정신이 없으면, 개인 한 사람의 과실이라 하여도 결론은 전체적 파국일 수밖에 없어요.

인류 공동체도 마찬가지야. 모든 민족이 상호 함께 인류사(事)를 이루고 역사를 엮어 간다는 인류 공존 사상이 없이는 항상 분열과 분쟁은 멈추지를 않아요. 오히려 더 큰 재앙으로 치달을 수도 있다는 점에서 이제는 보다 진지하고 심각하게 우리 자신을 돌아봐야 할 것이야."

듣고 있던 엘로이 대사가 입을 열었다.

"국가 간의 관계에서 어느 나라나 민족이든 천부적 존중과 인정을 받지 못하면 항상 갈등과 분쟁의 씨앗을 잉태하고 폭발을 기다리게 되는 법이지. 이들을 국제 사회의 적합한 구성원으로 포용하는 열린 정서와 의식이 필요한 것이지.

협력하고 중지(衆智)를 모으면 소위 시너지 효과가 나면서 1+1은 무한

대까지 이를 수 있는 것이지. 소위 다수의 집단 지성의 힘이야. 협력의 모습은 동물에게서도 볼 수 있는데, 작게는 기러기 떼가 브이자 형태로 나르면서 공기의 저항을 줄이는 것이라든지, 악어가 들소 같은 큰 몸집의 먹이를 물었을 때는 그 자리에서 먹기 시작하는 것이 아니라 다른 악어들과 함께 공격하기 위해서도 일단 물 가운데로 끌어 오는 행동부터 먼저 하는 것이나, 숫사자는 바람이 불어오는 곳에서 서성대면서 그 바람으로 먹잇감이 숫사자의 냄새를 맡고 반대방향으로 달아나도록 유도하고는 바람이 불어가는 곳에 대기하고 있던 암사자가 먹잇감을 포획하도록 해. 또 여러 마리 고래가 커다란 원을 그리며 기포를 형성하여 물고기 떼를 그 안으로 몰아넣으면서 그 원을 점점 좁히며, 아래쪽에서는 고음의 소리를 내어 물고기들이 밀집하여 수면 쪽으로 올라가 모이도록 하고는 마침내 모든 고래가 밀착대형을 이루고 물밑에서부터 입을 최대한 크게 벌리고 올라오며 대량으로 물고기떼를 흡입하는 경우라든지 등등 많이 있지.

플로리다만 돌고래들의 협동 작전도 눈여겨 볼 만해. 좀 빠릿빠릿한 한 마리가 우선 진흙 바닥을 꼬리로 원을 그리며 휘저어 흙탕물을 일으키지. 그러면 원 안의 물고기들이 흙탕물 원 밖으로 점프해서 넘어 가기 위해, 수면 쪽으로 올라와서 물 위를 튀어 올라. 이때 원 밖에서 대기하고 있던 돌고래들이 입을 크게 벌려, 튀어 오르는 물고기들을 하나씩 잡아먹지. 다음 차례에는 다른 돌고래가 원을 또 그리게 돼. 협동의 효과를 잘 파악하고 있다는 것이야.

개인마다 특장점이 있듯 나라마다 국민적 특성과 취향, 지질학적으로 보유한 지하자원이든 유형무형 여러 다양한 양질의 자산들을 서로 필요한 대로 필요한 만큼 상호 보완하고 충족한다면, 지구촌 전체적으로는 더 큰 시너지 효과를 창출할 수 있을 것이야."

호모 커넥티쿠스

사회학적 관점에서 베네딕 박사가 목을 가다듬고 조용히 말했다.

"우리 인간은 결국 서로를 간절히 필요로 하는 관계적 존재, 호모 커넥티쿠스로서 상호 밀접한 관련성을 형성하고 역사와 세계를 가꾸어 가야 하는 것이야.

지구상 어느 한 사람의 실수가 사실 많은 사람의 삶에 영향을 미치는 시대에 우리는 살고 있어요. 어떤 한 사람의 불행은 그 한 사람에게만 국한 되는 것이 아니라 다른 이들에게도 불행을 전하는 지구촌의 삶인 것이야. 그러니 다 함께 공동으로 잘 살 수 있어야 하는 것이지. 누가 힘든 상황에 처하면 서로 짐을 나눠 어려움을 함께 감내할 필요가 있는 것이야. 그래야 더 큰 불행을 막을 수 있는 것이며, 모두의 행복을 추구하는 것이 진정한 행복으로 나아가는 것이라 생각해.

개인과 민족 사이에 혹시라도 생길지 모르는 불필요한 혐오감을 서로 극복하려 노력해야 해. 같은 시대에 같은 행성위에 살면서 서로 증오하며 상호 기피하면서 산다는 것은 너무나 후회스럽고 괴로운 일 아니겠어?

사실 알고 보면 또한 세월이 흐르고 뒤돌아보면 정말 별 것 아닌 것 가지고 서로 싫어하고 비판하면서 심지어 피 흘리기까지 하구 말야. 그런 부정적 기류는 역사의 뒷 그늘로 보내버리고, 보다 슬기롭게 정말 귀중한 것을 함께 공유하도록 할 필요가 있는 것이지."

화이부동(和而不同), 즉 서로 뜻이 일치하지는 않으나 다른 상황을 인정함으로써 함께 조화를 이루며 상호 원원하는 관계를 유지하는 것이 필요하다고 대철은 마음속으로 결론을 찾고 있었다. 베네딕 박사가 계속 하였다.

"우리는 서로 틀린 것이 아니라 각자 서로 다르고, 관심 두는 필요 영역도 다양하다는 것을 깨달아야 해요. 그러니 집단이든 개인적이든 협력과 대화의 관행을 정착시켜야 할 것이며, 모든 인류에게 개방된 보편적 박애 정신이 모두의 마음과 의식 속에 넘실거려야 하는 것 아니겠어.

분명한 것은 약간 정도의 차이는 있지만, 같은 하늘 아래서 모두 같은 미래의 운명을 만난다는 것이지. 누구 하나 잘났다고 하여도 호수에 물결이 일면 결국 번져 나가 모두 파장을 느끼게 되듯, 인류의 호수에 누군가 돌을 던지면 전체에 영향이 미치게 돼있어요."

또다시 대철은 잠시 상념에 잠겼다.

존재하는 것은 아름다운 것이다. 동물이든 꽃이든 단순한 사물이든 있다는 것은 아름답다.

누구의 빈자리를 느낄 때, 비록 그가 나에게 손해를 입히고 고통과 괴로움을 유발했다… 하여도, 그의 떠나감은 아쉽고 허전함을 느끼게 한다. 지금까지 살아오며 만나고 스쳐 지나간 모든 인연들이 소중하게 느껴지며 주마등처럼 지나가는 것을 대철은 마음속으로 음미하였다.

잠시 찾아온 침묵을 깬 것은 제임스 교수였다.

"인간의 천성은 원래 선하고 착한 것이야. 히틀러도 자기 엄마 치맛자락 붙잡고 재롱 피우던 때가 있었을 거야. 천인공노할 살인마도 천진스런 소싯적 초동이가 되었던 때가 왜 없겠는가!

예루살렘을 볼 때에도 인류 공존의 가능성을 엿볼 수 있다고 보는데 그곳에는 유대교, 이슬람교, 시온주의자, 그리스도교 등 다양한 신앙 집단과 인종들이 모여 살면서 또한 외국 방문 순례객들도 수없이 많이 찾아 들면서도… 물론 과거 폭력 사태가 없었던 것은 아니지만, 차츰 상호 공존의 중요성을 인식하고 함께 공생해 내고 있다 할 수 있는 곳이야.”

공존의 주제에 대해서 할 말이 많은 베네딕 박사는 이즈음에 하나의 열쇠를 제시하고 싶었다.

“한 가지 중요한 것은 정치적, 사상적 갈등과 분쟁을 막고 해결하는 것이 경제적 밀착 상호의존 관계라고도 할 수 있어요. 어느 국가든 혼자서는 더욱 고립될 수밖에 없고, 경제적으로 상호의존도를 높임으로써 그렇지 않았던 과거보다 쌍방 간에 나아가서 지구촌 전체에 선(善)순환의 영향을 낳을 수 있다고 봐. 이런 과제에 대해서 소견으로는 이용후생(利用厚生)이념 아래 추구할 때, 많은 갈등과 분쟁을 조정하기가 다른 무엇보다 더 쉬울 것이라 생각돼. 사람 입에 먼저 무엇이 들어간 후 선택할 어떤 것이 나오는 것이지.

상호 존중 안에서 각국은 경제 국경을 넓혀 가야 해. 나라와 나라 사이 다른 어떤 분야 영역보다 경제 협력이 공감대를 얻기가 비교적 보다 쉬워요. 적대 분위기가 우호적 분위기로 변화되는데 중요한 도움이 되지.

19세기까지 독일은 프로이센과 오스트리아를 주축으로 여러 군소 국가가 난립했는데, 심지어 당시 통용되던 화폐 종류가 6천 가지를 넘던 때도 있었어. 그러다 어렵게 화폐를 통일해 가며 경제 협력 연합이 이뤄져 더 이상의 분열과 갈등을 극복할 수 있었지.

나라 사이의 무역에서 비교 우위의 효율성을 많이 활용할 필요가 있지. 각 나라마다 자연 기후 조건과 국민의 성향과 산업 구조에 따라 가치 우위에 있는 산업이나 생산 능력을 강화하고 발전시킴으로써 서로 윈윈 할 수 있어야 하는 거야.

근간에 공감대를 형성해 가는 로렌스 레식 교수가 주창하는 바, 함께 대여하고 차용하는 협력적 공유 경제 시스템까지는 아니라 하여도, 적어도 상대방을 생각하며 힘들어 하는 이들을 돌봐줄 줄 아는 배려 문화가 보편화 될 수 있어야 한다고 봐.

같은 쌍둥이 형제 자매 사이에서도 어릴 때에는 서로 간에 조그만 과자 조각 하나 가지고도 아웅다웅 서로 다투거나 질시할 수도 있어. 그러나 명오가 열리고 어른이 되어서는 상대방이 잘 되고 발전하며 어떤 좋은 일이나 행운이 생기면, 함께 축하해 주지.

마찬가지로 인류 공동체 안에도 좋은 일이 있으면, 그만큼 좋아졌으니 그 일을 자랑스럽게 생각하며, 언젠가 함께 나눌 자긍심과 기쁨을 희망할 수 있어야 돼. 이것은 인류에게 한 마음의 가족 정신이 있어야 되지. 불필요하고 에너지를 낭비하는 시기, 질투 같은 것으로부터 벗어날 줄 알아야 되는 거야. 좋은 일을 보며 자신도 자극을 받아 더욱 열심히 노력하도록 결심해야 하겠지.”

기침을 크게 한 번 하고 잠시 있다 다시 베네딕 박사가 말하기 시작했다.

“이처럼 세계 인류 모두를 한 식구처럼 생각하고 받아들인다면, 그래서 인류가 관심 두고 있는 정치, 사회, 경제, 교육, 과학, 문화 등 인간사 모든 분야에서 더불어 공존할 수 있도록 예외 없이 함께 노력을 경주한다면, 인류 역사는 지금까지와는 다른 평화와 행복의 인류 역사가 펼쳐질 수 있을 거야.

이렇게 하여 각 나라 사이 신뢰를 바탕으로 더욱 긴밀한 관계를 형성해 가야 할 것이며. 신뢰라는 것은 거짓말하지 않는 것이듯, 상호 합의한 약속은 반드시 지켜가며 서로 의합해 가야 하겠지. 나라와 개인 사이에서도 마찬가지인데, 공존 공생을 위해서 신뢰는 기본의 기본이 되는 조건이지.

공간적 간격을 점차 극복해 가는 오늘날 각 나라는 과거 제국주의적 유산이던 소모적인 지리적 영토분쟁 따위에 쓸데없이 국력 낭비하지 말고, 인류 공동체 발전을 위해 힘써야 하는 것이야. 후손들과 모든 인류에게 칭송과 존경 얻을 수 있도록 말이야."

가치적 영토

목소리가 줄어드는 베네딕 박사를 대신하여 엘로이 대사가 말하기 시작했다.

"하드웨어라 할 수 있는 기본적인 국토만 확정되면, 국가 사회 안에 작동되는 소프트웨어를 더욱 번영 발전시킬 수 있도록 노력하는 것이 보다 필요하고 현명한 일이 아닐까 생각해. 땅을 많이 소유했다 하여 안정된 나라라고 할 수 있는 것은 아니지 않는가 말야.

오히려 고전적 국토 개념이 변화되고 있는 것이지. 지리상 또는 지정학적 여건을 넘어 문화, 예술, 의류, 경제, 음식, 관광, 건축, 의학 등등 가치적 영토를 발견하여 국가 간 더욱 교류하고 관계를 돈독히 해 나가는 것이 자국민은 물론 세계민의 행복지수를 더 높이는 것이 아닐까 사려 돼.

도버해협 터널이 개통되고 영국과 유럽 국가 간의 왕래는 더욱 빈번해지며, 상호 생활 패턴이 서로 영향을 끼치면서 삶이 더욱 다채로워지고 선택의 폭이 넓어졌어. 우물 안에서만 인생을 보내기에 이 세상은 가보고 체험할 곳이 어마어마하게 많은 곳이야. 인생이 짧다는 것을 실감하게 되지.

그뿐 아니라 알프스의 아름다운 풍경은 그 주위의 유럽인들만을 위한 것 아니고, 남·북극 하늘 위의 장엄한 오로라 역시 극지대 주민들만을 위한 것 아니며, 아프리카의 한없이 광활한 평원에 펼쳐지는 동물들의 자유로운 향연은 그곳 거주민만을 위한 것 아니라고 생각해. 모든 인류가 보다 발달된 교통수단과 보다 밀착된 평화의 교류 안에서 상호 방문하거나 아니면 적어도 영상 매체를 통해서라도 대자연에 대한 경외심을 느낄 수 있어야 하지 않을까!

사실 인간을 품고 있는 대자연은 우리 인간이 외면하고 무시하며 살다 가기에는 너무나 아름다운 장관을 선사하고 있어요. 그냥 눈앞에 있는 것에만 정신이 **빼앗겨** 허둥대며 살다가 어느 날 마지막 날이었다는 것을 깨닫게 되는 경우가 너무 많아.

한 가정에서 아이들이 각자 좋아하는 다른 노래를 부를 때 온 가족이 함께 장단을 맞춰 박수를 쳐주며 행복을 느낄 수 있듯, 다른 이웃과도 이렇게 할 수 있지. 나아가 다른 민족들끼리도 함께 모여 음악이나 춤, 그림이나 조각, 각종 다양한 운동이나 전통 예술, 그 외 고유한 생활양식 등등 각각 다양하게 보유한 가치들을 서로 교환하거나 알리면서 인류 문화와 문명의 가치들을 더욱 상승시키고 풍요롭게 할 수 있을 것이지.

이것은 더불어 사는 세계 가정(world home)을 생각하며 긴밀히 공생할 수 있도록 서로 힘쓰는 가운데 가능하게 될 것이라 봐. 왜냐면 결국 인류는 하나인 것이기 때문이지.

또한 나라와 나라를 가깝게 하는데, 문화와 스포츠 등의 부차적일 수 있는 것의 교류가 정치적 단합보다 훨씬 중요하고 효과적일 수 있어. 두 민족과 국민이 서로 호의적인 관계와 인상, 이미지 같은 것 말이야. 그런 것을 상호 나누고 있을 때 단합과 일치가 더 잘 이뤄질 거 같아.

각각의 지역과 환경 안에서 지역민들이 도시국가로 이미 천년 가까이 살아 왔기에 하나의 국가로 이룩된 이탈리아는 정치적 통일을 이루고 난 후에도 진정한 통합을 이루는데 어려움이 있었어. 그 문제를 스포츠로 특히 대다수 이탈리아 국민들이 좋아하는 축구를 통해서 지역감정 등을 극복한 거야. 물론 여기에 사회기반시설 같은 혜택을 어려운 남부 지역이나 외진 변두리 지방 중심으로 우선적 혜택을 주며 함께 나누고 도와주는 일을 해왔어."

멈출 줄 모르는 베네딕 박사의 지적 탐방은 다시 계속 되었다.

"어느 집단이나 지역도 편애하지 않고 함께 성장하고 그 결실도 함께 나누도록 노력해야 고루 발전해야 하는 거예요. 이렇게 보면 사상적으로도 진보와 보수를 아우르는 진보수 혹은 중도진보가 화합과 단합의 시대에 어울리는 사상 노선이라 할 수 있을지 몰라. 극단적 대립은 모두에게 해로우며 대립과 갈등의 골만 넓히게 되지요."

베네딕 박사가 기침한 후 계속 했다.

"반대로 사일로(silo)현상이라는 것이 있는데, 부문 이기주의에 빠져 전체를 놓치고 마는 어리석은 현상이야. 우리 각 민족이나 지역 차원에서 볼 때, 이런 사일로 현상에 빠져 각각 집단이기주의식 발전만을 추구할 때, 지구촌의 안녕과 평화는 늘 위협받게 되는 것이고, 부익부 빈익빈 단계를 벗어나기 힘들게 돼.

서로 협력하지 않고 적대적 관계만 유지하려 하면 협소적으로 봐도 부처 간 이기주의의 소위 사일로(silo) 폐단으로 굴지의 대기업도 쉽게 몰락의 길로 전락하는 수가 있어.

이와 연관해서 생각해 볼 시(詩)가 있는데, 나치스를 비판한 니묄러는 「그들이 왔다」라는 시를 발표했어.

처음에 그들은 공산주의자들을 잡으러 왔다
나는 아무 말도 하지 않았다 나는 공산주의자가 아니었으므로
그들은 유태인을 잡으러 왔다
나는 아무 말도 하지 않았다 나는 유태인이 아니었으므로
그들은 노동조합원을 잡으러 왔다
나는 아무 말도 하지 않았다 나는 노동조합원이 아니었으므로
그들은 천주교도를 잡으러 왔다
나는 아무 말도 하지 않았다 나는 개신교도였으므로
그들은 나를 잡으러 왔다
그런데 이제 말해줄 사람이 아무도 남아 있지 않았다

사실 1938년 히틀러는 게르만 종족 300만 거주지 체코 서부의 병합을 요구했는데, 강력히 반대해야 할 영국이 뮌헨 협정을 통해 쉽게 허락하는 것을 보고 이웃 나라 침략을 굳게 결심하였다고 전해져. 저항이 없으니 욕심을 굳히고 탐할 수밖에. 이런 점에서 1950년 북한이 비교우위의 전력으로 한국 전쟁을 일으켰을 때, 이미 애치슨 방위 라인에서 대만과 함께 한반도를 제외시켰음에도 공산주의 확산을 저지하기 위하여, 트루먼 대통령이 주도적으로 UN을 통해 대다수 서방 젊은이들을 희생하면서까지 한국을 지키려 했던 것은 진정 다행스런 일이 아닐 수 없어요.

동물 세계에서는 맹수가 나타나면 붙잡히지 않으려 먼저 본 녀석부터 시작하여 모두들 필사적으로 먼지를 내며 달아나지. 그러다 무리 중의 누군가가 붙잡혀 먹히고 있으면, 바로 그 옆 얼마 떨어지지 않은 곳에서 다시 풀을 뜯거나 멍하니 쳐다 보고 있어. 마치 '나는 아니야.'라고 안심하는 듯하면서 말이야. 다음번에는 혹은 내일 식사 시간에는 자기 차례가 될 수도 있다는 것을 전혀 모르는 거지.

우리 인간 무리에서도 이렇게 지내는 경우가 많았어. 권력의 횡포나 전쟁과 폭력의 죄 없는 희생물이 되어 막대한 손실을 당하거나 목숨을 잃는 경우에도 누구하나 개입하지 않는 때가 적지 않았어.

특히 식자(識者)층 가운데 항변하거나 분노하여 저항하는 사람이 단 한 사람도 나타나지 않은 때도 있었어. 누군가가 나서겠지 하면서 자신은 복지부동하거나 무사안일과 무관심, 요행주의 등에 빠진 소인배 같은 처신과 인생관에 사로잡혀 있었던 거지. 바로 다음 희생 제물은 자기 자신인데 말이야.

나라와 나라 사이 혹은 나라와 개인 사이, 개인과 개인 사이에서 서로의 존재를 인식하고 상호 존중하고 서로 유익하도록 도움을 주며, 서로 보호하려 하는 가운데 깊은 신뢰와 상호 의존이 점증되지. 그래서 불필요한 에너지 낭비를 줄이고 상호 보다 큰 시너지 효과를 얻어 더욱 풍요로움 가운데서 공생하게 될 것이야.

대나무나 삼나무 뿌리는 땅속 깊게 내려가지는 않지만, 옆의 나무와 서로 굳건하게 얽히고 설켜 군집을 이루고 있어. 이 때문에 거대한 태풍이 불어오거나 예상 밖의 지진이 요동해도 살아남을 수 있지. 그러니 지진 같은 천재지변이 일어나면 사람들이 피신하는 곳이 대나무, 삼나무 숲이야.

결국 상호 긴밀하게 소통하고 결합되어 있으면 급작스런 자연 변동이나 끔찍한 상황이 발생해도 견디어 낼 수 있는 거지. 사람과 사람 사이는 물론 나라와 나라 사이에서도 굳건한 교류와 일치는 뜻밖의 시련과 곤경을 극복해 낼 수 있는 힘인 것이야."

며칠 후 대철은 캐더린에 대한 염려를 좀 접고 이제는 다음 문제에 몰입해야 하겠다고 곰곰히 생각했다. 이미 익사한 일본인은 어쩔 수 없지만, 고문당한 일본인은 몸이 더 망가지기 전에 구명 운동이라도 벌려야 하겠다고 다른 인질들을 설득하였다.

다들 조금씩 공감하면서 대철에게 협력하고 격려해 주었다. 인질 중 한 사람이 물질적 선물이 있어야 한다며, 소지하고 있던 돈을 조금씩 모아 소말리아 책임자들에게 몰래 전달하였다. 그러자 마침내 고문당한 일본인은 온 몸이 만신창이가 된 채 수용소로 되돌아 올 수 있었다.

그런데 이 일로 인하여 부소누가 알고서 찾아와 인질들의 돈과 보석을 안전하게 보관하여 자기 고국으로 돌아갈 때 되돌려 주겠다고 하며, 모두 내 놓으라는 것이 아닌가? 다들 직감하였다. 그것은 결코 돌려받지 못할 것이라고.

부소누가 독촉했다. 차후에 돈이나 귀금속류를 가지고 있는 것이 발각되면, 그것은 다른 사람 것을 훔친 것으로 간주하고, 그 사람을 고문하겠다고 위협했다. 그러자 몇 사람이 숨겨둔 보석을 몇 개 더 내어 놓았다. 그것을 다 받은 후 부소누는 그 사람들에게 다시 찾아가 왜 진즉 내어놓지 않았느냐 하면서 차례로 좌편 면상을 세게 가격하는 것이었다.

맞은 이들은 뒤로 넘어져 피를 흘리거나 신음 소리를 내었다. 좌중을 싸늘한 눈빛으로 한 번 더 둘러본 후 부소누는 휭 나갔다. 순식간에 모든 재화를 빼앗겨 버렸던 것이었다. 인질 생활이 극한 상황에 다가가고 있음을 대철은 감지하면서 정신이 혼미해지는 가운데 쓰러졌다. 누군가가 대철을 들어다 잠자리에 눕히는 것을 느끼며 의식의 끈이 멀리 날아가 버리는 것 같았다.

19. 각 단계마다

선택

엘로이 대사가 대철을 흔들며 식사해야 한다고 깨우는 바람에 대철은 눈을 떴다.

"꼬박 28시간을 잤어요. 아무리 흔들어 깨워도 눈을 열고 몸을 꼬집어도 깨어나지 않기에, 이 기회에 잠 좀 푹 자게 해야 한다고 다들 만류하여 이제 깨우게 되었어요. 일어나 식사해요. 오늘은 빨래 날이에요."

깨워주는 엘로이 대사도 고마웠지만, 잠을 더 자게 해야 한다고 했을 행복이 아빠가 함께 있어 얼마나 다행인지 모른다고 대철은 생각했다.

잠이 보약이라더니, 깊은 숙면으로 한결 몸이 가뿐해진 것을 느꼈다. 입맛도 좋아져 소말리아 음식이 먹을 만해졌다.

장티푸스에 감염된 캐더린은 조금씩 차도가 있어 회복 단계에 접어들었다. 참 다행이었다.

세탁이 끝난 후 다시 모였다.

이틀 후 대철은 행복이 아빠가 알려준 내용, 일전에 이탈리아인들과 프랑스인들이 모여서 쑥덕거리다가 부소누에게 된통 맞았으며 하루 반나절 물만 마셨다는 얘기를 전했다. 그럼에도 누구 한 사람 이 모임을 중단하자는 생각을 갖는 이는 없었다.

지난 번 대화에 이어 베네딕 박사가 먼저 시작하였다.

"인류는 진보하는 역사를 구가(求暇)해야 되겠지요. 우리가 몸담고 있는 지구와 우주 자연은, 사운드 오브 뮤직 영화에 배경이 된 언덕과 푸른 언덕 동산 같은 곳이야. 그 위에서 아름다운 노래와 춤 또는 여유로운 담소를 나누거나 맑은 공기를 호흡하고 풀 내음을 맛보며 산보할 수 있는 평화로운 상황이 되게 할 수도 있어. 아니면 정 반대로 점령해야 할 전술적 교두보 고지가 되어 포탄 세례가 집중적으로 쏟아지는 치열한 격전지가 되거나 상대를 죽이지 않으면 내가 죽어야 하는 살벌한 살육의 피비린내 나는 전장이 될 수도 있는 것이야.

과거 역사 안에서는 후자를 주로 선택했는데, 미래에는 두 가지 중 과연 어느 길을 택할 지는 우리의 몫이며 책임이야. 우리 후손 인류에게 어떤 지구와 자연을 남겨줄 것인지는 우리의 결정에 달렸어.

역사의 각 시대마다 갈등의 원인이 되었던 계층 분열과 차별은 사실상 무의미한 것이었어. 수많은 사람이 그 냉대와 무시를 참혹하게 당하며 소외의 슬픔을 맛보았던 거지. 게다가 폭력은 먼저 사용하는 측이 그 정도와 정밀도에 따라 그 영향력과 결과가 커질 수 있고 상대를 보다 강하게 제압할 수 있는 것이기에, 그만큼 위험하고 공포스러운 것이었어. 오랫동안 무력과 군비를 증진하여 온 현실을 인정하고, 이제부터는 군비를 차차로 감축하여 해체시키며 국민의 생활수준도 향상시키기 위해 점진적으로 필요한 단계를 거쳐야 할 것이야.

아무리 적대적인 나라라고 하여도 세월이 흐르고 시대 상황이 바뀌고 여건이 조성되어 서로의 유익을 위한다면 국교 재수립과 화친화평의 관계로 변화 되어 가지. 사실 개인의 행동 심리도 그러하거니와 국가와 민족 간의 정책 방향 결정에 있어서도 대부분의 경우, 불필요하게 야기되는 감정적 개입이 아니라면 국익의 향방에 따라 미래를 선택하고 결정하여 가는 것이야.

이렇게 볼 때 함께 서로 부족함을 보완하고 협심(協心), 협로(協勞)하면서 당면한 여러 과제들과 문제들을 해결해 가야 하지 않겠는가 말이야. 대립과 갈등으로 개인이든 정부든 귀중한 에너지와 예산을 정말 불필요하게 낭비하고 소모한 경우가 역사적으로 봐도 너무나 흔하고 잦은 실수, 실책이었어.

시대가 지난 오늘날 돌이켜보면 후회스러운 일들이 한 두 가지가 아냐. 안타깝고 마음 아프며 슬픈 심정을 금하기 어렵더군. 그 낭비하던 힘과 에너지를 자국의 복지 분야든 아니면 만기적 저 성장 국면에 있는 국가에 유무상 원조를 했더라면 세계는 더욱 나아지지 않았을까 해. 세계 인류 모두가 함께 잘 살기 위해서는 깊은 고민을 해 봐야 할 것이야."

엘로이 대사가 말하기 시작했다.

"나라들 가운데 중진국은 치열하게 노력하여 선진국의 대열로 더욱 발전해 갈 수 있겠으나, 문제는 어려운 나라, 특히 최빈국이에요. 최빈국의 발전과 성장을 위한 형안(炯眼)을 세계민이 함께 어우러져 모색해야 할 것이야. 최빈 민족들에게도 국리민복의 가능성과 기회가 지금은 전혀 그럴 기미조차 안 보이지만, 같은 인류로서 주어져야 하는 것 아니겠는가 말일세. 양심과 지성이 깨어있는 의식이라면 약소국의 아픔과 설움을 알게 되어 세계 행복에 기여함으로써, 당대에는 희망이 어우러진 보람을 느끼게 되고, 후대에게서는 찬사를 듣게 될 것이야.

알제리가 독립투쟁 할 때, 프랑스는 식민지배의 지속 여부 문제로 양분되었어. 1954년 식민지배 반대파 중심에는 알제리의 무기구입 자금 협력책이었던 폴 사르트르가 있었어. 프랑스 정보부가 그를 구금하겠다고 하자, 드골 당시 대통령은 '그냥 놔두게. 볼테르(프랑스 근대의 저명한 문호)를 구속할 수는 없지 않나.'라고 하면서 알제리 독립을 불가피하다고 인정하지. 결국 투쟁을 시작한지 132년 만에 알제리는 독립을 쟁취하게 돼. 그래서 두 인물, 드골과 그 '볼테르'를 훌륭하다고 후대는 칭송 오마쥬를 보내지.

어느 조직이든 그 생존 성패는 구성원 한 사람 한 사람의 창의적인 능력과 함께 현재와 미래 상황을 통찰하는 예민성을 갖춘 전 구성원의 소통에 달려있다 할 것이야. 그래서 인류 세계의 엄연한 구성원이면서 오랫동안 역사가 가둔 부정적 패러다임의 감옥에서 최빈국은 벗어나야 해."

역사 얘기가 나오니 제임스 교수가 개입했다.

"사실, 몇 백 년 전만 해도 스위스는 국토가 산이 많고 황량하며 척박한 땅이 많아 먹고 살기 조차 힘든 곳이었어요. 겨우 다른 나라 전쟁에 용병으로 나가 피를 바쳐 생계를 유지했었지. 게다가 독일, 프랑스, 이탈리아 문화가 혼합된 다양성을 지니고 있으며 전국이 로만슈어를 포함한 4개 언어권으로 나눠져 알프스지역, 알프스 지류지역, 중부지역 및 Jura산맥 지역으로 구분되어 있어요. 그러나 지방별 고유한 문화적 특징을 서로 존중하고 하모니를 이루면서, 국민이 노력하고 고민하여 부가가치가 높은 정밀 산업을 일으켜 오늘날 세계 상위 1%의 최고 시계와 우수한 정밀 기계 등을 제공하는 나라로 자리매김하고 있어. 몇 차례 내란이 있었으나 합리적으로 해결하고 서로 인정하여 함께 발전해 가는 방향으로 선회한 거지.

이런 점에서 현재 최빈국이라 하여도 희망이 없는 것은 아니야. 그들도 노력하고 협력이 제공되면, 세계 역사에 긍정적으로 기여할 수 있는 역할을 행사하며 스위스 같은 나라가 되는 날이 올 거야.

현재는 세계 인류에게 어떤 큰 공헌을 하지 못하고 있는 나라와 민족이 있다하여도, 그래서 원조와 도움을 많이 받아야 하는 처지에 있지만, 상황을 개선하려고 꾸준히 함께 힘쓰고 고민하면 언젠가 도움 받은 이상으로 세계민에게 도움을 갚고도 남을 일을 할 거야.

그 외에도 놀랍게 변모된 나라 중에는 여러 나라가 있어요. 북미 대륙도 18세기 되어서야 깨어나기 시작했다고 할 수 있는데, 그 전에는 오늘날 약소국처럼 빈곤하게 살아야 했지. 또한 독일인들조차 그들은 도둑질을 잘하는 민족이라고 칭할 정도로 전형적인 후진국 스타일 국가였어. 공무원의 청렴도가 세계적으로 높고 모범적인 오늘의 독일인이 주는 인상과는 전혀 딴판이었던 거지.

반대의 경우로는 지난 1970년대 미국이 월남에 인력과 군수장비 등을 엄청나게 지원하였으나, 승려가 분신까지 해도 소용없이 당시 티우 정권이 자기들만 잘 살겠다는 생각에 부패할 대로 부패하여 적화되고 말았지 뭔가.

북유럽에는 자연 환경이 무척 어렵지만 특히 겨울에 말이지, 그곳에는 모범 국가들이 많아. 이것은 단지 복지 사업이 잘되어서라기보다 모두가 자유로이 꿈을 갖고 그 실현을 위해 힘쓸 수 있기 때문이기도 하지. 사람이 사람을 그리워하고, 힘들고 어려운 소외된 이들이나, 장애우들에게도 복지를 통해 각자의 소박한 꿈과 행복도 추구할 수 있도록 하니까 그럭저럭 사람 사는 모습으로 나아질 수 있었어요.

그런데 그런 스칸디나비아 국가들도 19세기 말 동해(凍海)를 깨는 쇄빙선이 들어오기 전까지는 연중 6개월을 큰 활동할 수 없는 소극적인 나라로 머물 수밖에 없었어. 겨우 20세기 들어서 적극적 역할과 소임을 행사할 수 있게 되었지. 그런 점에서 지금의 빈국들이나 약소국들도 백 년 후 새롭게 변화될 수 있는 거야. 어떤 민족이든 제대로 각성하면 미래에는 얼마든지 오늘의 선진국처럼 청렴도와 투명성, 행복지수 등등 모두 상위권에 진입할 수 있다는 얘기야.

미래는 알 수 없는 거야. 200년 전, 아니 링컨이 노예 해방을 선언할 때만 해도 미합중국의 최고 공직자인 대통령이 노예이던 흑인 피부를 가진 사람 가운데서 나올 것이라고는 상상도 못했어. 이것은 장차 사람이 달나라에 발을 딛게 될 거라는 예측보다 더 어려운 일이 지금 일어나 이미 기정사실이 되었어요.

이러한 사실은 비록 지금은 최빈국이라 그 위치와 이름조차 잘 기억 못하는 나라일 수 있으나, 다가오는 미래에는 인류를 위해 엄청나게 훌륭하고 귀중한 업적을 이룩할 인물들이 줄기차게 나올 수도 있다는 것이야.”

어떻게 가능하지?

대철도 한 마디 거들었다.

“한 국가의 진정한 힘은 구성원 사이의 신뢰력, 경제력, 국방력 세 가지가 굳건해야 하고 그중 제일 중요한 것이 신뢰력이라고 동양의 현자인 맹자가 말했어요. 한 나라가 발전하려면, 동서고금을 막론하고 정책결정자와 지도층의 역할 역시 대단히 중요한 것이지요. 오늘날 회자(膾炙)되는 '섬기는 부드러운 리더쉽'까지 거론하지 않더라도, 고관대작일수록 저관소작처럼 낮고 겸허한 청백리의 모습으로 국민을 받들고 보살필 때 후대 국민들까지 나라와 민족을, 나아가 인류가족을 위할 줄 아는 의식(意識)을 갖추게 되겠지요.

여기서 청렴도, 투명도가 대단히 중요한데, 국가나 조직의 지도층에 대한 신뢰가 시작되면 다양한 아이디어들이 봇물 터지듯 쏟아져 나오고 발휘되지요. 후진국에서 흔히 발견되는 관료주의를 배격하고, 복지부동과 무사안일주의, 치졸한 패거리 정실(情實)주의 등을 타파 퇴치하여, 상식과 양식(良識)이 상통하는 푸른 행성이 되도록 노력을 아끼지 말아야 할 것이에요. 부정과 선동은 잠시는 승리할 수 있을지 몰라도 궁극적으로 승리할 수는 없다구요."

흐뭇해하며 베네딕 박사가 말했다.

"여기에 언론과 감사기관이 나라마다 살아 있어야 그 나라의 미래가 있는 것이죠. 닉슨 대통령을 하야시킬 수 있었던 것은 언론의 힘이었지. 또한 감사기관이 권력의 시녀로 전락하면 몇몇 소수의 집권층만 국부(國富)를 독과점하게 되어 부정부패가 만연하게 되는 것이지.

인간 심성은 분명 빛과 어둠의 양면을 지닌 존재임에 틀림없어. 이 가운데 역사적 주위 상황과 평소 배양해온 개인 심성 여건이 어느 한쪽을 선택하도록 하지. 빛이 강할 것인가, 어둠이 강할 것인가….

이런 이유로 어느 시대나 민족이나 깨어 있는 양심적 지성이 요청되는 것이야. 양심적이라 한 이유는 지성인들 가운데는 간에 붙었다 쓸개에 붙었다 하면서 자신의 지성을 고작 자기 이속을 채우는데 사용할 줄 밖에 모르는 식충(食蟲)이 벌레만도 못한 이들도 있다는 거지."

대철이 다시 말했다.

"중국 고전에 보면 간혹 훌륭한 선사나 의로운 충신이 있었는데, 왕의 주위에 간신배들이 득실거리니 자신은 낙향하여 은둔하면서 낚시나 하며 소일한다는 얘기가 나와요. 나라가 쓰러지고 백성의 생활이 파탄 나고 있으면, 소수라 하여도 충신과 의인들이 규합하여 어떻게든 나라를 살리려 노력해야 할 것 아니겠어요? 물론 각자가 처한 상황이 워낙 힘들고 난감하니 피해 달아났을 수도 있었겠지만… 의로운 지도층이 제 역할을 못하는 것은 역사적으로 국가적으로 큰 손실이에요."

오랜만에 함께한 캐더린 기자가 한 마디 했다.

"인간의 존엄성과 고유한 인권, 인간 품위, 자유를 신장시키는 나라와 민족에게는 대단히 우호적으로 배려하며 커다란 혜택과 도움을 제공하면서, 그렇지 않은 나라와 민족에게는 무관심과 무혜택으로 대하며 각성하도록 하여 지구상 모든 민족들이 장차 역사의 밝은 방향을 향하도록 선도(善導)할 수 있어야 할 것이에요.

나아가 최빈국 국민들로 하여금 잠자는 역량을 스스로 발휘할 수 있도록 지금부터라도 교육시키고 일으켜 주어야 할 것이야. 그리하여 아마 백년 이내에 그들 가운데서도 노벨상 수상자가 줄줄이 나오며 세계 인류 발전사에 크게 기여할 수도 있을 것이에요."

귀 기울여 듣고 있던 베네딕 박사가 이어 말했다.

"당대의 최빈국에게는 일시적이 아닌 구조와 시스템의 발전이 가능한 개혁을 지원해주어 서민들 삶의 질과 양을 조금씩이라도 꾸준히 단계별로 높이는 데 기여해야 해요. 빈국에 도움을 줄 땐 이른바 물고기보다 물고기 잡는 법을 전수해 주어야 장기적으로 빈곤에서 벗어나 발전해 갈 수 있겠지요. 당장 급한 순서라면 식량, 의료, 주택, 의식 교육, 2세 교육 등이 필요할 것이에요. 무엇보다도 소비적, 소모적 도움을 주는 데 그치지 말고 장기적으로 일어설 수 있는 사회 근간(根幹) 시스템을 지원하고 전수하여 장기적 성장 잠재력을 확립해 줄 수 있어야 해요.

나아가 이미 자립할 수 있는 다른 나라의 보호주의 또는 쌍무(雙務)주의로 인하여 겨우 발돋움하는 최빈국의 경제 발전을 싹도 제대로 나기 전에 짓밟아 다시 악순환의 굴레로 밀어 넣어서는 결코 안 될 것이야.

여기에 근주자적(近朱者赤)이란 말처럼 보다 이상적인 국가 운영 시스템을 견지하고 있는 나라의 좋은 점을 계속 익히고 견습하다보면, 자국의 문제점을 파악하고 개선시킬 뿐 아니라 오히려 보다 나은 시스템을 개발할 수도 있을 것이라고 생각해.

최빈국에 개발할 만한 먹거리를 찾아보면 여러 가지 있는데, 쉽게 생각하여 단순 가공무역을 위시하여 유적지나 자연경관의 관광 사업, 지하자원 개발, 금속 세공업, 고유특산물 무역, 저렴한 물가와 깨끗하고 무공해 환경의 타국인 유치 사업 등등 다양한 사업을 고민할 수 있을 것 같아.

그러나 보다 근본적으로 중요한 것은 지도자의 가치관이 문제인데 바람직한 지도자 상이라면 스스로 절제 및 자기 콘트롤, 자기 연마 등을 통해 성실하고 슬기로우면서 자아를 제어할 줄 알아야 한다고 봐. 인간 누구나 욕구를 무한히 갖고 있다 하겠지만, 진정한 지도자라면 그 욕구를 넘어설 수 있어야 할 것이야. 진정 귀감이 되는 지도자라면 기본적인 물질적 평화에 만족하며 정신과 마음의 평화를 더욱 추구해야 하겠지.”

제임스 교수가 길게 설명했다.

“이슬람의 마호메트는 아주 검소하게 생활했으며, 심지어 옷이 해어질 때까지 입었다고 전해져. 그의 후계자 1대 칼리프인 아브 바크르 역시 한 장의 셔츠와 상의만을 소지할 정도로 근검절약하는 삶을 영위했다고 하네.

또한 라인강의 기적 요인으로 흔히 적절한 정부 개입이 있는 시장 경제, 화폐 개혁으로 배급 경제에서 완연한 시장 경제로의 정착, 오랫동안 축적된 지식과 기술 등을 꼽아요. 그러나 가장 중요한 것은 당시 후진국에서 발견되던 지도층의 이기적 착복, 무능함에서 시작되는 무사안일주의,

내 가족부터 배불리겠다는 사리사욕 등과 같은 부패 지수가 독일은 유달리 낮았다는 것이야.

사실 어느 나라든 경제 정책을 몰라서 미개하고 발전이 늦어지기보다는, 권세가 중 누군가 배임하고 횡령하니까 나라 곳간이 엉뚱한 곳에서 줄줄 새어 나가는 것이지. 그 새는 구멍을 알아내 막아야 재정이 모이는 것이야. 그러니 나라의 발전을 위해서는 지도층을 포함한 국민들의 청렴도 의식과 부패지수가 미래를 결정한다 해도 과언이 아니야."

잠시 침묵하다 불현듯 떠올랐다는 듯 손사래를 휘저어며 제임스 교수가 다시 말했다.

"유럽 동부에 브라쇼브라는 도시가 있어요. 그 도시의 문장(紋章)을 보면 그곳 주민들이 역사적 안목(眼目)으로 깨달은 지혜를 나타내고 있어. 문장의 맨 위에는 왕관이 자리하고 있고, 그 아래에 나무줄기가 있어. 맨 아래 편에는 나무뿌리가 무수히 벋어나 있는데, 뿌리가 제일 풍성하지. 이 문장은 왕을 받치는 것은 귀족들이고, 그 귀족들은 민중이라는 근간위에 머물 수 있는 것이라는 뜻이야. 민중이 없으면, 귀족이나 왕도 있을 수 없다는 거지. 그러니 귀족은 뿌리 민중을 위한 책임이 있다는 것을 나타내지. 거창하고 화려한 캐치 프레이즈나 상징 그림보다, 단순하면서도 대단히 귀중한 교훈을 상기시키는 돋보이는 문장이었어.

전시(展示) 행정이 지탄 받듯 전시 통계와 전시 업적은 정부의 신뢰와 공공성을 실추시켜 결국 망국에 이르게 하는 사상누각이야. 정밀하고 정직하며 투명성이 확연한 공무 집행이 될 때 정부는 신뢰를 얻게 되는 것이야. 독재 집단이 매스컴을 통제하려는 이유가 바로 자신들의 본색을 감추기 위한 것이듯, 정부의 도덕성이 신뢰를 잃어버리면 국민들이 실망한 가운데 심기가 위축되어 스스로 발휘할 수 있는 모든 가능 역량이 최소한에 머물러 국가 발전이 저해될 수밖에 없어요. 부모의 심각한 비리(非理)를 알아 버린 어린이가 명랑하고 활기차게 성장할 수 있겠어?"

영국에서 들은 얘기가 기억난 대철이가 개입했다.

"2008년 무렵의 세계 금융위기 때 미국의 대형 은행이 파산되어 가고, 월가에서도 금융 위기가 다가온다는 조짐을 많은 전문가들이 인정하고 있는 중에도, 어느 주요 선진국 정부의 재무장관 P는 전혀 위태롭지 않다고 호언장담 하였어요. 정말 그 위기를 몰라서 그랬는지, 군중 다수를 속여 안심시키기 위한 이유 때문인지….

정직하지 못한 언행의 표출은 결국 값비싼 희생을 치룰 수밖에 없었지요. 윤리적, 도덕적 부정한 태도는 그 발기자가 국가 기관이나 각종 사회단체에서 중책을 맡을수록 끼치는 그 영향과 피해는 지대할 수밖에 없어요. 무엇보다 정부 기관에 대한 신뢰심이 실추되면, 이미 그 정부는 역할을 할 수가 없어요. 국민을 위한 정부인지 기득권 유지를 위한 것인지 국민과 역사는 알아 볼 수 있어요.

도스토옙스키는 '인생에서 무엇보다 어려운 것은 거짓말을 하지 않고 사는 것'이라고 했어요. 한국의 정신 개혁자 도산 안창호 선생도 꿈속에서조차 거짓말은 하지 말라고 가르치셨어요."

베네딕 박사가 좀 피곤한 듯 표정을 지으니 다시 제임스 교수가 말하기 시작했다.

"진실된 정보를 서로 소통해야 하는 것이에요. 제1차 세계 대전 초기 영국과 프랑스는 정규군 중 60만 명을 잃게 되었는데, 서부전선 이상 없다는 보도만 내보내면서 세계 대전의 심각성을 모두 과소평가하도록 했어요. 정직이 최선의 방책이라는 격언처럼 사태의 위중함을 알고 상호 소통하며 신뢰하고 있을 때 중지(衆智)를 모아 해결책, 개선책을 찾을 수 있을 것이야. 그러니 진실이 규명되는 사회 환경이 정착되어야 하는 것이지.

말이 나와서 하는 말인데, 중요한 점은 정의롭고 지혜로운 맑은 의식이 상류 지식인들에게만 점유되어서는 곤란하고 그 지성을 대중화하여 공론화해야 할 필요가 있는 것이지. 여기에 정직한 매스컴과 진심어린 사회적 소통 시스템이 요청되는 것이야. 이러한 것이 어느 몇 나라나 민족에게만 국한되어 있어서는 곤란해. 세계 역사가 증명하듯 결국 다른 나라에서 또 다른 갈등과 분쟁이 생기게 되어 혼란의 소용돌이가 인접국에도 영향을 미치게 할 수도 있지.

매스컴은 한 나라의 운명에 영향을 끼칠 수 있는 여러 정황에 대한 선도와 비판 기능이 있지만, 그 시대의 소외된 빈곤층을 대변할 신문고 역할이 가장 중요하다고 생각해. 억울하고 무시당한 채 삶을 영위하는 저(低)바닥 계층의 입장과 상황을 사회에 드러내 주고 공론화 하도록 도움을 주어야 해. 공동체 사회 안에 그늘에서 고통스러워하는 사람들에게 관심과 배려의 빛이 비추도록 하는 역할, 그래서 온 사회가 모두들 빛의 조명하에 머물도록 하는 사명이 제일 중요하다고 봐요."

데오 누샤 변호사가 덧붙였다.

"뿐만 아니라 매스컴은 역사의 도정에서 크든 작든 이정표 역할을 해야 된다고 생각해. 그릇되고 흑심의 속내 감춰진 시류(時流)가 얼마나 혹세

무민(惑世誣民)하는지. 역사 안에 나타났다 사라져간 잘못된 가치관과 사상, 정말 쓸데없이 인간을 현혹시켜 에너지를 **빼앗고** 불필요하게 고통 받게 만든 경우가 얼마나 많았는지 말이야.

역사 안에는 이름을 거론하기조차 싫은 수많은 살인마 폭군들이 나타나 인명을 대량 살상하는 일이 많았어. 이것은 폭군 개인적인 성향도 있지만, 아울러 시대 상황이 그러한 사생아를 낳았다고 해도 과언이 아닐 것이야. 그 시대를 휩쓸었던 대중의 의식과 바람이 그러한 인물을 의식적이든 무의식적이든 요구하며 생산했다고 해도 지나치지는 않을 것 같아.

이런 점에서 인간이 몸담고 있는 그 시대가 어떠한 가치 의식과 희구하는 대중 소망이 무엇인지에 따라 시대 현상이 나타나고 시대의 모습이 형성되는 것이지. 또한 사회의 모습을 결정하는 구성원 개인 한 사람을 형성하고 있는 가치관과 그 의식에 끼치는 매스컴의 영향이 얼마나 지대한 것인가 하는 점을 간과할 수 없어요.

다행히 진실을 수호하는 매스컴이라면 여론과 사회의식 기류를 선도할 수 있게 되겠지만, 그렇지 않으면 반대로 혼란과 분열 파국으로 불행을 자초하게 만드는 것이지. 개인의식은 시대 의식에 영향 받고 그 시대 의식은 매스컴이 이끄는 가치관에 따라 형성하게 되니 말일세.

그러니 도하(都下) 제반 언론이나 매스컴이 여론 조류(潮流)를 어떻게 영향을 미치며 이끄는 가에 따라서도 그 민족과 국가의 가치 의식 구조가 형성되고 나아가 운명과 미래가 결정되는 것이지. 생명력이 살아있는 매스컴이 예민한 진실 의식을 간직하며 살아가는 사회는 그 만큼 존경받을 훌륭한 귀감의 헌신적 인물과 위인들을 결국 보상처럼 되받아 함께 살게 될 것이야."

엘로이 대사가 말했다.

"개도국, 최빈국 등에 제공되는 원조의 효과를 높이려면 어쩔 수 없이 발전적 필수 조건을 제시하는 것이 현명한 일이라 하겠지. 예컨대 선거의 공정 투명성, 시장 경제 보장, 언론 통제 금지, 인권 존중 등등 기존 국가들이 부딪혔던 경험과 역사를 바탕으로, 피원조국 당사자들에게 필요하고 요청되는 국가 운영 개선책을 제시하여 단계 과정별로 지원과 원조가 전달되어야 해요. 무작정 원조만 하는 것은 부패 집단에만 수혜가 집중되어 밑 빠진 독 물 붓기가 되어 악순환만 심화시킬 뿐이야.

이중에 피원조국이 아무리 악조건 상황이라 하여도 가장 성과를 보는 지원은 무엇보다도 2세를 위한 교육 지원, 곧 학교 건립, 교사 교육 지원, 면학 교보재 보급, 교육용 자재 보충 등이라 하겠어요. 교육 원조가 실패할 확률은 적어. 뜻있는 선의의 사람들이 보내는 성원과 피땀 서려있는 귀중한 원조가 일부 정화(淨化)대상인 지배 계층만 살찌우는 악순환이 되어서는 결코 안 될 일이지."

마음속으로 대철은 되뇌고 싶었다. 교육, 교육, 교육. 그렇다. 최빈국을 일으키기 위해서는 무엇보다 교육이 중요한 것이다. 의식을 새롭게 가지도록 하여 지식과 정보를 습득하는 '사냥법'을 익히는 일이 중요함을 깨닫도록 하며, 생활이 근면하도록 하고 올바른 선의의 경쟁 방법이 정착하도록 할 것이기 때문이다. 무엇보다 최우선적으로 교육 지원이 제대로 실행되도록 해야 할 것이다. 그리하여 글로벌 시민으로 교육시키고 세계 시민 의식을 갖추도록 도와주어야 하겠다.

잠시 휴식을 취한 듯한 베네딕 박사가 다시 말 문을 열었다.

"약소국이 일어서는 데는 후세 교육만큼 정말 중요한 것이 없어요. 제가 역사에 대해서는 잘 기억 못하지만, 나폴레옹의 침략을 당했을 때에도 프로이센의 빌헬름 3세는 유명한 말을 남겼어요. '교육에 집중한 나라가 더 가난해지는 것은 본 적도 없고, 그런 나라가 망한 적도 없었다.'

그는 의무교육을 강화하여 수업료는 거의 무료로 하되, 만일 결석하면 오히려 벌금을 내게 하였어. 그래서 프로이센 통일 직전 초등학교 취학률이 97.5%에 달했어.

더구나 나폴레옹에게 엄청난 전쟁 배상금을 내어야 하는 처지에서도 왕실의 재산을 기부하여 베를린에 대학들을 건립했어요. 이 당시 세워진 홈볼트 대학 본관 앞에 졸업생 사진이 많이 걸려 있는데, 그 가운데 노벨상 받은 이가 29명이나 돼. 아인슈타인도 이 대학 교편을 잡은 적 있지. 빌헬름 3세 같은 선의의 귀감이 열심히 노력하니, 훌륭한 결실이 나올 수밖에.

미·영·불의 근대화를 자본주의가 이끌었다고 한다면, 독일은 오직 교육열망이 추진했다고 할 수 있어. 이후 독일은 20세기 초까지 총 202가지의 특허 발명을 하게 되고, 제2차 세계 대전 후에도 전 세계 과학 기술 대국 중 하나로 자리매김하게 되지. 이처럼 교육을 통하여 헌신적이며 중량감 있는 민족의 위인들을 가능한 많이 배출할 수 있어야 후손들에게 모범이 되고 희망을 선사할 수 있을 것이야.

또한 유사한 경우인데, 평민의 아들로 태어난 백과사전적 사상가인 미하일 로모노소프는 교육의 중요성을 주창하여 러시아에 대학교와 연구소, 학술원 등을 건립하는데 공헌하며 러시아인들의 지적 발전을 신장시켰어. 오늘날 러시아의 저변 위상을 굳건히 하는데 그의 헌신을 과소평가할 수 없어요. 이처럼 교육은 한 국가의 시대 상황과 그 역사를 고양시키는데 큰 역할을 하지.

또한 빠트릴 수 없는 것이 세금 제도예요. 소득 있는 곳에 세금이 따른다는 원칙도 중요하지만, 더욱 중요한 것은 높은 소득에 어떻게 그 적정한 세율을 책정하며, 큰 저항 없이 높은 소득을 사회에 환원하도록 만드느냐하는 것이 관건이지.

이를 위해 필요한 만큼 부자 증세를 추진하거나, 재산 사회 헌납을 장려할 필요가 있지요. 기존의 사회 기부금만큼 감세 혜택을 줄 뿐 아니라, 기부금액의 1% 만큼 감세를 더 지원해 주거나, 포상 제도를 정립하는 등 … 더 많이 가진 자들에 대하여 자발적인 재산 사회 환원을 권장하고 유도하여, 적절한 수준의 헌납과 절제할 줄 아는 사회적 생활 의식으로 이끌어야 할 것이야. 물론 유치하고 폐쇄적이며 이기적인 가진 자들의 저항이 없진 않겠지만 말이지. 어느 시대이든 부자들의 사치와 낭비는 결국 자신과 국가를 파국으로 몰고 갈 수밖에 없어요.

이런 도정(道程)에는 외국으로 재산 도피하려는 부자들도 나타나겠지. 사실 그런 사람은 많지 않을 뿐 아니라 지독한 이기주의자거나 제 혼자만 아는 반역적, 매국적인 사람일 것이야. 외국으로 가져가거나 옮긴 재산조차 안전하지 못하기 때문에, 실상은 얼마나 불안하며 더구나 돈 냄새 맡고 달려드는 온갖 사기꾼들 때문에 장기간 보존하기도 힘들 것이야. 뿐만 아니라 돈이 아무리 유익하다한들 무인도 같은 낯선 곳에 돈만 가지고 살 수 없듯, 사람은 사람을 통해 사랑을 받고 나누고 행복을 누려야 하거늘. 그 도피자는 결국 불안과 불행 속에 지낼 수밖에 없는 것이지.

노동자들에게 대해서도 더 일하라고 닦달거리기만 할 것이 아니야. 오히려 정부 또는 대표기업이 나서서 전국적인 차원에서 노동자들을 위한 개인 발전 교육을 실시하면 노동의 동기와 그 결실에 대한 희망이 강화되고, 노동자 교육에 소홀히 했던 기업들을 포함하여 전국의 노동 트랜드 양태(樣態)가 다함께 향상되는 결과를 얻게 되지. 개인과 국가 모두 한 차원 높은 노동력을 형성하게 되는 것이야.

또 다른 예로 20세기 초까지 그랬듯이 정부가 아동들에 대한 노동 규제를 강화하면, 당장 기업은 저임금의 노동력이 빼앗긴다 하여 반대할지 모르지만, 그 규제가 아동들의 육체와 정신에 있어 정상적인 발육이 가능하도록 돕게 되요. 그래서 장기적으로는 국가전체에 더욱 양질의 노동력을 보급할 수 있게 되고 장차 그들은 훌륭한 소비자로 국가 경제에 중요한 역할을 하게 되지.

계획 경제는 아니지만, 시장 경제에 정부가 뒷짐 지고 있던 시대는 지났어. 중요한 것은 정부가 기업 활동의 자유는 보장하되 경제라는 전체 숲과 강물이 제대로 이뤄져 가고 있는지를 늘 주의 깊게 주시하여 가장 필요하고 불가피한 정책과 대책으로 적절히 개입하여 나라 경제를 유지해 가야 하는 것이야.

여기에 대기업 및 부유층의 소득이 증대되면 더 많은 투자가 이루어져

경기가 부양되고, 국가 전체의 생산과 소득이 증가하면 저소득층에게도 빈곤 탈출에 도움이 된다는 낙수효과와 성장보다는 분배에 초점을 두는 분수효과를 적절히 병행하여 빈부 격차를 줄여 가는 것도 중요한 경제 시책이지."

데오 누샤 변호사가 말을 이었다.

"아울러 전략적 시나리오 구상도 필요해요. 어느 석유회사는 석유파동이 나기 전부터 미리 위기 대처 시나리오를 준비하여, 석유 공급원을 다양화하면서 비축량을 늘렸어. 마침내 석유 파동이 야기되자, 하위권이었던 그 회사는 급부상하지.

빈국의 국가 발전 계획도 여러 시나리오를 마련하여 예기치 않은 돌발 변수를 대비할 필요가 있는 것이지. 중진국으로의 도약 과정에 예상 밖 상황이 얼마나 많이 도사리고 있겠는가 말야. 다른 나라의 경우를 연구하고 참고하여 인력이나 유용 자원이 가능하다면 발전 시나리오를 마련해 실천하는 것이 중요하지.

한 가지 분명한 것은 양질(良質)의 성과가 있어야 하지만, 그 양질의 평가를 하기 위해서는 적어도 무엇인가 있어야 호불호(好不好)의 평가를 할 수 있는 것이니 경제 상황이 불확실할 때는 일단 성장부터 집중하여 파이를 키워야 하지 않겠는가 말이야.

복지 문제도 최빈곤층은 생계비와 의료혜택을 무조건 지원해야 하지만, 열심히 일해야 하는 계층에 속하면서도 복지 및 실업 수당에 의지하여 생산이나 서비스 근로에 나서지 않는 사람들도 발생한다는 거야.

이런 경우 일하는 사람의 소득이 일 하기 싫어하는 사람보다 당연히 많아야 하며, 동정 받을 만한 자격 있는 사람과 그렇지 못한 사람은 명확히 구분되어야 해. 생산적 복지란 말이 있듯, 게으른 실업자와 대조적으로 노력하며 일자리 찾으려 애쓰는 실업자는 분명 구분 되어야 할 것이야. 실업자에게 강도 높은 재출발 교육을 받게 하여, 노사 관계에 있어서도 상호 인류 행복에 조금이나마 기여하도록 해야 할 것이에요."

열의를 감추지 못하는 엘로이 대사가 말했다.

"복지 대국이라 하던 북유럽의 여러 나라들도 이제는 복지 혜택을 엄선하여 제공한다고 해요. 인간 심리가 그럴 수 있어. 너무 꿀이 많으면, 더 이상 꿀 찾으러 가지 않으려 하고 심지어 손 하나 까딱하려 하지 않을 수 있어요. 스스로를 책임지고 단련하려 하지 않으려 하며 고삐 풀린 망아지처럼 될 수도 있다는 거지. 너 나 할 것 없이 누구나 다 그런 요소는 있어. 다만 그렇게 인생을 살고 싶지 않으니까 자제하는 것 아니겠어.

발달심리학에 의하면 어린 아이들이 부모의 정상적인 사랑 가운데서 양육되면 심리적으로 안정되어 긍정적이고 일관된 정체성을 가질 수 있고, 뇌하수체 분비선에서 성장호르몬이 풍족하게 생산되어 신체적으로도 건강하게 자란다고 해요.

이것은 민족이나 집단의 심리적 성숙 과정에서도 마찬가지라고 생각해. 사회적 범죄율이 높거나 미궁에 빠진 사회 범죄가 늘어나거나 희대의 살인마가 날뛰거나 하는 속에서는 사회 민중 심리가 건강하게 성장하기 어려운 것이지. 인간에 대한 사랑과 이웃을 향한 정감이 넘쳐나는 공동체 사회가 결국 그 민족과 집단의 건강과 수명, 나아가 행복지수를 결정짓는 것이야. 그래서 빈국이 자립 자조하게 되어 국제무대에 나란히 함께 등장할 때, 동시대의 다른 민족들도 함께 행복이 증가되는 것일세."

이때 행복이 아빠가 다가와 다히르 누이가 강도들에게 붙잡혀 가진 것도 빼앗기고 몸은 강탈당한 후 살해되었다는 소식을 전했다. 모두들 한동안 말을 잊었다. 다히르는 인질들에게 친절하고 순박한 성향이었는데, 그런 끔직한 불상사를 당하다니… 너무나 마음 아프고 슬픈 소식이었다.

행복이 아빠는 몹시 안타까워하면서 다른 한편으론 이 사건으로 다히르마저 부소누처럼 성격이 괴팍하고 난폭하게 될까봐 걱정된다고 한숨 쉬었다. 사실 인생을 살아가면서 감당하기 힘든 외부적 사건으로 인하여 심하게 충격 받고 사람이 변하는 경우를 세상사에서 우리는 적지 않게 보아 왔기 때문이다. 나라 사정이 정말 어려우니 수만 가지 비극이 끊이질 않는 것 같다. 뼈아픈 일이 아닐 수 없다. 웃으며 행복하게 살아야 할 인간이 이렇게 슬픔과 비극을 달고 살아야 하다니….

그날 저녁 부소누가 와서 다음 주 세탁일에 소말리아 토속 수프와 전통 음식을 맛 볼 수 있을 거라면서, 혹시 입에 안 맞아도 맛나게 먹고 감사해야 한다고 강조하였다. 다들 늘 비슷한 음식에 질려 있던 터라 얼굴에 약간 희색이 돌았다. 지금까지 부소누가 말할 때 보인 반응 중, 모두들 가장 밝은 얼굴로 부소누 말을 받아 들였다.

다히르 누이 죽음 소식에 아주 힘들어 하면서도, 목숨은 부지해야 했기에 다들 약간의 기대를 간직하면서 다음 주 음식이 괜찮으면 좀 많이 먹으리라 꿈꾸면서 그날을 우울하게 마무리 했다.

20. 신선한 공기, 상큼한 물맛

토속 음식

드디어 다음 세탁 날 음식이 나왔는데 다른 때보다 좀 짜고 육류 건더기가 많고 풀과 야채가 많이 들어 향내가 강했다. 그래도 늘 나오던 음식보다 먹기는 나았다. 대철도 좀 더 달라하여 배불리 먹었다. 육식은 많이 먹으면 비만의 원인이 될 수 있지만, 적당히 먹으면 채소에 없는 필요한 영양분을 얻을 수 있는 것이다. 다들 혈색이 좋아진 듯하고 대철 자신도 새롭게 정신이 맑아진 듯했다. 정말 오랜 만에 맛본 고기 맛이었다.

식사 후 다들 바깥으로 나왔는데, 제임스가 루카스에게 좋은 식사를 받았는데, 왜 많이 먹지 않았느냐고 물었다. 대철이가 봐도 루카스는 오늘따라 별로 식욕이 없어 보였다. 어디 아픈데 있거나 기분이 안 좋으냐고 물었다.

루카스 전문의가 눈짓하여 제임스와 대철을 다른 사람 몰래 한적한 곳으로 데리고 갔다.

"음식이 좀 이상하지 않았어요?"

제임스 교수가 대답했다.

"잘 모르겠던데요. 왜요?"

대철이도 잘 모르겠다고 했다.

루카스가 목소리를 낮추어 속삭였다.

"먹은 국에서 사람 손목 뼈 같은 것이 있었어요."

"뭐라구요? 세상에…."

두 사람은 동시에 소리 질렀다. 루카스가 계속했다.

"해부학 시간에 보던 팔목 뼈 같은 것이 손가락은 눈치 챌 수 있으니까 모두 절단하고 팔꿈치 앞에서 동강내어, 바닷물에 채소 같은 식물을 잔뜩 넣어 푹 끓인 것 같아요."

제임스 교수가 추측했다. 먹거리가 없으니 연고(緣故)없이 죽은 최근의 시신을 옛날 식인 조상들의 방식으로 식량을 보충한 것 같다고 했다.

그러고 보니 대철은 허벅지 뼈 같은 것이 기억났다. 좀 이상하다 하면서도 오랜만에 보는 기름진 육류라 몸 영양 보충을 생각하며 열심히 먹었던 것이다. 구역질이 엄습했다. 혼란스러웠다. 사람 고기를 맛있는 음식이라고 배불리 먹다니….

사람 고기를 먹었다는 말에 가장 충격 받은 이는 캐더린 기자였다. 그녀는 구토 증세를 일으키며 숲 쪽으로 가더니, 계속 구역질을 하였다. 마침내 심하게 구토한 후 통절하게 소리 내어 울었다. 데오 뉴샤 변호사가 다가가서 등을 쳐주며 함께해 주었다. 사람 고기까지 먹어야만 했던 자신의 처지가 너무나 싫고 한스러웠으며, 또한 언제 이 인질극이 끝날지 기약도 없는 현재 상황이 몹시 마음 아팠다. 게다가 또다시 언제 인육을 먹어야 할지도 모를 일이었다.

그 애절한 울음소리에 다들 숙연한 분위기가 되어 그날은 말이나 행동도 하기 힘들었다. 다만 자기도 처음이라고 힘들어 하는 행복이 아빠를 통해 다시는 토종 음식을 하지 않도록, 음식 요리 담당자들에게 강력하게 항의했다.

약 일주일 후 답이 왔다. 육류를 많이 못 드려서 고민하고 있었는데, 비만에다 피부암으로 수년간 고생하던 젊은 여인이 인질들이 불편한 의식주로 고생하고 있다는 얘기를 듣고, 죽음을 앞두고 유서에 가능하다면 자신의 몸을 음식으로 요리하여 인질들에게 모르고 먹게 하여 몸 보양에 도움 되기를 희망한다고 밝혔다고 했다.

아무리 육류가 없기로서니, 사람 신체를 먹게 하다니… 그러나 다른 한편으로는, 고생하는 인질들에게 해 준 것이 전혀 없어 자신의 몸이라도 내어 놓아 영양 보충에 조금이라도 도움 주고자 하는 애틋한 마음, 펠리칸 같은 귀한 마음을 엿볼 수 있었다.

주위 상황은 이를 데 없이 열악하고 혐오스럽지만, 진흙탕 속에서 연꽃이 핀다고 하더니 깊은 심성에서 나오는 아름다운 고결한 심정이 전해지는 것 같았다.

먹을 것이 워낙 없으니 그렇게 해서라도 연명하고자 하는 이곳 사람들의 한결 같은 마음이라며 인질들에게는 더 이상 그런 음식은 보급하지 않을 것이라고 약속한다는 내용이었다. 육류 음식이 없더라도 이해하여 주기 바라며, 각자 건강을 잘 유지하기 요망한다는 말도 곁들였다.

다히르는 다행히 안정을 찾아가고 있었다. 비온 후 땅이 굳어진다고 그의 선한 심성이 더욱 원숙해 가는 것을 대철은 느끼며 그에 대한 애착과 열의가 남다르게 솟아나는 것을 깨달았다. 대철은 인질 생활이 끝나도 계속 연락을 취하면 좋을 것 같다고 여겨졌다.

제임스 교수를 비롯한 일행은 다들 어느 정도 원기를 회복한 기분이었다. 대철도 은근히 기다려지는 세탁 날이었다. 일반 사회에서 만나기 힘든 사람들과 어려운 여건이지만 함께 다양하게 의견이나 경험, 가치관이나 생각들을 나눌 수 있다는 것이 이곳에서 버텨내는 힘을 준다고 다시 한 번 생각했다.

수용소 돌아가는 상황을 모를 리 없는 부소누가 이 세탁 날 모임을 눈치 챈 것 같다고 행복이 아빠가 귀띔해 주었다. 그렇지만 이러한 모임마저 못하게 하면 인질들의 심신이 더 나빠질 수 있다는 계산 하에 묵인해 주는 것 같다고 했다. 다만 밤 시간에 만취해서 들어오는 날 이것이 문제 될 수 있다는 점도 알려 주었다.

이런 상황이지만 말도 못하고 여기서 버텨야 한다는 것은 너무나 어려운 일이었다. 그래서 만일을 위해 부소누에게 줄 만한 보석이나 물품 같은 것을 얼마 남아 있지 않겠지만, 한번 모아 보자는 제안에 다들 동의하여 그렇게 하기로 하였다.

단순하나 중요한 것

"간단하게나마 오늘은 환경에 대해서도 얘기해 보자구."

새로운 기분으로 심기일전한 듯, 베네딕 박사가 먼저 와서 기다렸다가 말도 먼저 꺼냈다.

"자연 경관은 놀랍도록 아름다운 것인데. 헬렌 켈러가 가장 보고 싶었던 것은 밤이 다하여 서광이 비치면서 점차 낮으로 변화되는 매일의 새벽녘 기적이었다고 해. 우린 늘 보아 왔지만, 한 번도 볼 수 없었던 그녀에게는 너무나 보고 싶은 장면인 거지. 어떻게 깜깜하던 사방 천지가 환하게 다 드러나는 대명천지가 되는 것인지 너무나 신기하다는 거야.

나지막한 동산 하나 없이 끝없이 펼쳐진 지평선만 눈에 들어오는 광활한 초원, 그런 대평원 위를 어디선가 나타나 마음껏 달려 나가는 야생마 떼의 군무(群舞), 하루의 긴 여정을 마무리하고 아쉬움을 뒤로 한 채 저 바다 뒤로 쓰러져 가는 붉은 석양의 노을, 온 천지가 희디 흰 백색으로 눈 덮인 높은 히말라야 산 봉우리들, 새하얀 뭉게구름이 천천히 어디론가 흘러가는 넓고 푸른 하늘, 조그만 점 하나도 올려놓지 않은 일직선의 수평선과 잔잔한 파도만 한적한 백사장으로 밀려 나오는 평화로운 해안가, 어디선가 살며시 불어오는 봄바람에 하늘 하늘 춤추는 잔 나무 가지들, 이같이 조화롭고 아름다운 대자연을 우리 인간은 꾸준히 줄기차게 훼손하고 파괴하여 왔어."

순간 대철은 늘 마음 한 편에 아쉬움을 느끼는 잃어버린 자연 환경이 생각났다. 민향이가 들려준 얘기였다. '삼국유사를 보면 한반도에 원숭이들이 떼 지어 울었다는 얘기가 나오기도 하고, 20세기 초까지 독도에는 물개가 엄청 많이 서식했다고도 해. 환경이 변하고 상업적으로만 생각하여 일본 사람이 우리나라 강탈시절 주도하여 포획하기 시작해서 멸종되었어. 바다의 수자원도 마찬가지로 어린 새끼까지 남획하면 후세대에서는 어떻게 생겼는지 구경도 못하는 어류들이 생겨나지.

인간의 그 같은 짓거리들은 아름답고 숭고한 대자연과는 전혀 어울리지 않을 뿐 아니라, 과연 이 장엄한 대자연의 섭리 안에 몸담고 살 자격이나 있는 것인지 의구심이 들 때가 있어. 지구 모든 생명체의 미래 운명이 바로 우리 인간에게 달렸어. 자연과 함께 이 푸른 행성을 아끼고 존중할 줄 알고 감사할 줄 알아야 하는 것인데….'

계속되는 베네딕 박사의 피력(披瀝)이다.

"인류가 참으로 세계 평화를 정착시키기 위해 심각하게 고려해야 할 것 가운데 환경을 무시할 수 없어요. 환경은 식량과도 연관될 뿐 아니라 공기와 물 등 바로 직접 생명과도 무관하지 않기 때문에 더 이상 지구의 자연 상태가 악화되지 않도록 각성할 필요가 다분히 있는 것인데… 무엇보다 자연이 제공하는 자원이 한정되어 있다는 자각이 대단히 필요해요. 개발이라는 명분하에 자연 환경을 막무가내로 파괴하고 무분별하게 파손하면서 환경오염이라는 새로운 문제점을 초래하였어.

심각하게 오염된 자연 환경이 어느 한 지역에서 발생하면, 그곳 때문에 그 원인이나 파급 결과로 인하여 세계 평화가 얼마든지 위협받을 수 있어.

그 원인 제공 국가에 대해서 또는 피해 당사국이 새로운 비(非)오염 지역을 탈취하기 위하여 갈등이 발생할 수 있다는 거지. 이런 경우 탐욕의 정도를 넘어 사느냐 죽느냐의 문제이기에 분쟁이 심각해 질 수 있어요.

그러니 자연 환경 문제는 모든 국가가 예외 없이 함께 고민하고 대책을 강구하며 공동으로 해결해 가도록 적극 참여해야 할 것이야.

환경 개선은 우선적으로 개인 한 사람의 소비 습관과 낭비 풍조부터 고쳐야 하며 벌써 나빠지기 시작한 공기를 비롯하여 소음, 쓰레기, 폐수 등등 피폐하게 된 환경에 대하여 경각심을 갖고 건실한 자연을 아낄 줄 알아야 할 것이야. 지금과 같은 과소비와 몰상식한 낭비가 멈추지 않으면 결국 숲은 잠식(蠶食)되고 지구 사막화는 가속도가 붙게 돼.

나중에 이것은 부메랑이 되어 너와 나 모두에게 큰 폐해(弊害)가 될 뿐 아니라, 결국 인류의 미래와 후손에게 치명적 유산으로 남겨주게 될 거라고 자연 통계 예측 수치가 가시적으로 경고하고 있는 실정이지.

말은 쉽게 하고 있지만, 이것은 사실 끔찍한 재앙이 될 수 있다는 실제 상황이야. 어떤 학자는 지구상 모든 인류가 채식주의자가 된다고 가정하고, 인간 이외의 다른 동물을 모두 제거했다고 하면, 지구는 맥시멈 160억 명까지 지탱할 수 있다고 해. 그런데 어떻게 육식을 안 할 수 있으며, 다른 동물들을 다 제거할 수 있겠는가 말야.

결국 지구의 최대 수용인구는 현재 상황으로 160억 명 이하라는 것인데, 현재의 소비와 지출의 행태라면 지구의 한계치가 마지막에 다다를 수 있다는 얘기지. 군사적인 분쟁과 갈등도 인류 미래와 행복을 위태롭게 할 수 있지만, 지나친 소비와 비본질적인 겉치장 따위가 야기하는 환경 문제 역시 몸서리치게 하는 무서운 암시를 띠우고 있는 것이야. 째깍거리는 거대한 시한폭탄처럼 말이지. 무절제한 소비와 낭비는 자연 환경을 분노하게 하여 보복하게 만들지.

최근 IPCC(기후 변화에 관한 정부간 협의체) 보고서는 지구 온난화를 일으키는 이산화탄소 등을 줄이지 못하면 기온과 해수면 상승, 강수량 증가, 생태계 변종 바이러스 출현 등으로 인류는 생존의 심각한 위기에 직면할 수 있다고 경고하고 있어."

루카스 의사가 말했다.

"냉장 시설이 처음 만들어졌을 때 냉매(冷媒)가 암모니아, 이산화탄소 등을 배출하면서 사람을 질식시켰어. 그러다 프레온 가스를 이용하면서 냉장기술이 장족의 발전을 했다고 모두들 환호하였지.

그런데 20년 후 그 프레온 가스가 대기 오존층을 파괴한다는 사실이 드러났어. 어떻게 보면 장기적으로는 지구에 생물이 살 수 없게 만드는 더 무서운 결과를 초래하게 되었는데, 세상에… 프레온 분자 하나가 오존 분자 10만 개를 파괴한다는 거야. 결국 환경 부작용이나 오염 없이 냉장 기능을 할 수 있는 매체는 현재까지 연구 중에 있어. 눈앞의 편리함만 추구하다 엄청난 자연 환경 파괴로 이어진 대표적 사례야.

어느 대도시의 경우 시내 도로에서 복무하는 경찰의 평균수명이 42세야. 오염된 공기 속에서 일하니 폐질환으로 일찍 사망에 이르게 되는 거라구. 이것은 도로 뿐 아니라 숨을 쉬어야 하는 집안에서도 대단히 오염된 공기로 호흡하고 있다는 것이며, 그곳 주민 모두가 위험 선상에 있다는 것이지.

환경 문제는 결국 자연물 사용과 소비에 연관된 문제인데, 절제된 소비 또는 환경적 소비가 필요한 것이지. 재활용 소비는 물론 거시적 안목에서 자연에 미치는 영향을 고려한 소비역시 중요한 것이야. 예컨대 당장 눈앞의 나무를 수월하게 베어 땔감으로 사용하기는 쉽지만, 초목이 벌목된 민둥산은 미관상 보기가 안 좋은 것은 둘째 문제고, 여름 장마 때 그냥 흘러내리거나 산사태가 발생하거나 홍수를 야기하여 대참사를 일으킬 수 있다는 거지.

나아가 자연에 끼칠 수 있는 해를 최소화하는 상품 개발과 인조 구조물 및 자연 개척 사역 또한 간과할 수 없는 일이야."

역사적 관점에서 제임스 교수가 한마디 거들었다.

"환경 변화 혹은 악화 및 퇴화가 인류 생활에 직접 영향을 끼치는 것은 물론이려니와 훈족이나 게르만족의 이동처럼 기존 사회 상황에 지각 변동을 일으킬 수 있는 요인이 되기도 해. 기후와 날씨로 인한 자연 환경 때문에 식량 생산이 줄어들면서 민족 간의 갈등이나 분쟁을 지나간 역사 안에서 어렵지 않게 찾아 볼 수 있어요."

환경 의식

다시 베네딕 박사가 바통을 이어 받았다.

"노벨 물리학상에 이어 화학상까지 석권한 퀴리 부부는 '자연의 비밀을 올바르게 활용할 수 있을 만큼 인간은 제대로 성숙했는지 우리는 항상 물어야 한다.'고 했어. 과학 기술의 발달보다 자연을 아끼고 존중하는 인간 심성과 의식 계발이 더욱 중요하다고 생각해.

민족과 민족 사이, 이웃과 이웃 사이 공생의 인식이 필요하듯 인간과 자연과의 관계에서도 마찬가지로 필요한 거야. 우리 인간 문명과 이기(利器)는 자연을 얼마나 파괴하고 착취하는가 말야? 자연이 그에 대한 반응을 엄청난 재해와 재변(災變)으로 보여 주는 것 아닌가? 자연과도 공생해야 한다는 생각이 필요해. 물고기를 잡아도 어린 것은 남길 줄 알아야, 후손들도 연이어 생선을 얻을 수 있을 것 아니겠어? 목재를 채취하는 것도 그렇고… 그런 점에서 보면 자연을 포함해서 역사는 평등과 균형을 향해서 진행되어 왔다고 할 수 있지.”

“아, 그렇군요. 공감이 갑니다. 우리 인류는 평등과 균형 유지를 목표로 흘러 왔다고 할 수 있겠네요. 평등과 균형, 역사의 지향 목표라고 말하고 싶어요. 박사님.”

“응, 대철군 말이 맞아요. 그렇게 말할 수 있지. 그 평등과 균형을 위해, 정의가 필요하고 진실이 요구되며 상호 존중이 필연적으로 수반되어야 하는 것이야. 정의롭지 못하고 허위와 거짓투성이라면 그래서 상대를 속이고 무시하여 착취하고 짓밟아 내가 살찐다면, 인류 역사 안에 평화와 행복은 여전히 머나먼 이상(理想)으로만 아득히 느껴질 뿐이야.”

상념에 다시 물드는 대철이다.

선조들이 감나무에 까치밥을 남겨 놓듯, 미래 세대를 위해 자연을 아껴야 할 것이다. 자연 환경이 계속 무너지면, 인간에게 불행이 더욱 악화되고 복구하기가 너무 힘들게 된다. 회복가능한 정도일 때 더 이상 나빠지지 않도록 모두들 각별히 경각심을 갖출 필요가 있는 것이다.

"베네딕 박사님, 제가 교환 교수로 갔을 때, 캐나다의 좋은 본보기를 봤어요. 지금은 어떨지 모르지만, 앵커리지 앞 바닷가에서 길이 30cm 이상 되는 물고기를 낚으면 1마리만 가져가야 하고 수산청 당국에 신고 해야 해. 수산 자원을 보존하고 아끼자는 취지가 되지요.

이제는 자연 환경을 계속 척박하게 만들고만 있을 것인지, 자문해 봐야 해요. 오늘날 자연 환경이 워낙 오염되고 피폐하게 되었기에, 만시지탄 느낌 있지만 이제는 나부터 그리고 여기서부터 라도 오염가스 방출이나 쓰레기 한 조각이라도 버리거나 지구를 훼손하지 않도록 힘쓰고 노력해야 할 것이야. 오염시키기는 순간적이지만 신선한 공기와 상큼한 물맛을 복원시키는 데는 몇 세대가 소요되니, 자연 환경에 대한 존중과 보호심이 푸른 행성에 사는 모두의 뇌리와 폐부에 깊이 새겨져야 할 것이야."

제임스 교수의 경험이었다.

캐더린 기자가 생각난 듯 조용히 말했다.

"한 사람 한 사람 개인의 보잘 것 없는 소비양식이 환경에 미치는 영향을 고려해 거시적 절제된 소비를 실천한다면 환경오염, 지구온난화, 자연재해 등 많은 문제들을 미리 해결하는 데 차츰 기여할 수 있을 것이에요. 물론 환경 호르몬 및 유전자 변형 농작물 등등 장기적으로 자연의 질서에 위해(危害)가 되는 모든 생산 및 제조, 채취, 포획하는 것을 보다 강하게 통제하고 엄단할 필요는 항구적으로 있는 것이지요.

GMO 농산물로 인하여 아토피, 임신장애, 불임, 기형난자, 자궁암 등 예전에 없던 질병들이 나타나기 시작했어요. 영국 BBC에 의하면 유전자 재조합을 한 곡물 사료를 먹인 닭의 수명이 일반 사료를 먹인 닭보다 평균

3.5배가 더 짧았어요. 이러한 GMO에 자유로워져 인위적이지 않고 자연 그대로의 농산물과 발효 식품을 개발하여 항구적으로 취식하여 면역력을 증대시키고 질병을 극복해 가야 되겠지요.

종자학 관점에서도 각 나라마다 그 토양에 가장 적합한 종자를 개발해야 할 것이에요. 중요한 점은 그 나라 토양의 영양분 안에서 재배되고 자라난 농산물을 섭취하는 것이 관건이지요."

데오 누샤 변호사가 더했다.

"천혜의 자연 환경을 잘 보존하는 것이 세계 평화와 직결되어 있어요. 어디서 자연 재해가 발생하면 이재민과 피난민이 양산되고 그 지역 뿐 아니라 이웃 지역과 나라에도 적지 않은 피해를 야기하게 되는 것이지요. 이동하는 이재민을 수용하는 문제 외에도 인접 지역 자연 환경조차 영향을 받게 되죠.

그러니 어느 한 지역에 국한되는 환경문제가 아니라는 거야. 푸른 행성에 머무는 모든 생명체는 결국 서로 의존하며 동일한 운명 공동체라는 것이지. 나 혼자만 또는 우리만 잘 살면 그만이라는 생각은 한참 잘못되었다는 거지. 결코 혼자일 수가 없어요.

환경 문제의 접근으로 인류가 진정 협력하기 시작한다면 위기는 또 다른 기회라고, 공동의 제반 문제, 예컨대 정치·경제·사회·문화 등 모든 영역을 아우르며 세계 평화와 안정으로 나아갈 수 있을지 몰라. 곧 환경 개선 이슈는 긴급한 문제이며 예외 없이 모두에게 해당되는 것이기 때문에 이것을 지렛대로 하여 인류의 각종 다양한 모든 갈등과 대립, 증오와 긴장을 풀어 가는 것이 불가능한 것만은 아닌 것 같아.

인간과 자연, 궁극적으로는 인간 생명을 살려야 한다는 기치(旗幟)아래 개인과 국가 사이의 모든 분쟁과 난제를 상호 존중과 공존 공생의 정신으로 서로 고민하고 타협하며 풀어나갈 수 있을지 몰라요. 그 만큼 환경 문제는 생명의 조건과 직결되어 있는 중요한 열쇠예요."

그날 늦게까지 대화한 후 일행은 그렇게 희망을 간직하며 또 하루를 마감하고 꿈나라로 들었다.

그런데… 부소누가 또다시 술에 젖어 한밤중에 들어 온 것이 아닌가. 기분이 상당히 좋지 않아 보였다. 왜냐면 부인을 비극적으로 사별한데다가, 인질들 협상이 계속 어려워 자금 순환이 안 되고, 그래서 자신에게 돌아오는 배당이 늦어질 뿐 아니라 금액도 더욱 줄어들 것이라고 통보를 받았기 때문이었다. 순간 판별력이 곧잘 떨어지는 부소누이기에 잠이 달아나면서 모두들 긴장하여 일어나 있었다. 또 무슨 일을 저지를 것인가?

그는 못 참겠다는 듯 행복이 아빠도 모를 말을 내뱉으며, 장식용으로 벽에 걸려있던 도끼를 대철을 향해 던졌다. 아무나 맞으라는 것인데, 하필 대철이가 타깃이 되었던 것이다. 아직 운동신경이 남아 있었는지 자신도 모르게 순간적으로 몸을 피하려 했다. 목숨까지 잃을 수 있는 위기일발의 아찔한 찰나였다.

대철 오른 귓바퀴에 결국 상처를 내고는 뒷벽의 나무 기둥에 퍽 소리를 내며 도끼는 박혔다. 몸을 조금만 늦게 움직였다면, 어떻게 되었을까? 순간 함께 있던 모든 인질들은 심한 죽음의 공포에 몸서리쳤다. 다행히 큰 상처는 아니었다. 부소누는 잠시 둘러보더니 투덜대며 문을 쾅 닫고 밖으로 나가버렸다. 루카스 의사가 얼른 대철의 귀를 응급조치 해 주었다. 오늘 밤은 이것으로 또 한고비를 넘긴 것이라며 다들 다시 잠자리에 들었다. 혹시나 다시 무엇을 들고 들이닥칠까 약간 두려워하며 누워서도 기다렸으나 더 이상 돌아오지 않았다. 대철도 가물거리는 희미한 의식 속에 귓바퀴가 쓰라리고 불편했으나, 인질 생활의 끝 날을 손꼽으며, 꿈나라로 다시 빠져 들어갔다.

한 시간 쯤 지났을까, 케케한 냄새가 코를 찌르면서 웅성거리는 소리에 대철도 잠이 깼다. 주위를 둘러보며 몸을 일으키는데, 바깥에서 누군가 "불이야, 불" 하며 소리치는 것이 아닌가? 불이란 소리에 옆의 인질들도 모두 깨우고, 허겁지겁 옷을 걸쳐 입고 뛰어 나갔다. 역시 부소누 짓이었다. 나무로 된 수용소 바깥으로 마른 짚더미를 둘러 깔아놓고 불을 질렀던 것이었다. 자신에게 돌아오는 몫도 적고, 더구나 늦어져 언제 그 배당을 받게 될지 기약도 없으며, 가족 관계도 평안하지 않고 등등 온갖 불평불만이 축적되어 술김에 막사에 불을 놓았던 것이었다.

나무 막사였지만 천만다행 목탄나무로 세워졌으며, 바람이 전혀 없어 짚더미만 활활 타고, 그 사이 인질들이 불을 잡을 수 있었다. 다만 그을음과 메캐한 냄새에 계속 기침을 해대는 인질들이 몇 있었다. 뒷정리 수습하고 씻고 하며 날 밝으면 손볼 일을 정해놓고 거의 새벽녘, 다시 잠자리에 들 수 있었다. 아!… 언제나 이런 고달픈 인질에서 벗어날 수 있을는지….

21. 푸른 하늘 아래

불확정성 원리

　오늘은 어떤 주제를 선택해 볼까하고 대철이 고민하고 있는데, 베네딕 박사가 어느 새 시작하고 있었다.

　"제가 관심이 있어 가끔 알아보는데, 양자 역학에 불확정성 원리라는 것이 있어요. 인간의 계측 기술이 아무리 뛰어나도 통계적 계측 이상의 것은 예측할 수 없다는 것이지. 특히 미세 물리학에서 많이 발견할 수 있는데, 예를 들면 1조(兆) 개의 라듐 원자 중 2백만 개의 라듐이 감마선을 방사하는 것을 알 수는 있지만, 어떠한 라듐 원자가 그렇게 하는가를 찾아내기란 거의 불가능 하다는 거야. 수학에서 원주율의 값이 무한히 계속되는 것처럼 인간 두뇌로는 불가지(不可知)한 영역이 분명 있다는 것이지.

　역사를 가만히 생각해 봐도 인간의 영역을 벗어나는 것이 있음을 인정하지 않을 수 없어요. 인간의 탐욕과 그것을 통제하려는 신의 입김 같은 것이 상존한다고 봐. 인간의 탐욕은 끝이 없단 말야. 그러니 한정(限定)을 시켜야 할 수밖에."

이 말을 듣자 대철은 다음의 얘기를 참가자 일행들께 해주고 싶어 조용히 입을 열었다.

"중국 고서 삼국지연의에 나오는 제갈공명이라면, 구름도 불러오고 자연이치를 이용해 촉나라를 키워서 양강구도를 삼강구도로 재편시킨 큰 인물이었단 말예요. 그런 제갈량도 어쩔 수 없었던 부분이 삼국지에 나와요.

사마중달 군마가 좁은 오장원의 호로 협곡을 지나갈 것을 미리 예견하고 화공(火攻)전을 펼치려 계획하게 돼요. 협로 양옆 언덕 위 진영에 기름을 묻힌 짚더미와 불화살을 갖고 병사들을 매복하였다가 사마중달 군이 일렬로 지나가면 기름 짚단을 던지고 불화살을 쏘도록 장졸들에게 명해요. 과연 예상했던 그대로 협로를 지나가는 것을 보고 화공법으로 궤멸시키려 해요. 방해될 것은 전혀 없고 촉의 군사들은 훈련도 잘되어, 사마중달의 군사들은 그야말로 독안에 든 쥐었어요.

그런데 불화살을 쏘라는 명을 내리려는 바로 그 찰나, 때 아닌 장대비가 하늘에서 쏟아 붓는 게 아니겠어요. 제갈량이 하늘을 쳐다 보고 한탄하였어요. 그는 하늘이 사마중달을 살리는 것으로 알고 화공전을 거두게 돼요. 천하의 제갈량도 어쩔 수 없이 사마중달의 군사들을 코앞에서 살려 보낼 수밖에 없었어요….

하늘의 뜻이 없는 듯하지만, 꼭 필요한 때에는 지체없이 개입을 하는 것 같아요. 이 일로 인하여 제갈량은 인간이 제 아무리 완벽하게 일을 꾸미고 조작하여도 일을 결국 성사하는 바는 하늘이라는 모사재인 성사재천(謀事在人 成事在天)이라는 말을 남기게 되지요.

여기서 놓칠 수 없는 점은 우리 인간이 하늘의 뜻을 현재 다 알 수 있는 것이 아니라는 거예요. 보세요… 조금 전 이야기에서 사마중달의 병사들은 비가 온다고 싫어하거나 짜증스러워 할지도 몰라요. 옷이 다 젖고 전쟁 도구가 무거워지거나 못쓰게 되니까요. 그런데 하늘의 뜻은 그들을 살려주려는 뜻이 있었다는 것을 그들은 깨닫지 못하고, 왜 하필 비가 오느냐며 불평하고 귀찮아 할 수 있었다는 거지요. 자기들 생명이 비 때문에 살아난 것도 모르고 말예요."

잠시 후 대철의 얘기가 끝나자, 다시 베네딕 박사가 말했다.

"하늘은 모든 것을 다 알고 있었던 거지요. 하늘의 뜻이라는 것이 있다고 봐, 비록 인간이 그 뜻을 다 헤아릴 수는 없지만. 그래서 힘들더라도 남을 위해 선하고 좋은 일을 해야 하는 거야. 악이 잘 될 수는 없어. 철학자 임마누엘 칸트의 말처럼 선한 일에는 반드시 보상이 있을 거야. 비록 이 세상에서가 다 아니라 하더라도 말야…

사람이 본인 스스로의 의지와 관계없이 불현듯 착상(着床)되어 모체(母體)에서부터 영양분을 섭취하면서 생명을 연장해 가기 시작하듯, 임종의 순간도 본인의 의사와 전혀 상관없이 다가와 이 세상에서의 생명 연장이 마감하게 되는 것이 모든 인간의 숙명이지. 태어나면서 주위에서부터 의식주를 비롯 많은 것을 받고 명오가 열리면서 자신의 의지대로 행동하고 무엇을 획득하기 시작하고 등등 많은 일을 자신의 의지 따라 움직이다 생명 마감의 날에는 모든 것을 고스란히 두고, 올 때처럼 원래의 모습으로 떠나가야 하는 것이 우리 인생이지요."

늘 기록물과 살아 왔다는 캐더린 기자가 길게 말했다.

"글자 한자를 쓰더라도 자신 의지가 담겨지는 것이지만, 그 글자 위에 잉크병이 실수로 넘어져서 잉크가 온통 쏟아져 종이가 범벅이 되면, 그것은 나의 의지를 벗어난 일이지요. 나의 의지는 잉크를 쏟아 버릴 생각이 없었으니까요.

그런데 나의 의지를 벗어난 일이라고 우연(偶然)으로만 치부한다면, 나의 생사 문제도 그냥 여러 우연 중의 하나라고만 하기에는 무엇인지 놓치고 있는 혹은 우리가 모르고 있는 무엇이 있다는 것이죠. 저는 그것을 하늘이라고 생각해요. 적어도 생사라든지 아주 중요한 문제에 대해서는 하늘의 의지가 있다고 하지 않을 수 없어요. 다윈도 진화론을 주장하면서 진화하는 생명체에는 늘 장엄하고 엄숙한 초자연적인 것이 상존한다는 것을 인정하였어요.

대철씨도 잘 알겠지만, 동양의 현인 공자의 경우 춘추전국시대에 태어나 인(仁)과 예와 도를 가르치며 여러 나라를 다니면서 고초를 많이 겪었어요. 어떤 나라에서는 간첩으로 오해받아 5일이나 제자들과 함께 감옥에 수감된 적이 있었고, 다른 나라에서는 7일 동안 먹을 것이 없어 굶주리는 역경을 당하기도 했지요. 그의 당대에 많은 나라와 제후들이 있었으나 어느 나라에서도 인과 예를 중심으로 하는 자신의 사상을 활짝 꽃피울 수 없었어요.

그러나 공자가 여러 나라를 다니면서 노력한 덕분에, 차츰 많은 선비와 지식인들이 공자의 사상에 영향을 받아, 내면에 잠자고 있던 인(仁) 의식을 깨닫고, 나라와 사회를 위한 하늘이 내려준 진정 올바른 정도(正道)를 찾으려 노력하게 되었지요."

인간사(事) 밖

하늘 이야기가 나오니 대철도 할 말이 많이 떠올랐다.

"중국고사에 항우 장사가 진나라 포로 5천과 나중에 잡은 포로 20만 명을 데리고 있었는데, 식량을 아끼려고 불기름과 불화살로 몰살시키는 얘기가 나와요. 이때 그의 삼촌 항량이 항우에게 야단을 치면서 이런 말을 해요. '항씨 집안에 어떻게 너 같이 잔인한 놈이 났는지 모르겠다. 너는 천도(天道)를 벗어나는 큰 실착(失錯)을 저질렀어.'라고 질타해요. 하늘의 뜻을 어기면, 일이 잘 될 리가 없다는 것이죠. 항우는 수많은 병마와 막강한 장수들을 보유했으면서도 결국 열약했던 유방에게 패배하구 말아요. 하늘의 뜻을 따르는 것이 곧 인간의 길인 것이죠. 이러한 항우에게서 나치스가 벤치마킹하여 아우슈비츠를 설립한 것인지 모르지만…."

옛날 얘기가 나오니 역사가인 제임스가 가만있을 리 없었다.

"서기 70년 경 유태인 마지막 저항 요새인 마사다가 완전 멸망 될 즈음 유태인 제사장은 로마 총사령관에게 모든 것을 파괴하더라도 회당 하나만은 꼭 남겨주어야 저항이 극한 상황까지 가지 않는다고 타협하여 성공하게 돼요. 이 회당 안에는 뛰어난 랍비 학자 7명이 숨어 있었지. 그들이 살아남아 성경과 탈무드가 전수될 수 있었어.

이것은 적어도 유태인 그들이 생각했던 하늘의 뜻과 가르침을 후손들에게 남겨 주어야할 책임을 이행하고 싶었던 것이며, 나라는 잃었지만 하늘의 가르침과 민족의식은 보존할 수 있으면 언젠가는 다시 국가를 되찾을 수 있으리라 믿었던 거지. 하늘의 뜻을 지키려 한 것이 중요한 것이었어요.

인류의 장구한 역사 안에서 수많은 강력한 정복국(征服國) 민족이 나타났다 사라졌지만, 유태인들은 살아남은 피정복 민족에 속하지. 그런데 그 유태인들은 세상 어떤 민족보다도 모진 고통과 박해를 겪었는데, 기원전 6세기 바빌로니아 유배를 견뎌냈고, 그 후 헬레니즘의 영향에서 건재(健在)하였으며 사라센 제국 침략도 버텨내었고, 로마의 점령 하에서도 살아남았어. 여러 나라 각지에서 일어난 반(反) 또는 멸(滅)유대주의를 만났어도 그렇게 2천 년간 디아스포라라고 하는 모습으로 흩어져 무지막지한 타민족들의 무수한 증오와 박해, 음모와 핍박을 참아내었으며 거의 모든 나라에서 추방당하는 아픔과 시련을 온 가족들과 함께 이겨내었어요.

마침내 그들은 '살아 내었는데', 그 숱한 역경을 극복할 수 있었던 원동력은 절대자 조물주에 대한 굳은 믿음이었다는군. 보통 피정복 민족들은 정복당한 후 정복자들의 신을 받아들이고 기존의 자기들 믿음은 헌신짝처럼 버리는데, 유태인들은 오히려 난세를 당하면 당할수록 그들의 최고 절대 신에게 더욱 귀의(歸依)하면서 고뇌의 바다를 건너갈 수 있었던 거야. 그래서 그들은 자신들의 고유한 문화를 4천년이상 계승 보존할 수 있었던 거지.

이런 점은 우리 인류의 보편 역사 안에서도 짚어볼 부분이 있다고 봐.

인류 역사도 수많은 파란곡절이 점철된 어떻게 보면 통한의 역사라고 할 수 있지. 이런 가운데서 인간만을 바라보아서는 반드시 한계와 혼란이 나타나며, 그럴 때엔 늘 불완전하고 항상 안심할 수 없는 긴장의 상황이 연속된다고 하겠어.

이것은 결국 보편 역사 안에서 유한한 피조물로서 인간은 세상만사를 섭리하는 하늘을 생각하며 살아갈 필요와 가치를 인정하지 않을 수 없다는 것을 시사하지요. 세상의 시 · 공간 조건 안에 피조물로 태어난 모든 인간은 살아가면서 누구나 크고 작은 고통과 어려움을 겪게 마련이지. 허나 그런 가운데서도 살아남아 빛의 미래 역사 단계로 들어서기 위해서는 삼라만상을 창조한 절대 존재를 생각하며 살아간다면, 자신이 겪는 다양한 아픔과 고뇌를 견디어 내고 극복해 갈 수 있지 않겠는가 말이에요."

유럽 고도(古都)를 많이 여행한 엘로이 대사가 말문을 열었다.

"일찍이 16세기에 행성 운동의 제3법칙까지 알아낸 J. 케플러는 자신의 저서에서 다음과 같이 피력했어요. '하늘은 하늘의 일을 이해해 주는 사람을 6천년이나 기다려 준 것처럼, 나도 나의 저서 독자 한 사람을 얻는 데 백년을 기다리기로 하였다.' 하늘의 섭리와 의지가 자연계 아래에 감춰져 있는 것이야. 인간은 단지 눈앞의 가시적인 것만 먼저 볼 뿐인 것이지.

그리고 동유럽의 브란시(市)로 가다보면 언덕 위에 세워진 요새가 하나 있어. 워낙 외침을 많이 당하던 곳이라 적당히 높은 언덕 위에 피난처로 세운 곳이야. 이 요새는 주위의 많은 마을 사람들이 피해와도 수용할 만큼 아주 듬직했지. 그런데 문제가 하나 있었어. 그 요새에 우물이 없었던 거야. 그래서 사람들이 열심히 우물을 팠으나 물이 안 나와. 그러다가 터키인 포로 2명을 잡아와서. 이들에게 우물에 물이 나오도록 하면 살려 주겠다고 약속을 하지. 그 후 이 두 터키인에게 삽 하나와 곡갱이 하나를 주면서 우물 밑을 파라고 하는데, 그들이 오랜 세월 동안 110미터를 팠는데도 물이 안 나와. 여기서 그들은 포기할 만 했으나, 오히려 마을 주민을 위하는 마음으로 다짐하면서 또 다시 산을 파기 시작했어.

그리하여 무려 200미터 가까이 파내려 가니까 마침내 물이 나오는 거야. 터키인들은 물론 모든 마을 사람들이 다 좋아했지. 그리고 약속대로 두 터키인 포로는 자유를 찾게 되었어. 그러나 두 터키인은 얼마 안 되어 세상을 떠나게 돼. 왜냐면, 너무 오랜 세월 동안 땅을 파느라 이미 노인이 되어 결국 노환으로 운명한 거야. 이 얘기는 그 터키인들이 자신들의 자유만을 위한 것이었다면 중도에 힘들다고 포기했겠지만, 마을 주민들을 위하는 대단히 선한 마음으로 변화되니 불가능이 없었던 거야. 그곳 마을의 모든 후대 사람들의 식수를 책임지겠다는 마음으로 물이 나올 때까지 땅을 파겠다고 한 것이야. 결국 마을 사람들은 이 두 터키인들의 숭고한 마음과 고귀한 희생을 기려, 우물 옆 양지 바른 곳에 아름다운 비석을 두 개 남기도록 결정하지. 지금도 그 비석을 볼 수 있어요.

우리가 자기 자신을 위한 일에는 한계가 많고 그 의미가 한정되지만, 다른 사람 모두를 위한 것이라면, 물러설 수 없는 열정으로 도전하게 된다고 봐. 더 큰 대의에 의해 나 자신을 불사를 수 있다는 것은 큰 축복이며 참된 행복인 것이야."

다시 제임스 교수 차례인가 보다.

"제가 역사가라 지난 옛이야기만 자주해서 미안한데, 비슷한 예가 제

2차 세계 대전 때도 있었어요. 대전 초기에 분명 일본의 전력이 미국보다 앞서고 있었던 것은 사실이야. 그래서 일본이 태평양에서 초기에 전력 우위를 점하면서 남태평양까지 위협하고 있었어. 특히 일본은 미국 항공모함을 주요 타깃으로 하여 격침시키려 애썼지. 상대적으로 미국은 자국 항모를 보호하려 애쓰고 말야, 어떤 피해가 있으면 얼른 미본토로 귀항시켜 신속히 수리 보수하여 다시 전선에 투입하곤 했어.

미국이 자랑하는 엔터프라이즈 항모가 있었는데 원래 그 항모는 일본군에 격침당하고 미국 본토까지 공격당하는 상황도 가능할 뻔 했었어. 일본의 진주만 기습 공격하는 바로 그날 이 항모가 입항 예정이었어. 그런데 난데없는 폭풍이 들이닥쳐 예정 다음날로 입항이 연기되면서 일본으로부터의 피침(被侵)을 면할 수 있었던 거야.

그 후에도 일본은 눈에 불을 켜고 그 항모를 계속 찾아 노리며 격침시키려 했던 거야. 얼마 후 마침내 일본은 엔터프라이즈호를 찾아내고 공격을 시작해. 미군 전투기가 모두 출격 나가고 없으니 절호의 찬스에 일본이 공격을 해 온 거야. 그것도 중무장을 해 가지고 말야.

사실 그 때의 기술은 모든 것이 수동이라 포탄으로 배를 맞추기도 쉽지는 않지. 왜냐면 비행기는 대공포 사격을 뚫고 다가가서 포탄을 정밀하게 조준 투하하고 바로 또 상승해야 했어. 문제는 배에 가까이 가지 않으면, 공중에서 포탄을 떨어뜨려 배를 명중시키는 것이 어려워서 그냥 배 옆 바다로 포탄이 곧잘 떨어지기 때문에 당시로서는 나름 고도의 기술이 요구되는 것이지. 그러나 항모 안에는 온통 포탄과 중유가 가득하기 때문에 포탄 하나라도 항모 갑판 위에 떨어지면, 치명적 피해를 입을 수 있는… 그야말로 물위에 떠 있는 화약고이기 때문에 금세, 큰 피해를 입거나 파괴되어 침몰하는 거지.

일본 뇌격기 한대가 250킬로 이상 되는 중형 폭탄을 마침내 엔터프라이즈 항모 갑판 위에 투하하는데 성공했어. 어떻게 보면 이 포탄 하나로 미국의 전력은 큰 타격을 입게 되고, 일본은 미국을 침공하는데 유리한 상황을 맞이하게 되는 것이었어. 갑판 위에 떨어진 포탄을 보고 미군 수병들은 기겁을 하여 순간 쥐죽은 듯 하다가, 곧 정신을 차리고 큰 폭발이 아니길 바라면서, 폭발후의 진화(鎭火)와 수리를 위해 소화(消火)실과 정비실로 뛰어 내려갔어.

그런데 폭발음 소리가 안 들리는 거 있지. 이상해서 갑판 위로 다시 달려 가보니, 세상에! 그 포탄은 원래 제조가 잘못되었는지 아니면 평소 정비가 제대로 안되었는지, 불발탄이었던 거야. 아니, 겨우 명중된 포탄이 하필 불발탄이라니, 일본 조종사는 기가 찼던 거였어. 미군 병사들이 얼른 그 일본제 대형 포탄을 굴려서 옆 바다로 빠뜨리게 되고, 이어서 출격 나갔던 미군 전투기들이 연락을 받고 돌아오면서 항모는 무사하게 되었어.

생각해봐, 그 중요한 순간에 불발탄이라니. 다른 성한 포탄은 명중이 안 되고, 겨우 명중된 것은 불발탄이고, 내 생각에… 그것이 불발탄이었던 것은, 그 항모를 살리기 위함이라기보다 탐욕스런 전쟁으로 수많은 사람을 죽이거나 괴롭혔던 일본제국의 명이 다하기 시작했음을 보여 주는 하늘의 뜻이라고 생각돼. 그 항모는 일본이 그렇게도 집중적으로 침몰시키려 발악을 했으나 그러지 못하지.

전쟁이 한참 격화되자 이 항모는 수많은 공격을 견디어 내고 어느 군함 보다 월등하게 임무를 수행하여, 일본 군함 71척 격침을 포함 숱한 전과를 올려. 그래서 영국과 필리핀이 사례(謝禮)의 표지로 수여한 훈장까지 15개 이상을 받고, 태평양의 전설이라 불리며 일본 군국주의를 막아내었던 거야. 결국 2차 대전 말엽까지 이 항모는 잔류하게 되고, 전후 최초의 원자력 항모의 선명(船名)을 이 항모를 기념하여 작명하게 되지.

가만히 생각해 보면 폭풍으로 진주만 입항이 연기된 점, 어렵게 명중된 중형 포탄이 불발탄이었던 점, 그런데 전과는 최고로 많이 올려 일본의 침략을 방어하는데 제일 큰 역할을 하였던 점 등등 고려해 보면 한낱 우연이라고만 하기에는 설명이 부족함을 느끼지 않을 수 없어. 일본 제국주의의 식민지 정복 야욕을 막아 내는데 중요한 책임과 기능이 하늘로부터 부여되었음을 엿볼 수 있는 대목이라 할 수 있지 않을까 생각돼.”

“음….”

“이번에는 유럽 쪽으로 한번 보자구. 제2차 세계 대전 초기 장기전을 수행하려면 에너지가 계속 공급되어야 하므로 히틀러 입장에서는 러시아 남부의 정유 시설을 확보하는 것이 관건이었어. 그래서 나폴레옹이 겪은 혹독한 실패… 45만 명이 갔다가 1,600명만 살아 돌아갔으니 대패(大敗)였는데, 정확히 129년 후 6월 22일 같은 날 히틀러도 러시아를 침략하게 돼.

원래 히틀러는 1941년 5월 15일 방한복 없이 침공하여 겨울이 오기 전에 러시아를 함락하려 작전 계획을 구상했었지. 그런데 뜻밖에 유고슬라비아의 저항이 거세어 38일이나 늦게 거사하게 되는 바람에, 그해 10월 동(冬)장군이 위세를 떨치기 시작하면서 방한복을 입고 때를 기다리고 있던 러시아군에게 패퇴하기 시작해. 유고의 전통어린 저항 정신을 무시하고 얕잡아보며 그 진면목을 몰랐던 거였어. 유고슬라비아 민족의 강력한 저항으로 러시아의 겨울을 만나게 하여 나폴레옹의 전철을 똑같이 답습하게 하는데 크게 기여하게 되었던 거지.

또한 전쟁 말엽 독일군은 연합군이 간만(干滿)의 차가 심한 노르망디로는 결코 상륙하지 못할 거라고 판단하였어. 그래서 영국하고 제일 가까운 해변인 칼레를 집중 방어하고 있었지. 또한 독일군은 연합군이 결코 해독하지 못할 거라고 자신만만했던 당대 최고의 복합 암호망을 구축하고 있었던 거야. 해독하려면 20만 가까운 조합을 풀어야 메시지를 판독하니, 그 많은 암호문을 어느 세월에 읽어 낼 수 있겠느냐는 거지.

그런데 지피지기 백전불패라는 말이 있듯, 그 난삽(難澁)한 암호체계를 연합군이 알아낼 수 있게 되었어. 영국의 한 수학자가 짧은 시간 안에 간파해 내었던 거야. 그러니 독일군 동향과 규모 및 작전 계획을 연합군이 꽤 뚫고 있었어. 상륙 작전하기가 대단히 열악한 조건인 노르망디였지만, 연합군은 독일군 방어 주력 부대가 노르망디가 아닌 다른 곳에 있다는 그 사실 하나만으로도 용기와 힘을 내어 그 사상 최대의 작전을 감행할 수 있었던 거지.

암호문을 먼저 해독할 수 있었던 것은 원자탄을 누가 먼저 손에 쥐느냐 하는 문제만큼 중대한 것이었는데, 하늘은 결국 어쩌면 당연한 귀결이겠지만, 독재자의 손을 들어주지 않았던 거였어. 게다가 이틀 전부터 시작된 악천후 때문에 연합군이 상륙할 수 없을 것이라 생각하고 독일군은 경계를 풀고 있었지.

그러나 당일 날씨는 약간 좋아졌으며, 더구나 해안선 방어를 책임진 독일군 롬멜 원수는 아내의 생일 축하를 위해 며칠간 독일의 집으로 귀가했어. 게으르고 늦잠꾸러기였던 히틀러는 파킨슨병으로 고생하고 있었는데, 아침에 겨우 잠들었던 탓에 비서가 연합군 상륙 정보를 갖고도 히틀러의 전날 명령에 따라 일찍 깨울 수가 없었지. 결국 방어에 중요한 골든타임을 늦잠으로 놓쳤어. 가장 확실하게 예상했던 연합군의 상륙지점이 어긋났는데도 말야.

이로써 제1차 세계 대전에서의 패전 원인이 되었던 양면(兩面) 전쟁을 반드시 피하려했던 히틀러는 자기 의도와 반대로 영국과 러시아 사이에서 서부와 동부 양면 전쟁을 할 수밖에 없었던 거야. 결국 전략가도 아니었던 히틀러는 사사건건 전투에 개입하면서 승리와는 반대 방향으로 전술을 지휘하며 무너지게 되었지. 당연한 귀정(歸正)이지만, 해답을 알고 있었으면서도 그 해답대로 할 수가 없었어. 진정한 정답인 하늘의 뜻을 무시하고 피하니, 승리도 그를 무시하고 피해 갈 수밖에.

파시즘의 무솔리니는 저항 유격대에 피격되어 밀라노 한 정육점에 육우(肉牛)처럼 거꾸로 매달리는 처지가 되었고, 히틀러는 처 에바와 함께 독약을 먹고 자신은 총으로 자살, 그 후 관저 뒤뜰에서 함께 불태워졌어. 일본은 종전(終戰)을 코앞에 두고도 역사상 가장 많은 수, 삼천 명의 사람들이 거의 같은 시간에 할복하였고, 결국 한 번에 4~50만 명 이상 사망, 수백만이 부상, 피폭 후 몇 세대까지 후유증을 앓게 되는 원자탄을 인류사 최초로 두 번이나 맞게 되었지. 이것은 무엇을 뜻하는 것이겠는가 말야.

이웃 민족을 돕고 살리는 것이 아닌 침략하여 살육하던 나치스나 군국주의처럼, 순천(順天)하지 않고 역천(逆天)하면 흥하지 못하고 망할 수밖에 없는 것이야. 인간이 바벨탑을 아무리 철옹성같이 견고하고 단단하게 쌓아 본들, 하늘아래 있는 하나의 나지막한 모래성일 뿐이야. 인간은 하늘의 뜻을 저버린 과거의 잘못을 반성하지 않으면 또 다시 반복하여 과거의 후회스런 질곡(桎梏)에 뭉그러지며 나둥그러지고 말아."

인정할 수밖에

시사 문제에도 관심 많은 루카스 박사가 첨가했다.

"사실 한때 과학 기술의 가치중립성이 논란이 되던 때가 있었어요. 그러나 원자탄을 만들기 위해 소위 맨해튼 프로젝트를 실행하던 중 원자탄 하나만으로도 수많은 인명을 살상할 수 있는 세상이 되면서, 이제 우리 인간은 하늘의 뜻을 무시하면서 과학 기술을 사용하다간 어떤 엄청난 재난이 발생할지 모르는 위험에 직면하게 되었음을 알게 되었어요. 하늘의 뜻을 배제하다간 끔찍할 수밖에 없는 세상에 몸담고 살고 있음을 이제는 인정할 수밖에 없게 된 거지요."

잠시 숨을 돌린 제임스 교수가 다시 전문가다운 식견을 피력하기 시작했다.

"하늘의 뜻을 거스르는 반역사적, 비인륜적, 몰역사적 의식 사고(思考)는 그 당사자에게도 결국 폐해를 불러오기 마련이야. 레닌조차 스탈린의 냉혹성과 비인간성을 알고는 자신의 유언에서 그에게 권력을 주어서도, 요직에 앉혀서도 결코 안 된다고 경고 했었는데 그것은 현실이 되었어. 스탈린은 같은 민족인 부농과 고위급 장교 수백만 명을 도합 약 2천만 명을 오로지 자신의 정적(政敵)에 속한다는 그 이유 하나만으로 지체 없이 아주 가혹하게 고문, 살해하였지.

그러한 스탈린은 1953년 어느 저녁 크렘린에서 정치국 위원들과 영화를 관람한 후 늘 하던대로 가까운 별장으로 가서 늦은 만찬을 거하게 들었어. 만찬은 새벽녘에 마무리 되었는데, 모두 돌려보내고 비로소 잠자리에 들게 되었지. 그런데 이때 그에게 뇌출혈이 왔던 거야. 급하게 응급조치를 취했다면 상황이 호전되었겠지만, 독재자가 혼수상태에 빠져 신음하는 것을 눈치 챈 측근들은 짐짓 모른 채하며 오히려 누가 와서 구조할 까봐 아무도 접근하지 못하도록 하고, 그가 고통 중에 죽도록 철저히 방조하였어.

인류 역사 안에 사악한 순위로 다섯 손가락 안에 꼽히던 그 독재자는 최측근들의 무시와 배척을 받으며 자신의 마지막 날을 접게 되었지. 그가 위험하고 두려워서 가까이 있었던 것이지, 진정 존경과 충성심이 가득하여 그에게 근접해 있었던 것이 아니었거든. 도리어 그의 종말을 기원하며 하루 빨리 생이 끝나도록, 말은 못하지만 수많은 국민들이 바라고 있었던 거였어. 오늘 날에도 그렇게 되기를 요망되는 독재자들이 있듯이….

또 어떤 악명 높은 독재자는 자신의 무병장수를 위해 자신만을 위한 건강 연구소를 운영하면서, 심지어 자신과 가장 비슷한 체질의 20대 동성 젊은이들에게 특별 보양식을 잔뜩 먹여. 이어 아주 필요한 영양분을 체내에 가득차게 한 후, 그들 피를 채취하여 독재자 자신의 몸속에 수혈하도록 했다고 해요. 혈액 부양 실험 당한 20대 젊은이들은 그 후 급격히 노화된 신체로 얼마 안가서 고통 속에 죽어 갔어. 그들의 생애는 인간 햄스터로서 소비된 거였어. 그 독재자도 결국 아들과의 불화 속에 어느 날 아침 급사하고 말아. 잘 될 리가 없지.

우리가 정확히 파악하기는 힘들지만, 독재자 차우세스쿠가 그 대표적 경우야. 약 24년 동안 정권을 잡았는데 처음에는 외교도 잘하고 산업 발전에도 많이 기여하였으나, 7년 정도 지나면서부터 권력 맛에 사로 잡혀 소위 '인민' 30만을 강제 노동으로 몰아 부치며, 세계 두 번째로 큰 차우세스쿠 궁전을 짓기 시작해. 그 안에 제일 작은 방이 30평, 제일 큰 방은 1,000평으로 3개씩이나, 지하는 15미터 두께의 핵전(核戰) 방호벽을 구축하는 등… 여하튼 없는 게 없는 방으로 3,000개의 방을 갖춘 거대한 초호화 사치의 궁전을 짓도록 하지. 거의 다 되어 가던 중에 사망하여 결국 사용도 못하지만, 그 외도 쓸데없이 자기 아집과 탐욕을 채우기 위해 '인민'의 피를 빨아먹었던 거였어.

그는 1989년, 베를린 장벽이 무너지고 독재에 반대하는 세력이 나타나자 12월 22일 경 외국에서 급히 귀국해. 그리고는 공산당 본부 앞에서 대중 연설을 하게 돼. 그런데 연설 중에 사람들 틈 가운데서 한 청년이 "차우세스쿠, 물러가라!"라고 외치게 돼. 그러자 즉시 주위의 다른 빌딩 위에 있던 군인들이 그 청년과 부근의 사람 몇몇을 총으로 쏘아 죽게 만들지.

이때부터 성난 군중이 흥분하여 차우세스쿠를 잡으러 몰려들자, 몹시 당황한 그는 급기야 본부 건물 위에 있던 헬기를 타고 자기 별장으로 비행하게 돼. 자기 재산을 가지고 외국으로 달아나기 위한 거였지. 이때 군부가 '인민'편으로 돌아서면서, 헬기 조종사에게 고속도로에 헬기를 즉각 착륙시키라고 명하면서 차우세스쿠 부부는 붙잡히게 되고, 2일 후 149발의 총탄 세례를 받고 종말을 고하지.

이후 비밀경찰과 공산당 간부들은 많은 이들이 자결로 끝맺음하고 말아. 천하무적처럼 보이고 강력했던 로마 제국도 무너지고 말았듯이, 20세기 여러 독재자와 마찬가지로 철권통치 차우세스쿠 정권도 단 3일 만에 막을 내렸던 거야. 이런 일이 발생하리라 3일 전에 예상했던 사람은 아무도 없었어. 이 외에도 급살 되거나 당한 독재자는 역사 안에 부지기수야.

이러한 것은 마치 다음과 같은 경우라 할 수 있어요. 집안에 촛불을 켜놓았는데, 촛불이 바람에 까불거리고 너무 움직여 차분히 독서하거나 조용하게 차를 마시며 정담을 나누는데 방해가 된다면, 집주인은 불편하므로 그 촛불을 확 불어 순식간에 꺼버리지. 그리고는 전등을 켜든지 다른 조명을 가져오든지 적어도 유리컵 안의 초로 교체하든지, 다른 조치를 취하게 될 거 아니겠어.

집주인이 까불대는 촛불 확 불어 꺼버리듯, '인민'을 괴롭히던 '문제아' 생명의 불꽃 확 불어 꺼버리는 것, 집주인에게는 신경 쓸 일도 아냐. 절대 권력 가진 줄 알고 까불대다가, 촛불처럼 한 번의 일진 바람에 모든 것이 사라진 거지. 인간이 하늘을 거슬러 까불대는 것, 웃기는 일이야. 권한을 받았으면, 하늘의 뜻을 생각하며 모든 인류를 위해 더욱 중요하고 가치 있는 일을 쌓아 가야 하는 거 아니겠어요?"

22. 물질 그 너머

보상

열심히 듣고 있던 데오 누샤 변호사도 거들었다.

"비정치적인 경우도 한번 보자구요. 슬로베니아 블레드에 어떤 부부가 있었는데, 남편이 강도에게 살해를 당했어. 부인이 아픈 마음을 달래며, 남편을 기억하려고 돈을 모아 큰 종을 부탁하여 제조하게 되지. 그 종을 아름다운 호수 가운데 있는 성당에 기증을 하는데, 옮기는 도중 그만 호수 가운데에서 물에 빠지게 돼. 부인은 슬픈 마음을 안고 수녀원에 들어가게 되었어요. 이렇게 인간 일은 끝나지만, 그 다음에는 하늘의 개입이 전개되는 거야. 훗날 이 소식을 전해들은 교황이 그 성당에 더 큰 종을 헌사(獻捨)하게 되고 후대에도 남게 되지. 결국 그 부인의 얘기는 멀리까지 알려지게 되고, 소원도 성취된 것이지요.

오늘날 그 종을 치는 이에게는 소원이 성취된다는 얘기가 전해지면서 매년 수많은 관광객들이 모여와 그 종을 치고 가요. 우리 인간의 생각을 넘어 하늘은 더 놀라운 방식으로 선한 뜻을 이뤄 주고 보상해 준다고 생각해요."

기나긴 얘기를 귀 기울여 듣던 베네딕 박사가 말문을 열었다.

"지난 20세기 뛰어난 영화감독 중 한 사람인 스필버그도 어릴 때 학교 친구로부터 따돌림을 몹시 당하고 핍박을 받아 얼굴이 피투성이가 된 때가 있었고, 수돗가에 머리가 처박히는 등 여러 억울한 고통을 겪은 적이 있어요. 그래도 그는 반항아로 자라지 않고 묵묵히 선(善)을 생각하며 추구하려 하였어. 마침내 그러한 체험이 훗날 그가 영화를 제작할 때 고통받는 이들의 아픔을 표출하는 데 큰 도움이 되었다고 그래. 당시 난관에 처해 있을 때에는 왜 자신이 그런 안타까운 고통을 당하는지 그 이유를 알지 못하였으나, 악(惡)에 굴복하지 않고 인내하며 훗날 되짚어 보면 큰 구도(構圖) 안에 그 고통이 명약이 되고 보약이 되었음을 깨닫게 되는 거지.

누구든 유능한 경영자가 되려면 급변하는 실제 상황의 유형무형한 추세 핵심을 간파할 수 있어야 하는데, 여기에 하늘의 뜻을 생각할 줄 아는 겸손과 항구한 배움의 자세가 요청되는 거야. 우리는 아무도 만능박사가 아니잖아. 계속 익히고 듣고 체험하면서 고민할 때 조금 나은 수준에서 머물게 되지. 곧 보는 지평이 넓어진다는 거지요."

뭔가 생각났다는 듯 루카스 의사가 시작했다.

"저도 얘기 하나 할게요…. 에드워드 솔크는 소아마비 백신을 발견했어요. 이 소문을 듣고 주위에서 사람들이 몰려와 현혹하기 시작하는 거야. 소아마비 때문에 매년 전 세계에서 수백만 명이 목숨을 잃거나 아니면 불구로 평생을 살아가던 시대 상황이었기에, 만일 소아마비 백신을 특허만 내면 솔크의 후손들조차 거금의 재화를 얻어 부호로서 살게 될 거라고 하면서 특허 등록을 강권(强勸)하였어.

그러나 그는 단호히 거절했어요. 특허를 내면 백신 가격이 고가(高價)가 되어 가난한 사람들은 가난 외에도 소아마비라는 굴레를 또 하나 더 짊어지게 된다며, 태양을 특허 낼 수 없듯 소아마비 백신도 마찬가지라며 단호히 거절해 버렸지. 의료인을 넘어 많은 이들에게도 귀감이 되는 인물이야. 그는 타임지 선정 20세기 100대 인물에도 선정되었으며, 지금도 세계보건 기구에 납품되는 소아마비 백신 1개의 값은 1,000원 정도야. 평생 소아마비 걱정이나 장애를 단돈 1,000원에 덜게 만들었어요.

솔크 박사는 어느 독지가의 도움으로 자신의 이름을 단 연구소 건축물을 선사받게 되는데, 원하는 연구소 건축 조건을 말해 달라고 해요. 그러자 그는 다른 조건은 없고, 오직 한 가지만 허락해 주면 좋겠다고 해. 그것은 자신이 옛날 백신을 발견했을 때 머물렀던 수도원을 생각하며 천장을 좀 높게 지어달라고 부탁해. 그래서인지 이후 그 천정 높은 솔크 연구소에서 일하던 인물들 중에서 노벨상 수상자가 무려 다섯 명이나 나와 듬직한 보상을 받게 돼요. 가난한 이들을 생각해준 솔크에게 주어진 하늘의 선물이라고 한다면 너무 지나친 것일까? 솔크 연구소도 건축학 관점에서 명성을 알릴 정도로 훌륭하게 지어졌다고 하더군.

반대의 경우인데, 제2차 세계 대전 당시 유태인들을 구할 수 있었던 강력한 미국 정부와 루즈벨트에게, 미국 내 영향력 있는 유태인들은 간절하게 호소하거나 어떤 조치를 취하도록 압력을 강하게 행사하지 않았어. 수십 수백만의 남녀노소 자기 동족들이 고통 속에서 죽어가는 데도 말야.

왜냐면, 미국내 반유대주의자들의 눈치가 보이고 무엇보다 자신들의 높은 사회적 지위가 흔들리고 불이익을 당할까봐 소극적이었던 거야. 이들이 유태인 동포애를 조금만 더 발휘했어도 훨씬 많은 동족들을 살릴 수 있었을 텐데… 결국 전후 이들은 커다란 비판과 지탄에 봉착하게 되지."

이런 얘기를 접하면서, 대철은 다시 상념에 젖는다. 중화사상에 젖은 중국은 자기 이외는 모두 오랑캐로 생각하여 동쪽의 오랑캐는 이, 서는 융(戎), 남은 만(蠻), 북은 적(狄)이라 했다. 우리 조상들은 동쪽의 오랑캐라는 뜻으로 동이(東夷)족이라고 불렀다. 그러나 몽골에서는 달랐다. 그들은 한반도 조상들을 솔롱고스, 곧 무지개의 나라로 호칭했다. 그만큼 존중하는 마음을 읽을 수 있지 않은가. 타인과 타국을 인정하고 존경하는 넓은 마음이 있었다는 것이다.

하늘이 내보낸 인간의 가치는 영원한 것이다. 많은 실수와 모순을 보여주고 간직한 인간이지만 하늘의 뜻을 실행할 수 있는 존재이기에 그 가치는 측정할 수 없이 무궁무진한 것이다. 한국 간호사들이 독일에 파견되어 독일 환자들을 요양하게 됐는데, 그들은 몸체가 엄청 우람하다. 더구나 당시는 간호사들이 요양사 일까지 맡아 대소변까지 받아 내야 하는 터라 모두들 기피하는 직종이었다.

대부분의 간호사들이 우리나라의 평범한 아가씨들이었는데, 이들은 인간 존중 사상으로 특히 연로한 노인 환자들을 친부모 모시듯 더욱 존중하는 마음이 있었기에, 열심히 정성으로 돌보아 주었다. 이를 알게 된 당시 독일 신문기자가 이 내용을 대서특필하면서 알려지게 되고, 마침내 독일 정부에서 한국에 다시 만 이천 명씩이나 간호사들을 더 보내달라고 요청하게 되었다. 헌신적인 간호사들의 인간 존중 사상에 독일 정부는 언어, 문화, 피부색, 선입관 등등의 장벽을 넘어 한국 간호사들을 인정하고 다시 받아들이게 된 것이다. 동양의 순수한 경로사상에 매료된 것이라 하겠다.

조금 휴식을 취한 듯한 제임스 교수의 가치관이 다시 피력되기 시작하였다.

"가끔 이런 생각을 해요. 외국어를 배워 그 나라 사람과 외국어를 말할 때는 시·공간의 제약(制約)을 넘어 어렵게 만난 순수한 두 영혼의 만남으로 느껴질 때가 있어요. 서로 다른 문화와 편력(遍歷), 사고방식과 가치관 등이 주고받는 외국 낱말 한 마디 한 마디 그 안에서 녹아 나는 것을 느끼기 때문에 함께 대화한다는 것은 두 영혼이 서로를 발견하고 각자의 생애를 더욱 풍성하게 한다는 생각이 들어. 지구 가정(家庭) 모든 이가 다 이런 대화의 대상이 아닐까 여겨져요.

서로를 발견하고 서로의 존재를 느끼게 된다는 것 말야. 그래서 우리 인생이 그 만큼 더욱 넓어지고 풍성해 진다는 거지. 비록 다른 나라 사람이지만 그 안에서 순수성과 맑은 근성, 긍정적이며 낙천적인 모습을 느끼게 될 때 갖는 희열은 또 다른 큰 기쁨이 아닐 수 없는 거지. 온 인류가 그러한 환희를 서로 나누게 된다면 이 세상은 얼마나 감격스러울까 생각해.

다시 역사의 고장으로 초대한다면, 이번에는 아름다운 아드리안 해협으로 가봐요. 그곳의 도시 스플릿에 디오클레티아누스 황제의 궁전이 있어. 자신이 은퇴 후 머물겠다고 지은 궁전인데, 살았을 때 그는 그리스도교를 엄청 박해하였지. 그 가운데는 그 지방 출신의 도미니우스 성인도 있었는데, 아이러니 한 것은 자기 이름까지 넣어 남긴 그 궁전 안에 있던 황제 시신은 도굴 당해서 어디 갔는지 알 수 없고, 박해받아 순교한 도미니우스 성인은 그 후 기념 성당까지 건립되어 보관되고 있으며, 스플릿시의 수호성인으로 칭송을 받고 있지.

유구한 역사 안에 과연 누가, 어떤 일을 행한 사람이 진정 존경과 찬사 받으며 기억에 남겨 지는지 생각해볼 일이야. 어떻든 우리 모두는 이웃을 위해 좋은 일을 많이 해야 하는 거야.

미켈란젤로의 경쟁자들은 시스티나 성당 천장 벽화를 그리도록 교황에게 그를 추천했는데, 그를 미워하던 경쟁자들은 미켈란젤로가 교황 요청을 거절하거나 그리기를 실패할 것이라 여겼던 거지. 그러나 그는 긍정적인 마음으로 순종하며 수락하고, 자신이 처음 시도하는 프레스코 화법이지만 마침내 불굴의 명화를 성당 천장에 남길 수 있었어. 평소 좋은 일이거나 이웃 주위에서 요청하는 일이라면, 스스로 해 줄 수 있다는 선하고 단순한 신념이 미켈란젤로를 점차 새롭게 만들어 큰 위인으로 변화시켰던 거였어요."

생사의 갈림길을 늘상 지나다니는 루카스 전문의가 다시 말을 이었다.

"어느 간호사에게 들은 얘기예요. 새벽 3시에 말기 암 남자 환자가 자기를 부르더라는 거야. 사과 좀 깎아 달라는 거였어. 가니까 옆에 부인은 자고 있는데, 아주 낮은 목소리로 예쁘게 먹기 좋게 좀 해달라는 거야. 간호사는 아주 짜증이 났어. 사과가 정 먹고 싶으면 옆에 부인을 깨우든지,

전날 부탁하든지, 아니면 좀 참았다가 낮에 하든지… 아닌 밤중에 이건… 정말 신경질이 머리끝까지 나더라는 거야. 한참 졸리는 당직에게 한밤중에 불러서 겨우 사과 깎아 달라니… 그래도 꾹 참고 간호사는 사과를 예쁘게 깎아 쟁반 위에 가지런히 놓고 나왔대. 그런데 그 다음날 그 남자가 운명했다는 거야.

나중에 부인에게 들었는데, 그날이 결혼 20주년 기념일이었대. 남편이 부인에게 선물할 것이 없어, 겨우 사과 한 접시를 부인에게 20주년 기념 선물로 주고 싶었던 거야. 그것도 직접 깎을 수 없으니, 궁리… 하다 하다 간호사를 불렀다는 거지. 부인이 알면 깨어날 테니까 조용조용 간호사에게 부탁했다는 거야. 아침에 결혼 20년의 수고에 대한 감사와 존경의 마음을 사과 한 접시에 담아 드린다면서 사랑을 고백하고 세상을 하직했다는군.

어려운 가운데서도 서로 사랑하기를 하늘은 바라고 있지. 그것이 인간을 하늘이 내신 목적 아닐까? 서로 미워하고 싸우고 갈등하여 대적(對敵)하라고 세상에 인간을 낸 것이 결코 아닐 것이야."

대철도 한 마디 덧붙였다.

"동양 사람들이 귀하게 여기는 산삼을 캐는 심마니들에게도 마음이 맑고 선해야 산삼을 볼 수 있다고 해요. 흑심, 욕심의 마음으로 찾으면 산삼이 숨겨져 안 보인다고 해요. 그러면 며칠 지나고 선한 마음을 갖춰 그 자리에 다시 가보면 산삼이 보인다는 거죠. 우리 역사도 선한 마음으로 엮어가야 하지 않겠어요? 후손들이 보기에 아름답도록 말이지요."

이런 이야기를 주고받으며 대철은 몇 년 전 민향이 좋아하던 시(詩)라며 들려준 윤여설의 '밤송이'라는 시가 생각났다.

　자신은 여러 힘들고 어려운 상황을 인내하며 극복해 왔으나, 자신을 내세우거나 공치사(功致辭)하려 하지 않고 때가 이르자 자신을 필요로 하는 대상에게 헌신(獻身)하는 고결하기까지 한 그 아름다운 마음을 엿볼 수 있다. 하늘의 뜻이 이런 것 아닐까 하고 대철은 잠시 명상에 잠겨 보았다.

　감격 어린 눈빛을 숨기지 못하는 베네딕 박사가 말을 이었다.

　"노벨의 정신이 바로 그런 거라 여겨져요. 모든 인류를 위해 공헌한 사람 찾기, 곧 모든 인류를 위해 크든 작든 훌륭한 일을 해야 한다는 것이지. 그런 일이 우리 인간 모두의 공동 책임이며 누구나 해야 할 일 아니겠어요?"

　기억나는 것이 있어 대철이 얼른 말을 열었다.

　"불가리아 현지에서 그곳 여성과 결혼하여 정착한지 8년 이상 되는 어느 한인 교포의 말인데요. 지상(紙上)에 보도된 내용과는 좀 다른데, 오랜 세월 공산당 서기장을 역임하던 지프코프는 나름 검소하게 생활하며 국민들로부터 대단한 존경을 받던 사람이었다고 하네요. 베를린 장벽 붕괴 이후 그는 시대가 요구하고 국민의 바람을 새롭게 인식하고는 공산당원들을 앞세웠지만 진실 되게 전국적인 국민투표를 실시하고 국민들의 바람대로 민주화를 실시하며 다당제, 출판, 집회, 종교, 이동의 자유를 선포해요. 그리고 자신은 미련 없이 오랜 기득권을 내려놓았어요. 긴 세월동안 확고하고 막강했던 절대 권력을 하루아침에 포기한다는 것은 아무나 할 수 있는 일이 아니지요.

지금도 그의 기일이 되면 불가리아 국민의 85%가 성당을 찾아간다고 하더군요. 공산주의 체제에서 민주주의로 피 한 방울 안 흘리고 안착하게 된 나라는 글쎄요, 그 나라 밖에 없는 것 같아요. 자연 조건도 풍족한 이유가 되겠지만, 국민성이 낙관적이고 남에게 잘 베풀 줄 아는 후덕한 민족성이 그런 지도자를 낳았다고 할 수 있겠지요."

다시 제임스 교수가 말했다.

"인류를 위해 사용하도록 개개인에게 하늘이 부여해준 그 좋은 두뇌를 가지고 자신의 뱃속만 채우려 하거나, 다른 사람을 짓밟고 제 탐욕만 충족시키려 한다면, 이것은 사고(思考)할 수 있는 능력을 허락한 하늘의 뜻에 위배되는 것이에요. 잘 될 리가 없지. 정복자 알렉산더와 시저를 보라구. 알렉산더는 32살에 병사(病死)하고 그 직후 왕비와 모후, 아들이 살해당하고 제국은 나눠졌지. 시저도 차마 눈을 감지 못하는 죽음을 맞이하고서 '브루트스 너 마저…'라는 통한의 말을 내뱉으며 피살당하고 말아. 참, 칼로 서는 자는 칼로 망한다고 하더니만…."

지력과 지성

엘로이 대사가 이었다.

"동물은 약육강식이지만, 인간은 달라야 해요. 인간이 동물적 시스템 상황을 거부하지 않고 정글의 법칙대로 살려고만 한다면, 그것은 인간이기를 스스로 포기하는 것이야. 인간은 짐승과 달라야지 않겠어. 아니 오히려 어떤 때는 동물보다 더 어리석고 잔인해. 동물은 자연의 순리대로 필요한 정도만 섭취하고 옆에 아무리 좋은 먹거리가 있어도 관심을 안 둬.

그런데 인간은 달라. 욕심이 엄청나게 과다한 거지. 끝이 없어. 여기에다 다른 동족이나 옆 사람의 입장은 전혀 고려하지 않고 무한히 가지려고 탐욕을 부릴 수 있다는 거지. 남이야 넘어지든 엎어지든 신음하고 죽어 가든 상관없이 나의 한정 없는 욕망을 어떻게 신속하게 채우고 보다 더 많이 넘치게 할 수 있느냐 하는 것이야. 이것이 문제요 관건이지. 나만을 알고 위하려 하는 것, 이것이 인류 역사 불행의 씨앗이야.

나만을 생각하니 친구나 친지나. 심지어 가족까지도 희생 제물이 될 수 있고, 자신의 심신 일부를 넘겨주거나 포기하여서라도 끓어오르는 욕구를 어떻게든 채우려 하는 거야. 참으로 어리석은 거지.

보유한 능력이 무한대이기 때문에, 인간은 그것을 하늘의 뜻에 맞게 사용해야 해. 만물의 수장(首長)으로서 그렇게 해야 하는 것이고… 또한 그것이 하늘이 우리 인간에게 그런 능력을 부여해준 목적이라고 생각해. 하늘의 뜻에 맞게 사용해야 더욱 축복과 행복이 가득한 생을 다 함께 영위할 수 있는 것 아니겠어요?”

마음속으로 대철은 다시 생각하기 시작했다. 그러나 선행으로 이끄는 양심의 소리, 하늘의 목소리는 때로 너무 작게 울린다. 그것도 겨우 마음 자세가 갖춰진 사람에게만 들린다. 인도의 간디는 이것을 다음과 같이 표현했다. ‘산토끼가 아주 가느다란 명주실을 매달고 조용히 이끄는 것 같아.’

반면에 본능적이고 이기적인 소리는 너무 크고 다른 소리를 못 듣게 만든다. 특히 물질적이고 자기만 아는 태도로 살아가는 사람에게 양심의 소리는 거의 들리지 않는다. 설령 들린다 해도 무시하게 된다. 그러니 실수나 후회하지 않으려면, 의도적으로 물질 그 너머 양심 내면의 목소리에 귀기울여 들을 필요가 있는 것이겠다.

제임스 교수는 강조하고 싶어졌다.

"마치 하늘은 없는 듯 보이고, 우리 관심도 끌지 않지만, 분명히 당신이 개입해야 할 때는 인간 탐욕이 아무리 심하다 하여도, 반드시 당신 뜻을 펼치고 마는 것을 인류 역사 안에서 분명히 느껴져요."

대철이 응답했다.

"그러니까 우리가 좋은 아이디어를 발굴해 내는 것도 진정 모두를 위하고 존중하는 선한 마음에서 시작하고 완성해야 한다는 것으로 받아들여지는군요."

신선한 바람에 심호흡 하던 루카스 박사가 반응했다.

"그렇지요, 인간의 무궁무진한 두뇌는 무엇이든지 만들고 엮어내고 가공해 낼 수 있어요. 그런데 그것을 나쁜 방향으로 이기적 욕심으로 또는 남에게 해를 끼칠 요량으로 개발해 간다면, 인류 역사는 악순환만 반복하게 되는 거야. 몸담고 싶은 역사가 아니라, 내리고 싶은 폐선(廢船)에 불과해.

이런 결과가 얼마든지 일어날 수 있어. 인간 탐욕이 만들어낸 오늘날 자연 환경이 보여 주고 있잖아? 알레스카 빙하 녹아내리는 것, 시간 문제야. 이제 인간은 정신 차려야 돼. 그만큼 오랫동안 역사 안에서 시행착오를 저지르고 어둠의 회칠을 역사라는 깨끗한 화지(畵紙)위에 덕지덕지 지저분하게 더럽혀왔다면, 이제는 아름답고 밝고 맑은 명화를 그려가기 시작해야 돼.

어마어마한 지력과 지성을 보유한 인간이 할 수 있는 역사 작품이 겨우 이 정도 밖에 안 되는가 말야. 사고(思考)할 줄 아는 능력을 갖춰도 늘 현명하진 않았어. 도대체 가스실이 뭐고, 인종 청소가 무슨 말이냐. 집단 아사(餓死)는 또 뭐구? 무슨 뜻이냐구?"

"음…."

"인류 사회 안에서 야기 되는 모든 인위적 재앙은 인류 각 계층 사이에서 어느 한 계층이 다른 계층을 원격(遠隔)으로든 노골적으로든, 착취하고 수탈(收奪)하거나 또는 결과적으로 더 많은 재화를 점유하고 있을 때, 그래서 재화나 힘도 없는 계층이 기본 이하의 생활로 고통을 겪게 되면 얼마든지 발생하게 된다고 봐. 아무리 참고 인내하려 해도 반발이 생기게 마련이야. 역사가 증명하지 않는가 말이지.

이제 인류는 누구든 함께 나누고 더불어 소유하며, 의료 혜택을 포함한 의·식·주와 교육 조건을 겸비하여 생을 구가할 수 있어야 돼. 누구나 이 세상에 태어난 것을 큰 축복으로 여기며 감사하고 기뻐하며 살아 갈 수 있도록 도와 줘야 해.

어떤 사진작가는 매 순간 순간이 하늘의 은총으로 느껴지기 때문에 그 순간을 놓치지 않기 위해 카메라를 집요하게 들이대고 초점을 맞춘다고 해요. 모두가 그 사진사처럼 행복해야 하는 것 아니겠어. 함께 행복하고 다 같이 축복어린 삶이 되어야 하는 거야. 이것이 모든 인류의 과제며 나아가야 할 숙명이라 생각돼요."

사회학적 관점을 강조하고픈 베네딕 박사가 말했다.

"여전히 아프리카에는 인간 이하의 삶을 연명하며 사는 곳이 많아. 중동에 왜 자살 테러사건이 많은 거야? 스스로 빼앗겼다 생각하고 억울하다고 현실의 장벽을 느끼게 되니, 목숨을 걸고서라도 착취당한 것을 되찾으려 하는 거지. 내가 잘되고 다른 이보다 더 가지게 된다면, 가장 소외되고 덜 가진 이와 나눌 줄 알아야 진정 기쁨과 만족의 시간으로 들어 갈 수 있는 거 아니겠어?

그러니까 어떤 보복이나 질시 또는 미성숙한 유치스런 탐욕 같은 것에서 벗어날 수 있도록 끈끈한 동반자 관계가 서로 간에 형성되어, 서로 보살피고 도와주는 관계 정립이 필요한 거야. 그런 것이 하늘의 뜻을 실행하는 것 아닐까?

아이디어를 발굴하고 창출해 내는 것은 좋은 것인데, 결국 최고의 아이디어는 모든 인류가 행복하고 자유롭고 평등하며 정의롭게 살 수 있어야 하는 것이야. 그렇게 살기 위해서는 하늘의 뜻에 따라 열심히 노력하며 함께 공생, 협력, 공영하며 인류 가정을 꽃피워 가야 하는 것 아니겠어? 그러니 우리 인간 안에 있는 어두운 면은 축소시켜야 하고, 밝고 선한 면을 키워 나가야 하는 거야. 그래야 세계 역사가 밝아져 가는 거지."

듣고 있던 엘로이 대사가 브레이크를 걸었다.

"어쩌다, 훌륭한 아이디어를 발굴해 내었다고 사람이 자만하거나 경거망동해서는 안돼요. 도리어 그 아이디어가 부메랑이 되어 돌아와 우리 자신을 얽어매는 족쇄가 되고, 심지어 큰 불행을 겪을 수 있어. 당장은 힘들고 모진 고생이 되더라도 오직 하늘의 뜻을 생각하면서 넓게는 다른 이들에게도 유익이 되고 도울 수 있도록 그 아이디어를 활용해야 하는 것 아니겠어.

칼을 아주 날카롭게 하여 이 세상 어떤 물체도 손쉽게 자르고 벨 수 있게 하는 것보다 더 중요한 것은, 그 날카로운 칼이 하늘의 뜻을 좇아 의사와 요리사 같은 선한 목적으로 사용하는 사람의 손에 있느냐 아니면 그 반대의 용도에 사용되고 있느냐 하는 것이 더 중요한 것이야.

하늘은 인간을 로봇이나 자동기계로 만든 것이 아니라, 지성과 함께 자유를 허락하셨어. 왜 하늘은 인간에게 자유를 주었을까? 자유와 관계없이 모두들 선하고 좋은 일만 하도록 만들어졌으면, 세상의 죄악이나 슬픔도 없었을 텐데 말이지.

짧은 생각인데, 인간이 하늘을 등한시 하거나 무시한 채 살 수도 있고, 하늘을 생각하며 적어도 기본 도리를 지키면서 살 수도 있도록 지성과 자유를 허락하셨지. 그 지성과 자유를 어떻게 사용하는 지는 인간 자신에게 달렸어.

예컨대 어떤 할아버지가 자기 손자가 찾아 올 때마다 맛있는 빵을 하나씩 준다고 해봐. 그런데 어느날 할아버지가 미쳐 빵을 준비하지 못하여 빵을 주지 못하였을 때에도 그 손자는 할아버지를 찾아와 빵 안주셔도 된다고 하며 할아버지를 반기게 될 때, 그 손자는 할아버지를 진정 존경하는 마음을 간직하고 있다는 것을 알 수 있어.

할아버지를 존경할 수도, 아니면 다른 게임이나 놀이에 빠져 할아버지를 찾지 않을 수도 있는 자유가 있는데, 그 손자는 할아버지를 사랑하고 존경하는 마음을 가지게 되었다면 더 큰 의미와 가치가 있는 것이지.

빵이나 어떤 보상 때문에 마지못해, 속마음은 그렇지 않은데 어쩔 수 없이 존경심을 표현한다면, 그런 존경심 받을 필요 있겠어. 그런 위선적이며 허상뿐인 존경심 얻기 위하여 주어야 하는 빵이나 보상이라면, 차라리 다른 어려운 이들 또는 선하고 진실한 사람들에게 나눠 주는 것이 더 낫지 않겠어요?

진실하고 자유로운 마음 위에서 순수한 정감을 표출하는 것, 무엇보다도 자유 위에서 형성된 존경심이 중요한 것이지. 하늘은 바로 그 인간의 자유 위에서 인간과 만나고 싶어 하는 것이라고 생각해. 너무 어려운 이야기 같지만….”

“그러니까 교수님, 우리가 자유를 어떻게 사용하느냐가 중요하군요.”

“맞아요. 대철. 그 자유를 잘 사용하기 위해, 아니 보다 더 최고로 잘 사용할 수 있기 위해 인간에게 지성이 주어졌다고 보여져요. 나의 살아온 경험과 삶에서 부딪히며 형성되고 내 인생 안에서 여과(濾過)된 결론이에요.”

약간 억양을 절제하려 애쓰면서 제임스 교수가 말을 이었다.

“그런데 안타깝게도 인간은 역사 안에서 그 자유를 끔찍하게도 오·남·과용하면서 살아왔어. 대단히 안타깝게도… 그만큼 일탈(逸脫)했으면 됐어. 이제부터는 좀 달라져서 서로 포용하고 돌보는 아름답고 밝은 모습으로 자유를 사용해 가야 하지 않을까 생각해.

날개가 있어도 날지 못하는 거위 신세로 혼탁하게 살다가 세상을 떠나는 인재(人材)들을 생각하면 안타깝고 아쉬움 많이 남아… 하늘이 부여한 은사(恩賜)를 사장시켜버린다는 것은 마음 아픈 일이야.

육식 동물 중 가장 빠르다고 하는 치타를 보면, 최고 속도로 한번에 달릴 수 있는 시간은 단지 15초 정도야, 그 이상은 뇌에 뜨거운 피가 공급되어 쓰러지거나 죽게 돼. 하지만 그 짧은 시간에 먹거리를 장만하지. 세상사에 장단점이 있는 것은 하늘의 뜻이지만, 그 가운데서 우리 인생 한 사람 한 사람 서로 모두에게 유익한 일을 하도록 노력해야 할 것이야.

이를테면 우리가 아름다운 음악을 들으면, 마음이 맑아지는 것을 체험하게 돼요. 그런데 걸출한 가수가 생전에 명가곡을 대단히 감동적으로 불런 것이 한 두곡 정도에 그치는 것하고, 열 곡 스무 곡 이상 불러 남긴 것하고는 분명 차이가 있어. 많은 사람들에게 보다 더 다양하고 풍성하게 감동을 선사할 수 있게 된다면, 그 만큼 더 많은 사람들에게 보다 정화된 심성을 고양시킬 수 있으리라 봐.

참다운 가수라면 이미 자신의 생계가 안정되었다 하여도, 당대와 후대의 사람들에게 더 많은 감동을 전해 주기 위하여 새로운 노래를 만들고 부르려 힘쓰는 것이 보다 가치 있는 일이라 생각해. 이처럼 자신의 천부적 재능도 다른 이들을 위해 헌정하고 나누는 것, 인류 조건 향상을 위해 필요하고 보람 있는 업적이라 봐요.

'우리 인생은 가까이서 보면 비극, 멀리서 보면 희극'이라고 찰리 채플린이 말했어. 공감이 가는 말이야. 희망을 가지고 하늘을 올려다보며 세상을 바라볼 필요가 있는 거지.

인류 역사를 봐도 유치하고 치졸한 시행착오가 많이 있었지만 마침내 하늘의 뜻을 생각하며, 진정 귀중하고 보다 가치 있는 빛나는 역사의 길로 나아가야 함을 깨달아 가야 하겠지. 사실 기나긴 인류 역사 안에서 이제부터라도 후손에게 모범적이며 바람직한 선례(先例)의 역사를 남겨 주도록 힘써야, 보다 슬기롭고 현명한 선조 인류들이라 하지 않겠는가 생각해. 그래서 선조들의 훌륭하고 지혜로운 삶의 모습을 전통으로 이어가며, 모두 인류가 진정 행복한 빛의 역사가 전개될 수 있기를 희망해 보는 것이지."

대철은 민향이 한때 좋은 작품이라며 띄워 준 우미자의 '그 어떤 지극함으로'라는 시를 명상하며 하루를 마감하였다.

23. 모두가 행복할 수는?

새 순

달도 차면 기울 듯, 인질 생활도 어느 정도 세월이 흐르니, 대철은 이제 변화가 다가온다는 느낌을 받았다. 이곳 삶도 어느덧 막바지에 이르기 시작하는 것 아닐까? 세상 변화가 그러하듯 천천히 예견된 변화도 있지만, 역사에 많은 영향을 끼치는 것은 역시 돌발 변수가 일어날 때이리라. 대철 뿐 아니라 이곳 억류된 인질들 대부분이 이제 지쳐가는 상황이라 하루 속히 구출될 수 있기를 요망하면서 어떤 급변 상황이 일어나기를 바라고 있었다.

이런 분위기 가운데, 여섯 사람은 다른 별 뾰족한 수가 없음을 아쉬워하며 다시 모였다. 세계 공간을 넓게 관망할 줄 아는 베네딕 박사가 먼저 시작하였다.

"수많은 사람들이 오매불망 오랫동안 고대(苦待)했던 온전한 세계 평화와 정의는 과연 불가능하기만 한 것인가? 인간의 두뇌와 마음으로는 도저히 불가(不可)하기만 한가? 모든 인류가 행복하고 평화롭게 생을 영위하는 것은 과연 이상주의자의 꿈에 불과하고 도저히 이 세상에서는 불가능한 일이라 할 것인가 말이야…. 결과야 어떠하든 적어도 노력은 경주해야 하지 않겠어요? 우리 후손들이 보다 나은 행복한 세상에 살 수 있도록 말이지.

아프리카 속담에 이런 말이 있어요. '태양은 어느 마을도 그냥 비켜가지 않는다.' 기실 하늘은 모든 인간이 예외 없이 행복하기를 원하고 있지. 우리는 선조들의 시행착오를 반면교사로 삼아 더욱 현명하게 역사를 살아가려 노력하면서 지엽적 오류들을 극복해 가야 하리라고 봐. 부모가 힘들고 어렵게 살다 가셨다 하여 그 자녀들인 우리도 운명이려니 하며 자포자기하여 꼭 같이 후회하며 괴롭게 살아갈 필요는 전혀 없는 것이지. 부모들 역시 당신들의 자녀들인 우리 모두가 정의롭고 평화로우며 서로 행복하게 웃으며 보람 가득한 생을 살아가기를 바라고 계실 거라고 생각돼요.

전 인류가 모두 함께 행복하게 살아가야 한다는 의식이 보편화되어야 해. 부호(富豪)로서 가지는 것 조금 적게 가지는 대신, 또한 억만 장자가 되는 대신, 돈으로 계산할 수 없는 안정된 세상을 손자들과 함께 만끽할 수 있어야 하며 언제 어디서나 불안에 떨지 않고 무엇보다 평화로운 마음을 늘 향유할 수 있게 되는 것이 더 고귀하고 가치 있는 일이 아닐까? 생각해. 우리 인류 가운데 누구도 불행하게 되는 것을 무시하거나 용인하고 있어서는 안된다는 의식이 널리 펼쳐져야 해.

이를 위해 인간은 이웃을 위하는 마음으로 진정 봉사하는 인간이어야 해요. 그러니까 명오가 열린 모든 인류가 서로가 서로를 위해 또한 다른 이들을 위해 공동선(善)과 공익을 증가할 수 있도록 도움이 되거나 봉사할 수 있는 마음과 의식을 갖출 필요가 있는 것이야."

대철은 이런 점에서 인류애, 공동선(善), 홍익 정신과 사해 동포애, 박애 의식 등 열린 넓은 마음이 지상의 평화와 행복을 위해서 필수적인 요소라 하지 않을 수 없다고 말하면서 그 의미를 길게 설명해 주었다.

"수어지교(水魚之交)처럼 살면 크고 작은 결점이 보여도, 그것조차 예쁘게 보이게 돼요. 할머니는 손자가 재치기하는 것도, 변(便) 보는 것도 다 예뻐 보인다 하잖아요. 모든 인간관계도 그렇게 되어 산다면 얼마나 좋을까요!

천의무봉(天衣無縫)인 사람은 아무도 없어요. 누구나 다 흠이 있게 마련이에요. 인류 역사가 잘 보여 주잖은가 말예요. 어느 집단이든 역사를 외면하면 역사도 그들을 외면하게 돼요. 우리는 역사의 교훈을 기억하며 다시 일어나 새롭게 시작해야 해요. 무봉(無縫)까지는 아니라 하여도 미봉(微縫)이 되도록 해야 하지 않겠는가 말이지요.

사계절 중 겨울이 아무래도 제일 춥고 지내기 힘든 때인데, 아이러니 하게도 사랑을 베푸는데 있어서는 제일 필요하고 절실한 계절이지요. 엄동설한에 살을 에는 추위와 더불어 산야(山野)에 먹거리가 없어 동식물 모두 숨죽여 있는 때이니, 모든 것이 먹는 것으로만 보이는 굶주림의 계절로서 간절한 도움과 배려가 절실한 때인 것은 확실하지요. 그래서 겨울은 위대한 박애의 계절이라고도 한다는군요.

마찬가지로 세상이 힘들고 혼잡하며 진정한 가치관이 흔들리고 위협받을 때, 인류를 위하여 조금이라도 봉사하고 희생하면 더 빛나는 보람과 자긍심을 보답으로 얻게 될 것이에요."

경청하던 루카스 박사가 함께 나누고 싶은 생각이 있어, 잠시의 침묵을 열고 말하기 시작했다.

"뉴턴은 한창때에 먹고 자는 시간을 아까워하며, 한 해 무려 22개의 중력과 빛에 대한 문제를 연구하고 밝혀냈어요. 그러면서도 자신은 진리라고 하는 거대한 바다를 앞에 두고 그 옆 모래사장에서 예쁜 조가비 하나를 발견하고 마냥 즐거워하는 갓난아기와 다름없다고 비유했어.

이것은 인간이 거대한 진리의 바다를 조금씩 맛보기 시작하여 보다 깊고 핵심적인 곳으로 나아갈 수 있게 되었다는 것이지. 미소하게 시작된 인간의 역량은 지능이 발달하면서 우주의 무한 팽창처럼 정말 무궁무진하다고 봐. 인간 지력은 그 한계를 계속 넘어 가면서 한없이 진화할 수 있을 거야. 그럼에도 불구하고 중요한 것은 그 지력이 과연 얼마나 올바르고 옳은 것을 행할 수 있느냐 하는 것이 관건이지. 세월이 멀리 흐르고 난 뒤에도 찬사를 받을 일을 오늘 할 수 있느냐 하는 것이 중요한 것 아니겠어요?

우리가 세상에 태어나는 것은 우리 의지와 무관하지만, 주어진 삶을 후회 없는 바람직한 방향으로 가꾸고 이끄는 것은 우리 각자의 책임이며 권리라고 할 것이야."

역사적 관점을 전제로 하여 제임스 교수가 시작했다.

"우리 인류 전체 역사도 마찬가지야. 가다머(H.Gadamer)의 말처럼 인간은 역사적 존재이기 때문에, 다음 세대 후손들에게도 세상에 태어난 기쁨을 구가하며 환호할 수 있는 세상을 물려 줄 수 있느냐 하는 것은 그 동시대 사람들의 사고(思考) 의식과 삶의 가치관에 따라 좌우되는 것이지. 천부적인 두뇌를 잘 활용하여 전체 인류가 향유하는 삶의 질을 더욱 높여 갈 수 있도록 모두가 한 사람도 예외 없이 크든 작든 노력을 마음껏 펼쳐 가는 거야.

생각해 보건대 역사의 교훈으로 손꼽을 수 있는 인류 4대 개선 강령으로는 빈부 격차 축소, 환경 복원 및 자연재해 극복, 희귀 질병 치유, 침략(侵略) 퇴치 등이라고 할 수 있겠는데 우선 인간 심성을 보다 선한 방향으로 행하도록 개선시켜야 할 것이야. 우리 인간 안에 있는 어두운 면은 축소시켜야 하고, 밝고 선한 심성을 키워 나가야 하는 거야. 그래야 세계가 어제보다는 밝아져 갈 수 있는 거지."

데오 누샤 변호사가 옆에 있는 꽃을 만지며 말했다.

"화산이 폭발하여 주위 모든 생명체를 용암이 덮어버리더라도 오랜 세월이 지나면 그 용암 위에 어여쁘고 나지막한 어린 새싹이 돋아나 꽃이 피고 훗날 울창한 숲을 이루듯, 인류사의 뼈아픈 시행착오와 과실(過失) 후 새로운 희망의 꽃이 이제는 피어나야 할 때라고 봐요. 좀 슬기로워지자구요. 그 좋은 머리 지력(智力)을 두고도 그렇게 어리석게 다투면서 불행하게 살아 왔다니… 좀 지혜롭게 성숙해 질 수는 없을까요?

인간은 고착되어 있지 않고 언제나 되어 가는 존재이기 때문에, 희망을 가지고 새롭게 일어서야 할 것이야. 결국 인류 앞날은 현재의 인류가 어떤 사상과 가치관으로 형성되어 있느냐에 따라 결정되므로 지금 위치에서도 우리가 할 수 있는 귀한 일을 찾아야 해. 마음만 먹으면 각자 자신의 삶에 자긍심을 가지고 할 수 있는 좋은 일을 얼마든지 행할 수 있을 거예요."

세계를 조망할 줄 아는 엘로이 대사가 말했다.

"큰 그림을 그릴 줄 알아야 해요. 부호 록펠러가 자신의 성공 비결을 자서전에 밝히면서 한 말은 스스로 부호가 되겠다는 큰 그림을 마음속에 두고서, 주위의 모든 환경을 큰 그림에 맞춰 듣고 보고 배운 결과였다고 했어. 우리도 자신만을 위하는 그러한 정도를 넘어 세계 모든 인류의 온전한 행복과 평화를 마음에 쌓아가며 정책과 방법을 하나씩 신중하게 실천해가야 할 것이야. 마음 안에 평화의 그림이 서지 않으면, 계속 소소한 분쟁과 다툼에 휩싸이게 되고 말지.

최고 중요한 것은 모든 인류가 서로를 생각하며 한 사람도 소외됨 없이 함께 이타적인 심성으로 살아가야 하는 것 아니겠는가 생각돼요. 자신의 보잘 것 없는 조그만 선행이 한 사람이든 다수의 사람들이든 상대에게는 커다란 기쁨과 행복을 선사할 수 있는 것이거든. 기회가 좋든 어렵든 규모가 크든 작든 선행은 언제나 아름다운 것이지. 지구촌 한 사람 한 사람의 선행이 모여 이 지구촌은 더욱 살가운 행성으로 변화되는 것일세."

다시 베네딕 박사가 전문가다운 가치관을 펼쳤다.

"사실 빈자들도 노동의 보람과 자아실현의 삶을 구가할 수 있도록 정부와 관계 부처에서 일거리를 양산해 가야 하는 것인데, 국가의 지도층과 공무원은 국민과 사회를 편안하게 해야 하지만, 그러한 책임을 맡은 그들은 편안하게 있어서는 곤란한 것이라 생각해. 그들은 대다수 국민을 대신하여 분주하게 지내야 하고 힘들어 봉사하며 노력해야 하는 것이야. 그래야만 국가와 세계가 평안해 지는 거지. 그들이 불편해야 대다수 국민이 편안해지는 거야.”

　이 얘기를 들으면서 대철은 얼마 전 민향의 메일에서 들은 소식이 기억났다. ‘채명신 파월 부대 초대 사령관은 월남전에서 베트콩(베트남 공산주의자) 백 명을 놓치더라도 양민 한 명을 지키라고 하였으며, 마지막 유언으로도 월남 파견 사병들 묘지에 안장해 달라고 하여 국방부를 당황하게 했지만, 유언대로 사병묘지에 묻힌 최초의 장군이 되었어. 겸손과 사랑의 마음을 흠뻑 느낄 수 있는 감동이라 하겠어. 권한과 책임이 많은 윗사람일수록 손발에 흙을 묻히고 아래로 내려가려고 해야 아름다운 것이며, 그러면 그 공동체는 살아날 수밖에 없어.’

　인류는 이제야 말로 잘못된 묵은 것을 제거하고 새로운 것을 펼쳐내야 하는 제구포신(除舊布新)해야 하는 것이다. 사기행각, 꾀병환자 등이 사회와 개인을 좀먹듯 부정한 행위와 허위 포장, 사기죄, 가정파괴 범죄, 허장성세 등등의 고질적인 병폐는 당대의 사회 공동체뿐 아니라 미래의 후손들을 위해서도 발본색원해야 해. 근본적인 사고방식과 가치 의식이 올바르지 못하면, 모든 것이 소용없는 밑 빠진 독 물 붓기에 불과하니 기본이 되는 인간 심성과 의식을 먼저 정화 및 순화시켜가야 할 것이다.

　감사기관은 견제와 균형 역할을 잘 유지해야 하고 개인과 단체, 기업과 국가 등등 어디든 개혁과 쇄신을 하지 않으면 정체되거나 쇠퇴, 쇠락해 질 수 밖에 없다. 만일 세계정부가 구성되고 조각(組閣)되더라도, 정의롭고 감시체계가 살아 있고 신뢰감이 살아 있어야 할 것이다. 통제하기 위해서 있는 자들에 대한 적절한 중과세가 필요하고, 질서를 유지하기 위해 권력과 힘을 보유하고, 비판받지 않는 범위에서 강력하게 법이 집행되어야 할 것이다.

　잠시지만 대철의 상념을 멈추게 한 것은 베네딕 박사의 거듭되는 목소리였다.

　"죄 없는 선량한 사람들이 억울하고 안타까워하는 경우를 피할 수 있도록 사회 안전망을 확보하기 위해서는 형벌 징계도 엄격해야 한다고 봐요. 누구나 실수 할 수 있기 때문에 초범은 아주 경미한 처벌을 주고, 재범도 약한 형벌을 내리지만, 삼범부터는 아주 가혹한 엄벌을 내리기 시작해야 일벌백계로 모든 사람들이 초범조차 피하려 노력하고 조심하지 않을까 해요. 가끔 전과 7~8범, 심지어 전과 98범도 있다니 솜털가지고 형법을 덮는다는 비난이 나올 수밖에 없어.

　게다가 취중이나 만취 상태에 저지른 범죄라 하여 참작해 주고 감형하거나 하는 것도, 오히려 술 권하는 사회로 고질화시키는 것 같아. 술을 가볍고 적절하게 해야 건강에도 좋고 후회할 일도 줄일 수 있는 것인데 폭주(暴酒)하고는 예컨대 운행 중 버스 기사를 폭행하거나, 겨울에 길에서 동사(凍死)하거나 또는 정신을 못 차리고 극단적 행동, 살인, 자살, 방화 등등 끔찍한 실수를 저질러요. 지위 고하를 막론하고 술 때문에 패가망신하거나 엄청난 불행을 초래하는 사례가 인류 역사 안에 너무 많았어요.

　피의자의 인권도 중요하지만, 대다수 선량한 많은 사람들의 인권은 더 중요하다 할 것이야. 결국 자신의 행동에 분명한 책임을 져야 하고, 사회 공동체 행복에 폐를 끼쳐서는 절대 안된다는 것을 어릴 때부터 학습되고 토착(土着)이 되어야 한다는 거야. 이런 원리는 결국 국제 외교 무대에서도 슬기롭게 적용하여 지역 안정과 세계 발전을 지켜 가야 할 것이에요.

우리 인간 두뇌로 후진적이며 유치하고 어리석은 비극을 막을 수 없다고 보지 않아요. 욕심을 좀 줄이고 다른 이의 인생과 행복도 좀 마음에 담는 넓은 아량의 선한 의식이 어디서나 공감대를 넓혀 나갈 수 있도록 해야 할 것이야. 사람이 세상을 알게 되는 때부터 진정 정겨운 세상을 위해 힘쓰도록 배워야 하는 거지.

지구촌 인생들이 보다 높은 삶의 질을 견지할 수 있도록 정책 입안자나 실행자는 끊임없이 노력해야 나라가 발전할 것이야. 수백 리터의 맑은 물은 한 컵 정도의 더러운 물을 어렵지 않게 정화할 수 있듯, 사회와 세계 안의 어둡고 부정적인 요소는 대다수의 구성원 의식이 올바르고 긍정적이며 진취적이면, 결국 밝고 투명하며 건전하고 아름다운 모습으로 개선될 것이야.

인도의 카스트 같은, 인간을 인간이하로 취급하여 태생적으로 고통스럽게 살도록 하는 모든 제도와 악습은 물론 공정하지 못하고 인간을 여러 조건으로 얽매는 전통은 반드시 재고(再考)되고 필요시 제거되어야 할 것이야. 태어나면서부터 평생을 한숨과 눈물 속에서 지내야 하는 인위적 쇠사슬 울타리 안에서는 인간 그 누구도 결코 행복해 질 수 없어. 아무리 그가 뛰어난 능력과 소질을 천부적으로 부여 받았다 하여도 인류 사회에 기여하지도 못하고 불평과 원망 속에 사라져 버리고 말지. 개인과 인류 공동체 전체에 손실이야.

소위 그 하층민들이라는 사람들 그들도 간직하고 있는 인류를 위한 선한 달란트와 자질, 긍정적인 요소와 아름다운 측면들, 이 같은 좋고 유익한 선물들을 동(同)시대 사회는 그들이 마음껏 발휘하도록 해 줄 책임과 의

무가 따르는 것이야."

실제 사실을 늘 만나는 캐더린 기자가 소개했다.

"들어 본 적 있는지 모르지만, 베이비 박스라는 것이 있어요. 그것은 드러나지 않게 몰래 버리는 어린 유아를 살리기 위하여 복지기관 등에 설치된 시설로 항상 열려 있으며, 벨 같은 것과 필기구가 마련되어 있어요. 필기구는 아기 인적 사항을 남겨 달라는 뜻이지요.

그런데 얼마 전 유럽에서 베이비 박스 철폐 논란이 있었어요. 아기에게는 부모를 알고 부모의 보호를 받을 권리가 있는데, 베이비 박스 때문에 오히려 버려지는 아기가 더 많다는 주장이지요.

미혼부모이든, 원하지 않은 출산이든, 중요한 것은 사람의 생명 아니겠어요. 그래서 뜻있는 사람들이 베이비 박스가 있어야 극단적으로 아기를 다른 곳에 버리는 최악의 비극을 막을 수 있다는 반론으로 겨우 베이비 박스가 존폐 위기를 모면할 수 있었지요. 양방 모두 좋은 의견이었으나 첫째로 중요한 것은 생명을 살리는 일 아니겠어요?"

머리 속에 떠오르는 글귀가 대철을 만족스럽게 했다.

'꽃에 한눈팔지 말고 열매를 볼 줄 알아야 한다.'는 처기실 불거기화(處其實 不居其華)의 말을 상기하면서 실사구시 차원에서 실속적이며 실질적인 결실을 찾으려 힘써야 한다는 것이다.

시작의 시작

조심스레 데오 누샤 변호사가 말을 시작했다.

"자유는 인간 삶에 활력을 불어넣고, 자아실현의 기회를 주지요. 그 활성화된 자유를 남에게 피해를 주지 않도록 해야 함은 물론이지만, 타인과 모든 인류를 위해서도 사용할 수 있어야 하지 않을까요.

가브리엘 샤넬은 스스로 웅비(雄飛)할 수 있는 내재된 해방의 날개를 간직하고 있다는 것을 강하게 느꼈어요. 그래서 그녀는 여권(女權) 신장을 위해 뛰어들 수밖에 없었어. 동양의 문화권에서는 좀 이질적으로 느껴지지만 말이야.

샤넬의 그와 같은 자유와 해방의 날개는 우리 모두에게 내재되어 있지. 윤리와 도덕을 훼손하지 않는 한, 우리 모두는 이 날개를 가지고 마음껏 펼치는 생을 살면서 인류 문화 발전에 기여할 수 있어야 한다고 생각해요. 오지랖을 넓혀 모든 인간이 각자 소유한 천부적 재능을 서로 발견하고 인정해 주어야 하며 마침내 그 재능이 만개(滿開)하여 인류에게 기여할 수 있어야 할 것 아니겠어요.

협소한 우물 안에 갇혀있는 소인배처럼 또는 과거 유태인들과 같이 종교적이든 경제적이든 정치적이든 사회적이든 '우리는 선택받은 사람들'이라는 따위의 선민(選民)사상은 또 다른 재앙을 불러올 수 있어. 모두가 남녀노소 누구든지 같은 하늘 아래 평등하고 동등하다는 사실에 예외가 있으면 역사는 반복된다는 말처럼 또 다른 갈등과 분열, 분쟁과 폭력이 조장되고 말 것이야.

선민이라고 하는 유태인들도 비유태인이 세운 공적(功績)을 이용하고 필요로 하지않느냐 말이야. 에디슨의 전기와 아라비안 숫자와 노벨의 화약을 사용 하잖는가. 이 지상에 선민은 없어. 있다면 제 삼천 년대를 살고 있는 우리 모두야. 우생학적 인간도, 우성(優性)종 인간도 없고 비우생학적 인간도, 열성(劣性)종 인간도 규정할 수 없는 거야.

우리 모두 차별과 역차별 없이 행복하고 평화로우며 자유롭게 마음껏 자신의 소질과 취향, 꿈과 소망을 꽃 피울 수 있어야 하는 것이며 불신과 대립을 넘어 상통(相通)과 공존, 화합과 공생, 이해와 존중, 통합과 소통을 뿌리 내려야 하는 거야.

공존을 위한 20세기 유럽 통합은 인류 역사에 새로운 이정표를 제시한 다고 봐요. 어느 지역의 나라들이든 경제와 문화가 비슷하고 상호 공감되는 가치관이 많으며 지리적으로 가까울 때는 더더욱 비록 역사적으로는 적대국 경험이 있음에도 불구하고, 통합의 단계로 접어들기 쉬워 보여요. 유럽 통합의 도전은 시행착오 되는 부분도 있겠지만, 단순히 유럽 대륙뿐만이 아닌 전 인류 가족의 대통합 문제에도 중요한 비결을 제시한다고 할 수 있어요.

지리적으로 인접한 국가들로부터 시작하여 먼저 생활 문화가 비슷하면 통합의 단계로 접근해 갈 수 있게 되며, 점차 경제와 정치 분야에 있어서도 화폐 단위 통합부터 시작하여 경제 전반에 걸쳐 정치 분야와 함께 요직에 임용할 각 후보 인물의 능력과 됨됨이에 따라야 하겠지. 그러나 당분간 국정이 궤도에 이르는 일정 시기까지는 가능한 동일한 권력 배분을 통해 공정한 상호 존경과 일치를 향해 진전할 수 있어야 할 것이야."

사회적 통합의 핵심 주제에 대해 베네딕 사회학자가 침묵할 수 없었다.

"조금만 사업주들의 공동 창업에서처럼 어느 한 편이 교묘하게 사기와 속임수로 단수이든 복수이든 상대방을 이용하고 상대방 귀속 이익을 착복한다면 커다란 문제와 불행을 초래하게 돼. 이 때문에 감사(監査)와 감독 비용이 필요해. 그러나 상호 깊이 신뢰할 수 있다면 필요 없지. 마찬가지로 진정 공정한 통합 과정이 진척되면 불필요한 지출, 국방 예산과 국경 유지 및 새로운 방위체계 연구 예산을 절감하거나 삭제하여 그 예산을 복지와 기간 시설 확충, 난치·희귀병 치료 연구에 가용할 수 있겠지요.

경제 규모나 인구수가 월등한 나라가 그렇지 못한 나라에 통독 과정에서 얻은 교훈처럼 교환 화폐 비율은 적정해야 하겠지만, 더욱 많은 혜택과 기회를 양보하도록 해야 할 것이야. 그래야 더 완전한 화합을 이루고 불필요한 낭비소모성 지출과 경비를 줄일 수 있을 것이겠어. 적은 것은 서로 양보하며 타협을 이루고, 공동으로 더 귀중하고 상호 더욱 유익한 것을 달성하도록 지성을 모아야 할 것이에요."

상념에 물드는 대철이었다.

앞수레가 넘어진 것을 보고 뒤에 오는 수레가 조심하여 넘어지지 않도록 한다는 전거가감(前車可鑑)이란 말이 있듯, 앞서 살아온 인류의 시행착오와 실책을 후손들에게 되풀이 하게 해서는 우리 인간 지성에 대한 모욕이라 하겠다. 이제부터라도 새롭게 인류 행복 증진을 위해 다함께 고민하고 노력을 경주해야 한다. 인류 전체 행복을 염원하는 아이디어를 80억 인류 전체가 다함께 마음 깊이 고민하며 노력한다면, 내일의 역사는 인류 행복사(史)가 될 수 있지 않을까? 소수가 아닌 다함께 행복해야 한다는 희망을 모두가 갈망해야 할 것이다.

입을 열었다.

"슬퍼하며 인생을 살아가도록 운명을 타고난 사람은 아무도 없어요.

우리 인류 역사도 싸움질이나 하면서 슬퍼하도록 운명 지어진 것은 결코 아니라고 봐요. 평화와 정의, 자유와 평등을 바탕으로 한 행복은 모두가 다 갈망하는 소망이며 그 모두의 행복을 우리 인간 두뇌가 성취하는 것이 불가능하다고는 결코 생각하지 않아요. 아직 우리 인류는 본격적으로 시도조차 하지 않고 있다 봐요. 멀리 전체를 생각 못하고 바로 코앞의 자기 이익만 바라보기 때문이라고 생각해요.

궁극적으로는 모두의 유익이 바로 우리와 우리 후손 모두에게 도움이 되는 것이에요. 마크 트웨인도 이런 말을 했어요. '자신을 기쁘게 하는 최고의 방법은 남을 기쁘게 하려 노력하는 것이다.'"

사회학적 상상력을 발휘하는 베네딕 박사였다.

"어쩌면 지금까지의 인류 역사는 머나먼 훗날 미래사(史)까지 고려해 볼 때, 시작의 시작에 불과할 수도 있을 것이야. 누군가 어느 후손 인류가 오늘날 우리 인류를 두고 이렇게 말할 지도 몰라, '먼 먼 아주 먼 옛날 인류 선조들은 우리처럼 이렇게 안정되고 행복하게 살 줄 모르고 서로 싸우며 죽이고 괴로워하면서, 당시 전체 인구의 10분의 1이 집 밖 전장 터라는 곳에서 같은 시기에 죽은 적이 있대. 어쩜, 그럴 수가 있는지….'

인류 화석이 발견된 것을 추정하여 멀리 거슬러 올라가면, 인류 출현은 약 천만 년 전으로 보네요. 그 인류가 문명의 여러 기기를 사용하기 시작하고 흩어져 살다가 인구수가 증가하고, 사용하는 대지도 넓혀 가다가 신대륙을 발견하고는 마침내 지구상 모든 영토 위에 인간 발자국이 없는 곳이 없을 정도야.

이제는 바다 속은 물론 달을 비롯 광활한 우주 전체로 눈을 돌리고 있지. 인간이 광대하고 무수한 천체에 인간이 신대륙을 발견하여 정착하기 시작하듯 다른 수많은 행성에도 한 사람, 열 사람, 백 사람 등등 점차 많이 살게 된다는 것이 전혀 불가능한 일이 아닐 것이라고 생각해. 인류가 전기를 사용함으로써 우리 생활이 상전벽해가 되었듯 산소를 대량으로 손쉽게 순환 작용으로 만들 수 있게 되면, 우주 천체 개발 사업도 탄력이 붙어 더욱 가속화 되겠지.

인간이 전기를 발명하기 이전 이미 번개라든지, 정전기라든지 전기는 존재했었어. 인간이 처음 만든 것이 아니고 재생시킨 것이라 하겠어. 마찬가지로 산소, 나아가서 지구와 같은 공기의 대기권 같은 것을 우주 행성 표면에 손쉽게 생성시킬 수 있다면 우주에서의 정주(定住), 불가능하거나 요원한 일만은 아니지요.

아주 어린 애가 처음 발자국을 내딛기 시작하면서 나중에는 마라톤 최고 주자(走者)가 되어 월계관을 쓸 수 있게 될 수도 있듯 달에서의 정주가 성공한다면, 다른 모든 우주 천체에서도 인간이 살아 갈 수 있는 가능성이 활짝 열린다는 것이야. 이것은 언젠가 이뤄지겠지만 늦어지느냐 당겨지느냐 하는 것이 관건이지만….”

“그 수많은 행성이 단지 밤하늘에 반짝 반짝 별빛만 내리기 위해, 연인들의 눈을 즐겁게 하기 위해, 또는 유사한 낭만적 느낌을 제공하기 위해서만 그 당면 역할과 존재 목적이 한정되어 있지만은 아닐 것 같아요. 박사님.”

“맞는 말예요, 대철. 그렇다면 정주해서 살아야 할 그 많은 행성들을 바라볼 때 아직 지구에서도 완전히 다 채운 것은 아니니까, 우리 인류 역사는 아직 시작의 시작에 불과한 것이라고도 할 수 있겠어요. 아직 그 끝 경계도 모르는 거대 우주의 행성 하나 하나에 인류가 사회를 이루고 살게 될 것이라 생각하면 지금까지의 인류 역사는 첫 단추에 불과할 수도 있는 것이지. 단지 그 첫 단추가 비뚤어지게 꿰어서 탈이지만 말이야."

새로운 것에 늘 관심의 안테나를 세워두고 있는 캐더린 기자가 밝혔다.

"어떤 천문학자가 예견하기를 2,300년 경 늦어도 2,500년 경 달나라에 술집이 생기고 음악소리가 들려올 것이라 하였어요. 달에서의 정착이 시작되면, 사람이 한 가지를 알면 더 이상을 알아 갈 수 있듯 다른 행성으로 진출하는 것도 더욱 가속화 될 수 있을 것이에요."

대화 주제에 깊은 호기심을 유지하던 엘로이 대사가 목소리를 약간 높였다.

"어른이 되어서 어린아이 때 지녔던 관심과 애착이 유치하게 느껴질 때가 있는 것처럼, 많은 시행착오 이후 보다 성숙한 사고와 인식으로 전혀 다른 가치에 집중하게 되는 것이지. 마치 선사시대 초기의 사람들이 오늘의 우리를 예측한 것과는 전혀 다르듯 말이야.

지금 집착하는 것이 백만 년 후에도 인류가 애착을 갖는 똑같은 것이 될까? 이것은 역시 선사시대 인류가 애착을 갖던 것이 지금 것과는 전혀 다르듯이 말이야. 결국 많은 세월을 넘어서도 실질적이고 진정 필요한 것이냐 하는 관점과 요청되는 가치관을 정립하여, 우리 인류는 좀 더 성숙한 상호 관계 안에서 결정하고 판단하며 행동해야 할 것 아니겠어요.

과연 인류는 서기 1억 1년 1월 1일에도 서로 으르렁대며 새해 아침을 맞이할 것인가? 궁극적으로 정착될 정의와 평화라면, 그 1억년 이후의 보다 숙성한 세계 상황 지평을 서기 1억년이 아닌 가까운 시기 어쩌면 바로 내년으로 당겨올 수는 없을까요?

결국 이것은 인간의 사고방식, 인식의 지평, 가치관의 기류에 따라 결정될 일이지요. 무엇이 더 중요하고 가치로운 일인지 깨달을 줄 알아야 하는 것 아니겠어요? 수많은 세월이 흘러도 여전히 원시 시대의 인류처럼 싸움으로 해가 뜨고 눈물로 해가 져서는 안 되지 않을까?

우리는 매일 낮과 밤을 만나요. 이 낮과 밤은 전혀 반대되는 것이지. 곧 극과 극이야. 이것은 우리 삶과 세계 안에도 극과 극이 상존한다는 것이지. 그러니 우리 인류 역사가 지금까지는 도륙(屠戮)과 증오의 역사였다면, 이제부터는 살림과 사랑, 희생과 용서의 역사로 변화시켜 가야 하지 않을까 생각해요.

우리 지능으로 또 하늘의 도움으로 우리는 분명히 이뤄낼 수 있을 것이야. 그렇게도 서로를 잔혹하게 괴롭힐 수 있었다면, 반대로 극진하게 서로를 위해 사랑하고 헌신할 수 있는 우리 인간들이라고 저는 믿고 싶어요. 그것이 진정 삶의 기쁨과 보람이며 인간 해방과 인류 행복의 길이라고 확신해요."

지상 최고 아이디어

루카스 박사가 말했다.

"오늘 뿐 아니라 미래에는 개개인 인간성과 가치관이 대단히 중요한 시대가 될 것이야. 컴퓨터 버튼만 누르면서 살다보니 가상(假想) 또는 인터넷 세계와 현실 세계의 구분이 모호해지거나 사이버 안에서 형성된 참을 줄 모르는 인생은, 현실 세계에서 쉽게 제어되지 않아 자신은 물론 타인에게도 커다란 위해(危害)를 입힐 수 있어. 한 사람의 행동 영향과 그 파급 결과가 과거와는 비교가 안될 만큼 끔찍한 재앙을 초래할 수도 있는 거야. 그러니 평소 자신의 가치관과 세계관을 성찰 반성하여 올바르고 상식적인 수준을 견지할 필요가 다분한 거지.

인간은 미래에 얼마든지 변화될 수 있는 존재야. 보다 강도 높은 변화와 체험에도 차츰 익숙해 갈 수 있는 존재야. 천둥소리를 처음들은 여자아이는 몹시 놀라 어쩔 줄을 몰라 울음을 터트리는 경우가 있어. 그러나 산전수전 다 겪은 노장이나 나이든 노파의 경우 천둥소리가 아니라 가까운 거리에서 대포소리가 들려도 그렇게 놀라지 않아.

그러니 아득하게 멀리 보이는 인류 행복과 같은 힘들고 어려운 난공불락 같은 난제가 있어도 자포자기해서는 안 되는 것이지. 한 걸음씩 한 걸음씩 쉬운 문제부터 도전하여 풀어 나가야 하는 거야. 평소 습관과 경험을 더욱 순화시키며 가치롭게 변화시켜 가는 것이 중요한 거지.

나의 당대에 다 해결 못하면 다음 세대가 조금 더 진전시키고, 또 그 다음 세대가 나서서 도전하고… 하여 마침내 모든 인류가 한 가족이 되고 서로가 서로에게 어머니가 되어주고 모두 함께 행복하고 평화롭게 공존하며 상생할 수 있어야 하는 것이야. 진정… 실제 있던 일인데, 건설 현장에서 사고로 두 눈을 잃은 아들에게 자기 한 쪽 눈을 이식하여 주는 마음이 어머니 심정이야. 그것도 두 눈 다 주면, 아들에게 또 다른 큰 짐이 될 까봐 하나만 주었어요."

두 아이의 엄마이기도 한 데오 누샤 변호사가 자애심에 대해 말했다.

"간디는 동전 한 닢은 황금으로, 물 한 잔은 훌륭한 만찬으로, 모든 은혜는 열배로 갚아라는 말을 남겼어요. 우리는 서로 서로에게 은혜를 베풀고 빚을 지며 살고 있지. 서로 보은(報恩)의 정신으로 살 필요가 있는 것이에요.

잘 보낸 하루는 편안한 잠을 이루게 하고 잘 지낸 인생은 행복한 임종을 맞이한다는 말이 있어요. 역사 안에서 우리 앞서 왔다가 돌아간 무수한 선인(先人)들처럼 우리도 이 푸른 행성에 잠시 바람 쐬러 나들이 왔다 다시 돌아가는 인생들인데… 우리 한 사람 한 사람 서로를 위하는 아름답고 살맛나는 인간 세상을 위해 노력한다면 모두의 인생이 뜻 깊은 숭고한 삶이 될 것 아니겠어.

가만히 생각해 보면, 나 자신이 이 세상에 태어나지 않았어도 아침이면 해는 뜨고 달은 지고했을 것이야. 아무나 하는 것처럼 먹고 자고 깔깔거리며 거저 희로애락 겪거나 즐기다가 세상을 떠난다면 그런 것은 내가 아니라도 아무나 할 수 있는 일이야. 내가 이 세상에 와서 무슨 영웅적인 일은 아니라 하여도 무엇인가 온 이유가 있거나, 내가 와서 무엇인가 변화가 있거나 적어도 달라진 게 있어야 하지 않을까? 그냥 와도 그만, 안 왔어도 그만, 그런 것은 아니라고 봐. 무엇인가 그 차이가 있어야 할 것 아니겠는가 말야.

그런데 그 변화 또는 차이라는 것이 히틀러나 스탈린처럼 수많은 사람에게 슬픔과 눈물을 주는 것이 아니라 커다란 기쁨과 감동을 남기고 갈 수 있다면, 이 세상에 온 의미와 보람을 미소하게나마 느낄 수 있지 않을까 생각해.

레미제라블의 빅톨 위고는 생의 말년에 유언들을 남기면서 이런 말을 하지. 인생은 갖는 것(not to take)이 아니라 주는 것(but to give)이라고. 부모로부터 처음 받기 시작하였으나 점차 자라나면서 줄 수 있도록 변화되어가고 마침내 마지막에는 첫 선물이었던 생명 역시 마지막 선물로서 세상에 남기면서 일생을 마무리하게 되는 것이야. 물론 장기 기증이나 희생, 산화(散華) 같은 것 하지 않고 자연사 또는 사고사(事故死)하면서 생을 마감할 수도 있지만 말이지. 좋은 일을 하고 보람 가득한 가운데 눈을 감는다면 그래서 끝이 좋으면, 행복한 인생이었다고 할 수 있지 않을까? 지구촌 가족들 중 대다수 많은 이들이 이렇게 인생을 영위하고 꽃피운다면 이 세상은 행복 가득한 행성이 되지 않겠는가 생각해요."

문득 루카스 전문의가 질문했다.

"대철, 인간이 다른 동물과 구분되는 것이 무엇이라고 생각하나요?"

"글쎄요. 교과서대로라면 생각할 수 있다는 것과 직립 보행하며 손을 쓸 수 있다는 등 몇 가지 꼽을 수 있겠죠."

"인지(認知)신경학자들에 의하면 다른 동물과 달리 인간에게는 무엇보다도 뇌 속에 뉴런(neuron)이라는 신경계 단위체가 있어서, 사람마다 시·공간의 다양한 자극과 영향에 대하여 각양각색으로 다채롭게 반응을 보이며, 복합다변성의 모습을 드러내는 점이 특이하다는 것이에요.

자연계에 속한 삼라만상의 다양한 생명체가 물속이든 미생물 세계 안에서든 우리 인간이 연구하고 찾고 가까이 가면 갈수록 놀랍게 별의별 생명체가 이 지구 행성에도 공생하고 있음을 알 수 있지.

곧 지구 위의 생명체가 어마어마하게 다양하듯 우리 인간의 가치관과 주관, 취향, 의도, 능력, 소망 등등 80억 가까운 지구인 가운데 똑같은 사람은 아무도 없어. 한 사람 한 사람 생명체 하나 하나 모두 귀중하고 보석 같은 지구촌의 한 식구(食口), 함께 밥상을 받는 입 아닌가 말야. 단조롭지 않고 중복되지 않으며 하루도 똑 같은 날 전혀 없듯, 다양하고 풍요로운 생명 예찬과 우호적 상호 관계 찬가(讚歌)의 나날이라 할 수 있지 않을까.

여기서 그러한 생명체들 가운데 나도 함께 몸담고 살아가고 있어서 기쁨과 행복이 쏟아나는 것 아니겠는가 말이야. 물질적인 뉘앙스가 띄지만 바로 삶의 환희(joie de vivre) 감격이 벅차오는 것 아니겠는가 말야.

그래서 우주촌, 삼라만상 식구 가운데서 태양 빛이 아침을 일깨우는 곳마다 온 지구촌 인류가 오늘도 무사하기를, 나아가 삶의 보람을 느끼는 가운데 더없이 행복하기를 서로 염원하며 우리 모두 매일 아침을 시작해야 하는 것 아닐까?

비록 기성세대들은 지금까지 서로 미워하고 짓밟으려 하며 지내왔다 하여도 자라나는 우리 후세대 아이들은 보다 나은 세상을 구가하며 살아야 하지 않겠어요? 피부색에 관계없이 고운 노래 부르면서 아이들이 보여주는 해맑은 웃음과 밝고 티 없는 얼굴이 인류의 보이는 희망인 거야. 그 모습이 사라지게 해서는 안돼요."

장시간 열심히 듣고만 있던, 제임스 교수가 마침내 다시 입을 열었다.

"17세기 영국의 시인 존 던은 장례식의 조종(弔鐘) 소리를 들으며 다음과 같은 시를 썼어요. '어느 사람이든 그 자체로서 온전한 섬은 아닐지니 / 모든 인간이란 대륙의 한 조각이며 / 또한 대양의 한 부분일지라. / 만일 흙덩어리가 바닷물에 씻겨 내려가게 된다면 / 대륙은 그만큼 작아질 것이며 / 모래톱이 그리 되더라도 마찬가지라. / 어느 누구의 죽음이든 나를 감소시키나니 / 내가 인류의 일부분이기 때문이라. / 그러니 묻지 말지어다. 누구를 위하여 종을 울리는지. / 종은 바로 그대 자신을 위해 울리나니.'

그의 시는 이 세계가 마치 인드라 그물망(網)처럼 촘촘히 얽힌 유기체임을, 그리고 얼굴조차 모르는 그 누구의 생명일지라도 내 생명의 일부라는 점을 가르쳐 주고 있어요."

이 시를 들으며 대철은 사람이 온다는 건 그의 일생이 오기 때문에 어마어마한 일이라고 하는 정현종 시인의 '방문객' 앞부분이 떠올랐다.

제임스 교수가 계속했다.

"새롭게 써야 할 인류 역사를 위하여 우리 인류 가족은 최악의 상황을 가정하고 최선의 미래사(史)에 집념을 쏟으며 하루 하루의 역사를 선사(善史) 또는 호사(好史)로 엮어 가야 할 것이야. 어느 세계적 굴지의 기업은 돌다리도 두드려 보고 또 누가 그 돌다리를 밟고 지나간 후에 비로소 발을 천천히 내딛는 방식으로 대단히 신중하게 투자하고 경영하여 성공했다고 하는데, 우리 인류의 고귀한 역사도 그 이상으로 조심스럽게 살아야 하지 않을까 생각해요.

노력하며 추구하다 보면, 언젠가 평화로운 시절이 도래할 것으로 느껴져요. 언젠가는 완벽한 인류 평화가 온 세상에 흘러넘치리라 희망과 기대를 간직한 채 말야."

젊은 여성답게 캐더린이 옛날 노래 하나를 소개했다.

"1980년 대 불렀던 노래 중 Up where we belong 이라는 곡이 있는데, 가사 중에 이런 내용이 있어요.

The road is long / There are mountains in our way / But we climb the stairs every day. / Love lifts us up where we belong / Far from the world below / Up where the clear winds blow.(길은 멀고 산이 가로 막아도, 조금씩 우리 나아가요. 사랑은 우리가 있어야 할 그곳, 신선한 바람 불어오는 저 높은 그곳으로 올려줘요.)

이 노래를 연인의 사랑을 넘어 이웃을 위하는 마음이 결국 살맛나는 세상으로 이끈다는 노래라고 해석하고 싶어요. 진정 서로 보호하고 도와주고 아끼는 마음이 있다면 세계는 더욱 밝아질 거예요."

대철이 이어 받았다.

"많은 사람의 공감대 위에 정의로운 세계 정부를 새롭게 설립하든, 기존의 시스템인 유엔 기구를 보다 바람직한 방향으로 개혁하든, 이제는 세계 지구촌 가족 모두를 생각하며 보다 적극적으로 움직여야 할 때라고 생각해요. 베네딕 교수님."

"그래요. 어쩌면 모든 사람들이 행복하게 되는 지상 최고 아이디어를 쉽게 못 찾을 수도 있을 것이야. 그러나 모든 이들이 이를 찾기 위해 주어진 여건 내에서 힘써 노력하고 다른 이웃사람의 불행을 아파할 수 있다면, 그것으로도 소정의 의미는 있다고 봐.

인류의 양심과 선한 심성을 믿고서, 보잘 것 없는 노력이지만 많은 시행착오 있다 하여도 먼 훗날 언젠가는 모든 인류가 평화 미래사(史)의 가치를 깨닫고 자유와 정의의 행복을 견고하게 구축하는데 조그마한 기여가 된다면, 미소하지만 보람 있는 일이 될 수 있지 않을까요?"

그날 밤 대철은 모든 이가 너무 선(善)해서 눈물겹도록 행복한 세상, 그러한 인류 미래사(史)를 그리워하며 졸립지 않은 눈을 감고 잠을 청했다.

24. 새로운 희망

문득 떠오른 생각

세월은 유수같이 흘러 한 해가 저물고 새해가 되었다. 대철은 새해 아침 일찍 일어나 떠오르는 태양을 바라보았다. 인도양에서 새해 일출맞이를 하는구나. 서울에 있는 지인들은 잘 지내는지? 민향이는 어떻게 되었는지? 언제까지 이렇게 인질로 있어야 하는지? 여러 상념에 깊이 젖은 채 장엄한 새해 일출을 맞이하였다.

'인류가 부여받은 보검(寶劍)과 같은 지성을 올바른 일에 사용하지 않는 것은, 마치 아주 잘 드는 예리한 검을 선물로 그냥 받았는데, 그 좋은 검을 겨우 강도질이나 악한 행각의 수단으로만 사용하는 것과 진배없는 것이에요.

국가와 민족 간 부익부 빈익빈 현상이 가중되니까 이런 국가적 해적 집단이 나타나는 것이지. 그들은 이렇게 하지 않고는 생존 방법이 없어요. 이처럼 힘들게 사는 사람들도 같은 인류 구성원으로서 함께 행복해야 되는 거예요.' 여섯 일행의 목소리 억양과 함께 머릿속에 계속 맴도는 생각이었다. 민향의 말대로 그리스 극작가 소포클레스가 연극 '안티고네'에서 등장인물을 내세워 자신의 인간관을 다음과 같이 피력한 것은 진정 귀중한 관점이었다. "인간은 서로 미워하기 위해서가 아니라 서로 사랑하기 위해서 태어났다." 참으로 고귀한 가르침이었다. 인류 공동체 전체를 사랑하는 인식이 굳건했다면 인류사가 그렇게 잔인한 측면은 피할 수 있었을 텐데….

영어를 배우던 다히르가 어느날 대철에게 제안했다.

"대철, 이 중요한 영어 공부 시간에 부소누도 데려와 같이 공부하면 어떨까요? 그도 어릴 때 유복한 가정에서 공부도 잘하고 모범생이었는데, 국가와 사회가 그를 받아주지 않으니 온갖 불평불만에 휩싸여 그만 가출하고 사회적 반항아로 전락해 버렸어요. 열정이 억눌려 있을 뿐이지 그 열정이 마음껏 발휘되는 상황이 되면 그도 좋은 일 많이 할 수 있는 사람이에요."

이 말을 듣고 대철은 한편 깜짝 놀라기도 하면서, 그동안 부소누를 보아 오면서 가졌던 부정적 인상이 바뀌고 있음을 스스로 느꼈다. 대철은 궁금하였다. 이것이 다히르의 생각인지, 부소누의 발상인지… 다히르에 의하면 자신이 문득 떠오른 구상이었지만, 계속 고민하였다고 했다.

부소누를 생각하니, 그렇게도 잔혹스러운 성향 이면에는 그만큼 끔직한 아픔과 고뇌를 마음 깊이 쌓아 왔다는 것이다. 어쩔 수 없는 시대 상황의 총아(寵兒)였다. 대철은 오히려 측은한 심정까지 마음 한편에서 일렁거렸다. 상당히 조심스러웠지만 다히르에게 원하는 대로 그렇게 하자고 허락하였다.

처음에는 영어 배우는 것보다 대철을 만나러 오는 것을 쑥스럽게 느끼며 부담스러워 하더니 소극적이던 부소누는 세월이 흐르면서 자신의 참진면목을 드러내기 시작하였다. 학문을 연수 받으려는 자세와 소양이 이미 준비되어 있던 사람이었다. 게다가 베네딕 교수는 부소누에게 술을 끊어야 적어도 사람구실하고 사회에 몸담을 수 있다고 강하게 충고했다. 부소누는 개인 상황이 자신에게 너무 어려워 술에 의존했었다고 말하며, 술이 깨면 늘 후회했었다고 고백했다. 자신도 인생을 술로 낭비할 수는 없으며, 보다 의미 있고 심오한 가치 있는 삶을 영위하기 위해 이제부터는 전혀 다르게 변화되도록 노력하겠다고 확언(確言)하였다.

과연 사흘이 멀다 하고 찾던 술도 거의 끊었다. 아예 술 이야기를 피하고 있었다. 금세 다히르의 수준까지 진도가 나아오면서 단순한 영어 대화 수준을 넘어 일반 사회적 지식과 상식 등으로 학습 범위를 확대해 갈 수 있었다.

그러던 어느 날 아침 식사 후 대철은 다히르로부터 살짝 귀띔 받았다. 소말리아 대표들이 많이 지쳐 있고 자금이 긴급하게 필요하므로 한국 선박회사 측에서 제시한 금액을 격한 논쟁 끝에 받아들이기로 했다고 하면서 멀지 않아 좋은 소식이 있을 거라고 했다.

그 후 며칠 지나지 않아 대철은 문득 그 두 사람, 다히르와 부소누에 대한 생각이 깊어지면서, 그들과 함께 소말리아 개발을 도모하면 어떨까 하는 생각이 불현듯 떠올랐다. 국제 인질들을 주도적으로 다루고 있는 다히르와 부소누라면 혹시 소말리아를 발전시킬 수 있도록 국내에서도 영향력 있지 않을까? 적어도 대철이 아주 잘 아는 소말리아 사람으로는 이들이 유일하고, 이들은 아직 젊기에 힘써 노력한다면 전혀 불가능하지만은 않을 것이다. 결과는 하늘에 맡기고 도전해 보기로 대철은 굳게 결심했다.

그는 우선 소말리아 같은 저개발 국가에 필요한 도움을 얻기 위해 한국과 영국의 지인들에게 다히르와 부소누의 도움을 받아가며 전자 우편을 보냈다. 그러나 실망스럽게도 모두들 곤란하고 여력이 없다하며 그곳에서 얼른 떠나 돌아오라는 답장만 보내왔다.

대철은 인질 상태가 풀리더라도 소말리아를 돕겠다는 결심을 하면서 다음 대책을 강구하기 시작했다. 뜻이 있는 곳에 길이 있다 했던가? 누군가가 여러 명의 다국적인으로 구성된 인질들 가운데서도 소말리아를 도울 수 있을지 모른다는 힌트를 주었다. 이 말을 듣고 대철은 용기를 내어 인질들을 찾아다니고 호소하면서 소말리아를 도울 수 있는 협력을 설득하였다.

일을 시작할 때는 대부분 시큰둥하고 소극적이던 인질들이 소말리아가 왜 해적국가로 전락하게 되었는지를 생각해 달라는 대철의 열변과 무엇보다 완전 일신(一新)한 부소누의 영어 간청에 인질들의 마음이 서서히 온정적으로 변화되어 가기 시작했다.

부소누는 만나는 사람마다 용서를 청했다.

"용서 바라요. 용서 바라요."

몇 번 그러다가, 조그만 나무 조각에 기록하여 목에 걸고 다녔다. 그러면서 협조와 도움을 청하며 떠나시기 전까지라도 인질들이 안정되고 회복되기를 열망한다고 덧붙였다.

처음에는 인질들이 별로 믿으려 들지 않았으나 나중에는 그의 의도가 진실하다고 생각하기 시작하였다. 무엇보다 신뢰심을 키운 것은 그렇게 번번이 저녁이면 만취하던 그가 한 달이 넘도록 술 냄새를 내기는커녕, 대철에게서 충고 받은 대로 술 이야기조차 멀리 하거나 피하는 것이었다. 아예 의식 안에서조차 그야말로 알콜 원자까지 지우도록 노력하였다.

장난기 많고 유머가 넘치는 루카스 의사가 오히려 부소누에게 알콜을 좀 구해 달라고 청하여 모두가 깔깔대고 폭소했다. 농담이었으나 이틀 후 정말 부소누가 많지 않다고 하면서 술을 가져 왔는데, 루카스와 인질들이 아무리 권해도 그는 결코 술을 마시지 않았다. 사람이 이렇게도 달라져 변화될 수 있다는 것이 신기하기만 했다. 부소누가 개과천선 된 것은 인류 역사도 언젠가 분열과 증오의 어둠에서 상생과 상호 존경의 빛으로 변화될 것이라는 희망을 보여 주는 듯하였다.

징그러운 애벌레가 옛 허물을 벗어나 아름답게 훨훨 날으는 나비로 변화되듯이, 지금까지의 인류 비극 역시 앞으로는 평화롭게 더불어 사는 인류 공영(共榮)으로 승화될 수 있다는 가능성을 대철은 전혀 새롭고 놀랍게 변모된 부소누에게서 읽을 수 있었다.

물론 제임스 교수와 베네딕 박사를 비롯한 여섯 일행이 주도적으로 영향을 끼친 것도 큰 도움이 되었다. 그러면서 나온 제안은 막연하게 도와달라고 손 내밀지 말고, 구체적 목적에 따라 정해지는 도움과 협력을 정직하게 홍보하며 요청하라고 조언해 주었다.

듣고 보니 중요한 제안이었다. 역시 중지(衆智)의 힘이었다. 사람은 막연하게 어떤 좋은 일을 할 수도 있지만, 자신의 어떤 선행이나 업적을 구체적이며 분명하게 남기게 될 때 더욱 적극성을 띄게 된다는 것이다. 인질 가운데서도 자기들이 아는 지인들 가운데 상황을 설명하여 도움을 얻어 보겠다고 하는 이들도 여럿 나왔다.

심기일전한 대철은 다시 한국과 영국에 이번에는 구체적으로 외과와 소아과, 산부인과 병원을 설립하고 음용수가 부족하기에 해수담수화 시설 설치 및 관개수로 개발 협조, 물고기를 많이 잡을 수 있는 수산물 증산 기구 조달 등등 가시적 도움을 청한다고 메일을 대량으로 발송하였다.

그러자 과연 긍정적인 답변들이 오기 시작했다. 어떤 이는 미국 금융 중심 월가에 있는 친지에게 도움을 청하여 자금을 가능한 넉넉하게 지원해 주겠다고 하며 계좌번호를 요구한 이들도 있었다. 대철이 제안한 것은 아니지만 중요하고 필요할 것이라며 젊은 여성들을 위한 봉제 같은 단순 기술 교육, 후세들을 위한 기초단위 학교 설립, 학생들에게 사용할 학용품과 서적 등을 무상으로 제공하면 받아 줄 수 있느냐고 하는 메일도 왔다.

대철이 영국 있을 때 알게 된 재력가 다이닝에게서도 연락이 왔다. 전 세계 광산자원 발굴 최고 1%에 속하는 그는 금, 다이아몬드, 은, 구리 광맥 발견의 세계 최고 전문가였다. 그는 대철에게 양아들로 삼고 싶다고 했던 사람으로서 무엇이든지 청하면 지속적으로 시간이야 좀 걸리겠지만 지원해 주겠다고 알려왔다.

대철과 다히르, 부소누 뿐만 아니라 다른 인질들도 함께 환호작약하였다. 인질 정책 조직위에서도 대만족이었다. 국가 이미지를 손상하지 않으면서, 필요한 생필품들을 무상으로 원조 받게 되어 꿈만 같다고 어쩔 줄 몰라 했다. 게다가 인질들에 관한 모든 권한을 다히르와 부소누에게 맡긴다고 하였다. 인질들은 부소누가 수거해 간 돈과 보석은 당국에 기증하겠다고 밝히면서, 하나같이 자국으로 복귀하면 소말리아의 고통 받는 주민들을 다른 이들에게 알려 지원을 아끼지 않겠다고 확신에 찬 다짐을 내보였다.

약속

며칠 후 대철은 다히르와 부소누를 별도로 불러내어 조용히 설득하기 시작했다.

"다히르와 부소누, 이렇게 된 이상 저 사람들에게 랜섬(몸값)을 흥정하는 것은 좋지 않아요.

랜섬을 받게 되면 소말리아 국가 위상도 나빠지고, 그렇게 받는다 해도 그 자금이 소말리아의 몇몇 소수의 사람들에게만 혜택이 돌아가는 것이며, 이 사람들이 지금 약속하는 도움은 랜섬 비용 이상으로 훨씬 큰 가치가 있어요. 만일 이 사람들이 정말 도와주기 시작하면 앞으로도 계속 장기적으로 지원을 받을 수 있을 지도 모를 일이며 소말리아의 미래를 위해서는 무엇보다 유익한 일이 될 것인데 어떻게 꼭 그 랜섬을 받아야 하겠어요?"

대철이 천천히 또박 또박 알아듣기 쉽게 설명하자 두 사람은 랜섬에 관해서는 미쳐 생각을 전혀 못하였는지 넋을 잃은 듯 꼼짝을 하지 않았다.

잠시 침묵이 흐른 뒤 언제나 적극적이던 부소누가 먼저 입을 열었다.

"음, 랜섬을 포기하는 것은 어려울 것 같아요. 지금까지 인질을 잡고 이런 상황을 만들기 위해 준비해온 사람들과 그 비용이 있기 때문에 아주 힘들 것 같아요."

원래부터 선하고 순박스런 그러면서 영리한 다히르가 해결책을 제시하였다.

"부소누 말이 맞아요. 랜섬을 완전 포기하는 것은 정말 힘들어요. 그래서 이렇게 하면 어떨까 해요"

대철은 상황이 묘하게 흘러 어떻게 납치범들하고 랜섬 흥정을 하고 있는 것이 우습기도 하고 이상하기도 하다고 느끼면서 다히르의 다음 말에 귀를 쫑긋 기울였다.

"양쪽이 다 좋아야 하니까 말이죠. 랜섬을 받기는 하되 아주 저렴하게 하는 것으로 협상하구요. 그리고 지급하는 방식을 인질들이 자국으로 안전하게 돌아가서 천천히 양심적으로 송금해 오는 것으로 하면 어때요?"

대철은 약간 안도의 한숨을 조그맣게 내쉬고 있었다.

과단성도 함께 겸비한 부소누가 목소리를 높이며 말했다.

"그러면 얼마로 흥정하는 일은 서로 불편할 수 있으니까, 각 인질들의 몸값은 자국에서 자신 몸값을 자기가 스스로 잘 알테니 각자 알아서 자기 몸값을 결정하여 금년 말까지 보내오도록 합시다."

의외의 발언에 다히르도 부소누 얼굴을 쳐다 보았다.

대철이 말을 받았다.

"아, 그럼 좋겠군요. 서로 부담도 덜어지고 상호 모양새도 좋아 보이고 여유도 있어지고 병원, 학교, 직업센터 같은 지원을 해 주는 사람들에게 설득하기도 보다 수월하고 등등 여러 가지가 잘 되었네요."

다히르도 한 마디 거들었다.

"아, 뜻 깊은 중요한 대화였어요. 감사합니다."

다음날 인질들은 자국에 귀국할 배편을 보내달라고 급히 통보하기 시작했다.

사흘 후, 우선 유럽에서 오는 배편에 모든 인질들은 승선하였다. 소말리아 사람들의 다시 만나자는 환송을 받으며 귀국길에 올랐다.

그러나 대철은 행복이 아빠와 함께 소말리아에 일단 조금 더 머무르겠다고 하였다. 이제 볼모로서는 아니지만, 다른 인질을 모두 보내고 남겠다고 한 것은 잘 했다고 대철은 생각했다. 자신이 남게 됨으로써 먼저 떠나간 다른 인질들이 혹시라도 약속을 없던 것으로 치부하고자 하는 미혹(迷惑)을 방지하기 위해서도 그렇고, 다히르와 부소누가 다른 소말리아인들에게 인질들의 의도가 진실되다는 것을 보여주며 혹시나 또 다른 인질 사냥을 행하지 않도록 하기 위함이기도 하였다. 그보다 궁극적으로는 병원이나 학교 등 지원 설비들을 배치하고 설립할 장소와 주변 환경 등을 미리 알아보기 위한 목적이었다.

한 달쯤 되었을까 하여 과연 인질들은 약속을 지키기 시작하였다. 이곳에서 무엇이 가장 긴요한 것인지 잘 아는 인질들이었기에 제일 먼저 도착한 것은 물과 식량이었다. 이어서 의약품, 옷가지들, 아이들 학용품, 슬리 퍼를 비롯한 각종 신발류, 생활용품 등등 소말리아인들이 처음 보는 물품들도 있었다.

이어서 병원과 학교 등 시설 건물을 건립하기 위한 준비 작업도 착착 계획대로 진행되었다. 특히 스스로 자립하여 세계 경제와 함께 호흡하는 글로벌 일원(一員)국이 될 수 있도록 하는 기술지원이 돋보였다. 삼모작을 가능하게 하는 농경 및 관개 기술을 비롯하여 사막아래 매장된 원유와 지하자원 탐사 및 개발 기술, 관광 자원 확충, 정부기관의 행정력 현대화 등 소말리아 국민 행복을 위한 여러 각종 조치와 정책들도 시행되며 자리 잡기 시작하였다.

일말의 이러한 조치들이 시작과 진행상황이 알려지면서, 소말리아 국민들이 모두 상기 고무된 가운데 새로운 희망으로 너나 할 것 없이 다들 열심히 삶의 터전을 가꾸기 시작하였다. 국가수반인 대통령이 자초지종을 전해 듣고 크게 감동하며, 랜섬을 받지 않도록 하라고 다히르와 부소누와 그 일행들에게 강하게 권고하였다. 그러면서 인질극을 벌릴 때 저지른 모든 과오와 잘못에 대해 진심으로 사과하며 특히 명을 달리한 태국의 전직 UFC 선수와 일본인들, 그 가족들에게 심심한 애도를 표하며 사죄를 청하였다. 그리고는 대철에게 한국에 돌아가 좀 쉬어야 한다고 조언하였다.

대통령의 지시에 따라 다히르와 부소누는 랜섬을 포기한다고 매스컴과의 특별 기자회견에서 발표하며, 지금까지 몸과 마음 아프게 한 모든 나라와 국민들에게 용서를 진심으로 간청한다는 성명서를 눈물을 흘리며 떨리는 목소리로 낭독하였다.

　얼마 지나지 않아 이 사실을 온 매스컴, 나아가 국제 통신 매스컴까지 브레이킹 핫 뉴스로 보도하고 신문 지상에서는 메인 뉴스로 하여 헤드라인을 장식하였다. UN에서도 아프리카 대륙을 비롯한 최빈국을 도와서 일으켜야 한다고 선언하면서 이를 위한 전 세계적인 캠페인을 무기한 진행한다고 공표하였다.

결심

　대철은 마음속으로 새겨 보았다. 인간에게 있는 선성과 악성 가운데 선성이 더욱 만연하여 넘치도록 인류 역사가 꾸려져야 할 것이다. 역사라고 하는 내달리는 기차가 계속 터널 속만 지나며 어둠 속에 머무르며 깜깜한 터널 속만 보면서 지날 것이냐, 아니면 창 너머로 바깥 아름다운 절경과 장관(壯觀)을 관람하며 동행하는 옆 사람과 정감어린 대화 가운데 여행해 갈 것인가 하는 것은 오직 우리 인간에게 달려있는 선택이다. 과연 우리 인간은 얼마큼 빈번하게 어둠이 아닌 빛의 선택을 실행할 수 있을까?

　달포 후 대철은 다히르와 부소누에게 다시 온다는 약속을 하고, 귀국길에 올랐다. 영국으로 유학 가느라 한국을 떠난 지 꼭 4년 만에 다시 모국 땅을 향하고 있었다.

　가족과 친지들이 대철 자신의 처지에 대하여 너무 상심할까봐 염려는 많이 했지만, 큰탈 없이 잘 있었던 것 같은데 누구보다 민향이가 궁금해졌다. 그럼에도 대철은 신착안 교수부터 만난 후 민향을 만나 긴장을 풀고 싶었다. 민향을 먼저 만나면, 긴장이 풀려 신 교수는 한참 후에나 만나야 될 것 같았기 때문이다.

- 딩동댕 - 동딩댕 -

4년 전 출국할 때 뵌 모습 그대로인 신 교수였다.

"고생 많았더구먼. 그래도 살아 돌아와 천만 다행일세. 그래, 창의력은 좀 길렀는가? 유학까지 다녀왔으니 많이 늘었겠지?"

대철이 답했다.

"염려 덕분에 다방면에 걸쳐 생각과 의식을 다양하게 가지게 되었습니다. 더구나 이제는 단순하고 일시적인 편의성 위주의 단시적인 창의성을 넘어 뽐내는 것 같지만, 모든 인류가 행복할 수 있는 궁극의 아이디어를 추구하게 되었어요. 예외 없이 80억 인류 공동체 모두가 행복하고 보람되며 의미있게 생을 구가하며 영위하도록 하는 아이디어를 찾고 있어요. 곧 지상 최고의 아이디어를 찾는 것이죠."

신 교수가 무릎을 치며 힘주어 말했다.

"바로 그것이야. 너의 할아버지 유영성 박사가 나에게 맡긴 보물도 자기 손자 녀석에게 진정 유익하고 귀중한 것을 전수해 달라고 부탁한 것이었어. 모든 인류를 아우르고 위하는 의식(意識), 그것이 바로 너의 할아버지가 남겨준 보물인 것이야.

모든 이가 살육과 폭력, 차별과 소외, 고통과 슬픔 등 부정적 요소에서 벗어나 다 같이 행복하게 잘 살 수 있게 하는 아이디어 중의 최고 아이디어를 찾는 것, 그것이 바로 또한 최고의 보물 아니겠어? 그러한 것을 찾는 심성이라면 틀림없이 축복 가득한 삶이며 복스런 인생이라 할 수 있는 것이야. 눈을 크게 떠고 보다 넓은 시야를 가지고 생을 영위하며 한 차원 높은 생을 향유하는 것이지."

그 다음날 대철은 온 몸과 마음이 몹시 피곤하였지만, 민향이를 찾았다. 그녀를 만나보는 것이 궁금증도 풀리고 오히려 심신이 회복될 것 같았기 때문이었다.

그동안 민향은 인질로 잡혀간 대철이를 기다려야 할지 고민도 많았으며, 소위 대한민국 1% 집단에 속한다는 재벌 2세 허변형으로부터 연이은 물량 파상공세의 구혼에도 불구하고 대철을 생각하며 버티어냈다. 대철이 마침내 무사히 돌아 왔으니 민향 마음은 날아갈 듯 기뻤다. 더구나 약간 여위었으나 건강하고 안정된 모습으로 귀국하니 더욱 금상첨화였다.

자신을 그렇게 불확실한 가운데서도 믿고 숱한 유혹 가운데서도 기다려준 민향, 대철은 너무나 고마워 말을 잇지 못하였다. 커다란 감동의 물결이 가슴에 출렁거렸다. 듣자니 허변형 그 친구가 여러 차례 민향의 마음을 얻기 위해 진명품 공세부터 온갖 감언이설로 현혹하였는데 또한 자기 친구와 민향의 친구들을 이용해 뜻을 이루려 집념을 불살랐는데도 민향은 대철을 향한 신뢰와 의지를 포기하지 않았던 것이다.

아울러 민향이 설명하기를, 몇 년 전 그 용하다는 점쟁이의 점괘대로 대철은 바다 건너 죽을 운명이었다 하여도 선하고 아름다운 봉사나 희생을 하는 사람에게는 사악한 운명조차 전화위복이 되어 더 좋은 일이 된다는 것이다. 고통 받는 민족들을 살려 내려는 견마지로(犬馬之勞)지만 그 노력 때문에 하늘이 대철에 대한 계획을 변경하였는지 모를 일이라 하였다. 우리 인간도 늘 생각을 다르게 가질 수 있듯, 하늘도 더 좋은 일을 위해 얼마든지 계획 구상을 바꿀 수 있을 것이겠다.

그러니 정해진 운명 같은 것은 없는 것이니, 지난 과거와는 다르게 인류 가족 식구의 행복을 위하여 모두가 힘쓰고 고민해야 할 것이다. 이처럼 변화된 인식과 가치관을 가지게 된 자신이 한편 놀랍기도 하고 다른 한편 대견스럽게 느껴지는 것을 대철은 금할 수 없었다.

이 같은 감사로운 마음과 함께 대철은 새로운 결심이 일었다. 이제는 제임스 교수와 베네딕 박사와 그 일행들의 생각처럼 인류를 위해 내가 할 수 있는 조그마한 일부터 기초삼아 한 걸음씩 인류 행복에 기여해 가도록 노력하겠다고 마음을 굳게 정하였다.

'어떻게 보면 죽었다가 다시 살아나 제2의 인생을 시작하는 것과 진배없는 삶 아닌가! 인질로 잡혀 있던 시간이 오히려 세상과 우주와 인생과 역사를 새롭게 통찰할 수 있게 된 계기가 된 것이 아닌가 말이야. 나의 보는 시각이 완전히 달라진 게 사실이야. 이렇게 은혜로울 수가! 진정 주어진 인생을 새롭게 펼쳐가며 의미 있고 보람차게 살아가야 하겠어.'

잊었던 금고 열쇠는 금고 아래 공간에서 발견되었다. 그 전날 귀가하며 취중에 금고를 열어 보려다 너무 피곤하여 다음날 열겠다고 작정하고 열쇠를 가장 안전한 곳에 둔다고 생각하며 금고 밑으로 던지고 그냥 잠에 떨어졌던 것이었다.

금고 안에는 할아버지께서 앞 세대에서부터 물려받은 보화와 부동산

문서, 현금성 자산 등등 정말 보물 상자 같이 귀중한 것들이 잔뜩 들어 있었다. 대철은 그 재보(財寶)로 인류 행복 거버넌스(governance · 정부와 시민사회의 협력 연구소)를 설립할 것을 결심하며, 마음속으로 되뇌었다.

'모든 인간의 웃는 모습은 아름답다. 그것이 해맑고 티 없는 것일 때 더더욱….'